KB211859

덧붙여진 내용을 걷어내고 읽는

정수 금강경

덧붙여진 내용을 걷어내고 읽는

정수 금강경

1판 1쇄 인쇄 2021. 10. 20
1판 1쇄 발행 2021. 11. 1

지은이 전영화

발행인 고세규
편집 전무규 디자인 조명이 마케팅 윤준원 홍보 최정은
발행처 김영사

등록 1979년 5월 17일 (제406-2003-036호)
주소 경기도 파주시 문발로 197(문발동) 우편번호 10881
전화 마케팅부 031)955-3100, 편집부 031)955-3200 | 팩스 031)955-3111

값은 뒤표지에 있습니다.
ISBN 978-89-349-8546-4 03220

홈페이지 www.gimmyoung.com 블로그 blog.naver.com/gybook
인스타그램 instagram.com/gimmyoung 이메일 bestbook@gimmyoung.com

좋은 독자가 좋은 책을 만듭니다.
김영사는 독자 여러분의 의견에 항상 귀 기울이고 있습니다.

덧붙여진 내용을
걷어내고 읽는

정수 금강경

전영화 지음

김영사

일러두기

- 이 책은 2007년 출간된 《비非, 그게 아니고…》(더북스)의 개정판입니다.
- 이 책의 산스크리트어 발음표기는 한국불교학회의 불교학술용어 표준화안을 기준으로 삼았으나, 일부는 관습적인 표기를 따랐습니다.

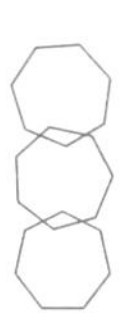

'모난 돌'로 살아가고픈
모든 분께 이 책을 바칩니다.

책머리에

'배운 도둑질'이 TV 다큐멘터리 만드는 흉내나 겨우 내는 것인 제가, 어찌 보면 엉뚱해 보일 수도 있는 이 책을 쓰게 된 사연을 말씀드리려니 머릿속에 지워지지 않는 몇몇 장면이 떠오릅니다.

 # 장면 하나

방송국 PD 1년 차였던 1982년 어느 일요일.

간밤 꿈에, 한 번도 만난 적 없는 머리 하얀 할아버지를 본 기억이 아직도 머릿속에 생생하다. 오후에 책 살 일이 있어 서울 종로에 있는 큰 서점으로 나가 책을 고르던 중, 꿈에서 만난 할아버지와 똑같이 생긴 얼굴이 표지를 가득 채운 책을 발견하곤 깜짝 놀랐다.

지두 크리슈나무르티!

이름마저도 처음 들어보는 이 할아버지. 누굴까?

별생각 없이 그 책을 집어 들었다.

같은 날. 잠들기 전 대충 머리글이라도 읽어보려 했던 처음 생각과는 달리, 밤을 꼬박 새워가며 그 책을 다 읽어버렸다.

동틀 녘, 머리 크고 나서 처음으로 많이 울었다.

그간 '둥근 돌'로 살아온 나 자신에 대한 부끄러움 때문에….

그리고 책 뒤에 다음과 같이 적었다.

어젯밤 꿈이 맞았다!

이 할아버지를 만난 그날 이후, 매사에 대충 둥글게 살아오던 제 성격은 남들이 상대하기에 거북하고 피곤한 '모난 돌'로 바뀌었고, 그런 삶은 오늘까지 계속 이어지고 있습니다.

 # 장면 둘

1999년 5월 5일.

전남 순천의 큰 절 송광사에 딸린, 깊은 산속 작은 암자 천자암天子菴. 서로의 몸을 비벼가며 수백 년을 살아온 두 그루 향나무로 이름난 그곳을 가족과 함께 찾았다.

공휴일이라, 이 암자에 오랫동안 머물고 계신 노스님을 뵈러 여러 곳에서 찾아온 사람들이 줄지어 기다리고 있고, 우리 가족의 인사 차례가 되어 스님께 절을 올리고 앉으니 노스님께서 손수 차를 다려 내셨다. 잠시 후 《금강경金剛經》을 내게 건네주시며 '백만 번'을 읽으라신다.

인사를 마치고 물러나려 하니 노스님께서도 따라 일어나시면서 벽에 걸린 일력에서 빨갛게 인쇄된 '5' 자를 찢어 두 번 접고 나서 휴지통에 넣으셨다. 아직 해가 중천에 떠 있고, 스님을 뵙기 위해 기다리는 사람들이 줄지어 있음에도 그날의 일력을 찢어서 버리는 스님의 행동을 괴이쩍게 바라보았다. 어린이날에 괜한 절 나들이를 했다 싶은 생각에,

돌아서며 혼자 중얼댄 말.

"백만 번? 웃기셔…."

그날이 《금강경》과 처음 만난 날입니다. 그때 저는 《금강경》의 '금' 자도 모를뿐더러, 불교에 관해서도 보통 사람들이 막연히 알고 있는 정도를 넘지 못했고, 붓다의 가르침에는 더더욱 관심이 없던 시절이었습니다.

어쨌거나 그날 이후 심심풀이로 《금강경》을 뒤적거리기 시작했고, 자전을 찾아가며 읽는 재미가 그런대로 괜찮았습니다. 더욱이 중간중간에 등장하는 '사구게四句偈'라 불리는 짧은 시의 글맛은 이 경을 처음 접하는 저에겐 황홀하기까지 했습니다. 그런데 글의 상당 부분은 제가 이해하기에 매우 혼란스러운 것이었습니다. 붓다께선 방금 "이것이다" 하시곤 금세 또 "그게 아니고…"라시니. 말장난하실 분도 아닌데!

얼마 전 노자의 〈도경道經〉과 〈덕경德經〉 공부를 끝낸 터라 《금강경》도 만만히 여기고 달려든 제 경솔함이 부끄럽기도 하고, 서너 달이면 끝낼 수 있으리라 예상했는데 공부 기간이 점점 길어지자 조금씩 약도 오르고…. 그렇게 두 해가 훌쩍 지나갔습니다.

2001년 3월의 어느 날, 초등학교 3학년이던 딸아이의 일기장을 읽다가 눈에 띈 구절.

"나는 《금강경》을 공부하는 우리 아빠가 자랑스럽습니다."

제 딴에는 한자로 된 어려워 보이는 책을 뒤적이는 아빠의 모습이 그럴듯해 보였는지, 제게 슬쩍 책 제목을 묻고 나서 쓴 일기였습니다. 그 일기를 보는 순간, 그동안 쉬엄쉬엄 몰라도 아는 척 대충 넘어가며 읽던 《금강경》이 갑자기 '무거운 짐'으로 다가왔습니다. 왜냐고요? 변변히 내세울 것 없이 초라하기만 한 애비를 자랑스럽다고 일기에 써준 것도 부담스러웠지만, 나중에 딸아이가 커서《금강경》에 관해 물어왔을 때 제대로 답을 못해서 딸아이가 실망하게 되면 어쩌나 싶었으니까요.

《금강경》이 말하는 게 무슨 뜻인지 도무지 감을 못 잡아 성질이 날 대로 나 있던 데다가 딸아이의 일기까지 엿본 이후로, 저와《금강경》의 씨름은 말 그대로 '이판사판'이 되었습니다. 시중에 나와 있는《금강경》해설서를 사서 읽고, 절집에 있는 독송용《금강경》을 그러모으고, 가까운 스님들에게 묻기도 하고, 여하튼 거의 전투 수준이었습니다. 게다가 제 성격엔 묘한 구석이 있어, 뭔가 하나를 잡으면 끝을 보기 전에는 다른 일을 할 수 없는 일종의 편집증까지 있는지라 마음이 더욱더 바빴습니다.

그런데 그 많은《금강경》해설서를 샅샅이 읽어도 지은이가 무슨 말을 하고 있는지 도무지 종잡을 수가 없었고, 또 제가 수집한《금강경》들이 책마다 본문이 조금씩 다른지라, 어느 장단에 맞춰 춤을 춰야 할지 난감하기만 했습니다. 애꿎은 머리만 쥐어뜯는 동안 또다시 두 해가 지나갔습니다.

 # 장면 셋

2003년 12월 8일.

가족과 떨어져 지리산 속에서 혼자 산 지도 벌써 두 해가 지났다. 다니던 직장도 그만두고, 사업을 한답시고 서울과 지리산을 일주일 간격으로 오르내리다가 결국 사업을 접고 산속에 틀어박혀 술·담배를 벗 삼아 지낸 지 벌써 일 년째. 혼자 있는 시간이 많아《금강경》에 집중할 수 있는 시간도 무척 많았건만 아직도 풀리지 않는 스무 군데가 넘는 의문들.

그동안 책에서 만난 《금강경》 고수만도 몇이었던가.

과연 이 의문을 풀어줄 도사는 없는 것일까?

의문을 못 풀어 약이 오르던 단계는 벌써 넘어서고, 이젠 거의 병 수준! 내가 왜 이러는지 나도 모르겠다.

홀아비살림도 살림인지라 오일장이 설 때면 먹을거리를 구하러 산에서 내려와 차를 몰고 검푸른 겨울 섬진강을 따라 잘 뻗은 길을 달리는 도중.

갑자기 머리가 아득해진다.

너무도 환한 '밝음'에 눈이 부시다.

앞이 안 보인다.

그리고 우렁찬 목소리가 들린다.

"비非! 그게 아니고…."

뭐가 아니라는 거야?

그런데 내가, 내가 아니다.

내가 지금 무얼 하고 있는 거야?

운전? 어딜 가는 거야?

아냐, 그만 돌아가!

'나'가 아닌 또 다른 '나'가

무단으로 길 중앙선을 넘어 지리산으로 돌아온다.

집에 돌아오자마자 뭔가에 홀린 듯 손에 든 것이 《금강경》.

책을 펴자마자, 놀랍게도 제가 수년간 **의심**해왔던 엉킨 실타래가 하나둘씩 풀리기 시작했습니다. 그리고 알았습니다. 비非! 그게 아니었음을!

네 해 동안 수없이 깨져가며, 알고 싶어 안달하고 조바심하던 의문들이 한순간에 풀렸던 것입니다. 그날, 밤을 꼬박 새워가며 그동안 의심해왔던 것들을 이리저리 또 의심해봐도 더 이상 답답하지 않았습니다. 창밖 지리산 능선 위로 동이 트고 있었습니다.

위에 소개한 내용은 지극히 개인적인 경험인지라 논리적으로 설명하기가 어렵고, 그래서 혹 어떤 분은 읽고 나서 못마땅해하실지도 모르겠습니다. 그러나 제가 왜 많은 분이 그동안 믿고 가르치고 해설해온《금강경》과는 사뭇 다르고, 어찌 보면 종교적으로 이단이란 지적을 받을 수도 있는 내용의 책을 쓰게 되었는지를 설명하려니, 어쩔 수 없이 제가 겪은 일을 솔직하게 털어놓을 수밖에 없음을 이해해주시길.

덧붙여, 저는 이 이야기를 통해 여러분께 일종의 신비주의를 부추기거나, 자기암시에서 오는 필연적인 운명론을 강조하려는 어떤 의도도 없음을 말씀드립니다. 지리산 두메에서 십수 년간 살아오며, 남의 삶을 자신의 손금 보듯 아노라 하는 도사들의 신통(?)과, 한 소식(?) 했다는 스님들의 예지, 그리고 무조건 믿으며 '복 받기를 바라는[기복祈福]' 인간들이 만들어내는 웃기지도 않은 상황을 싫도록 겪은 제가, 독자 여러분께 그와 똑같은 행동을 할 수는 없는 일이니까요.

그날 '이상한 체험'을 한 뒤로 또 여러 해가 흘렀습니다. 그동안 저는 스님과 학자, 불교 관계자들과 만날 기회가 있을 때마다 제가 알고 있는《금강경》을 전하고, 제대로 된 우리말《금강경》의 필요성을 이야기했건만, 몇 분을 빼곤 대부분 묵묵부답, 동문서답이었습니다. 깨침을 얻어 중생제도를 하겠노라는 큰 뜻을 품고 출가한 스님들께서 깨침에 이르는 최고의 가르침인《금강경》을 잘못 이해하고 있는 현실도 안타까웠지만, 오늘도 열심히《금강경》을 지니고 읽고 외우고 베껴 쓰고 있는, 많이 못 배웠지만 바르게 살고 싶어 하는 수많은 남녀 보살들의 빗나간 '믿음'도 제겐 아픔이었습니다. 시간을 두고 제 가슴속의 '아픔'을 좀 더 깊이 들여다보니, 그것은 분명 '슬픔[悲]'이었습니다. 그리고 알았습니다. 어째서 부처님 앞에 '자비로우신'이란 말이 붙는가를….

연속극처럼 감칠맛도 없고, 연예오락물이나 코미디처럼 웃음을 주지도 못하는, 그래서 시청자에게 별로 사랑받지 못하는 방송 프로그램이 '다큐멘터리'입니다. 방송사 입장에선 '닭갈비[계륵 鷄肋]' 격인 이 다큐멘터리에 죽기 살기로 매달리는, 어찌 보면 좀 덜된(?) PD들의 존재를 보통 사람들로선 좀처럼 이해하기 힘들 것입니다. 아무리 저 잘난 멋에 산다고 하지만, 요즘처럼 계산 빠른 세상에서 시청자도 많지 않은 다큐멘터리 프로그램에 그들이 그토록 빠져드는 까닭은 무엇일까요? 제 경험으로 그것은 아마도 **진실 찾기**의 매력 때문일 것입니다.

때론 아무도 의심하지 않는 사건 속에서, 때론 매우 가깝고 익숙하고 그래서 모두가 잘 알고 있노라 굳게 믿고 있는 것에서 전혀 새로운 사실을 밝혀내는 재미가 그들에겐 여간 쏠쏠하지 않기 때문입니다.

다큐멘터리 PD들이 지닌 공통점은 **의심하기**일 것입니다. 모두가 당연하다고 믿는 것일지라도 끊임없이 의심하고 뒤쫓다 보면, 운 좋게 새로운 사실을 밝혀낼 수도 있고, 그렇게 찾아낸 사실이 때론 무척 낯설고 '불편한 진실'일 경우도 있기 마련입니다. 하지만 이것이 그들이 다큐멘터리에 빠져드는 이유입니다.

옛 조사祖師께서도 이르시길,

크게 의심하라! 그러면 크게 깨칠 것이니….

《몽산법어蒙山法語》

말씀은 그 자리에 있었습니다.

자연도 그대로였습니다.

풀, 짐승도 아무런 문제가 없었습니다.

문제는 다만

저를 포함한 욕심 많은 '인간들'이었습니다.

경허鏡虛 스님의 글씨가 빛나는

해인사 약수암에서

전영화 올림

차례

1장

프롤로그

세상에서 제일 무서운 것은

두 발로 걷는 짐승과 머리 까만 짐승이다.

– 걸레 중광重光 스님

❖

스물을 갓 넘긴 청년이 집을 나섭니다. 전남 영광에서 태어나 어려서부터 밤하늘의 별을 바라보며 자연의 원리와 인간의 삶에 깊은 **의심**을 지녔던 젊은이.

그동안 동네 서당에서 한학漢學도 배울 만큼 배웠건만 그가 알고 싶어 하는 것들은 어떤 책에도 없는지라, 어딘가에 있을 도사를 찾아 궁금증을 풀어볼 요량으로 무작정 길을 떠나는 중입니다. 그날 이후 이 산 저 산, 이 사람 저 사람을 찾아 헤매길 다섯 해. 누굴 만나봐도 별 뾰족한 수가 없는 터라 몸도 마음도 지칠 대로 지친 상태. 더 이상 돌아다닐 돈도 힘도 없는 처지에 이르자, 마침내 바깥에서 찾기를 포기하고 마지막이라 생각하며 홀로 기도에 들어갑니다.

거죽만 사람이지 산목숨이 아닙니다. 시간이 얼마나 흘렀을까. 정신도 오락가락, 의식이 점점 멀어져가는 걸 느낍니다. '아! 이렇게 죽는구나…' 생각하며 삶의 끈을 놓으려는 순간! 꿈결에 웬 머리 하얀 노인의 우렁찬 목소리가 귓전을 때립니다.

그로부터 얼마 후, 이 청년의 주위에 40여 명의 마을 사람이 모여 앉았습니다. 그날 산에서 내려온 뒤, 이제 청년에겐 더는 의심할 어떤 것도 남아 있지 않습니다.

이날 모임이 기존의 불교와 다른 또 하나의 불교, 마치 '전통 한복'을 벗고 '생활 한복'으로 갈아입은 듯한 모습의 불교가 새롭게 태어난 자리입니다. 이 새로운 불교는 불상을 모시지 않으며, 시주를 안 받고 동냥과 불공을 안 하며, 정당한 직업을 가지고 많은 이에게 자선을 베풀라 가르치지요.

청년의 이름은 박중빈朴重彬. 그리고 이날의 조촐한 모임이, 오늘날 종합대학교, 종합병원, 방송국까지 갖춘 모습으로 자리한 동그라미 불교, 즉 '원불교圓佛敎'의 첫 모습입니다. 교조 박중빈은 말합니다.

"그날 백발노인에게 들은 이야기가 혹시 어디에 쓰여 있는가 싶어 유불선의 경전은 물론 기독교 성경까지 샅샅이 뒤져 결국은 찾았는데, 그게 바로《금강경》이었노라."

"모난 돌이 정 맞는다"라는 속담이 있습니다. 한마디로 '설치면 다친다'는 말입니다. 돌을 다루는 석수장이에게 없어선 안 될 연장이 정釘입니다. 한자는 재미있는 글자인 것이, '釘'이라는 글자에서 재료(金)와 생김새(丁)를 함께 짐작할 수 있기 때문입니다.

석수장이의 일이 매일 정으로 돌을 깨고 쪼고 다듬는 일인지라, 오다가다 모난 돌만 보면 '손을 보게' 되니 결국 모난 돌은 석수장이의 '밥'인 셈입니다. 어쨌거나 이 속담 덕분인진 몰라도 세상은 참 둥글게 잘 돌아갑니다. 세상 사람 모두가 행여 정이라도 맞을세라 남 눈치 보며 제풀에 '둥근 돌'로 잘들 살아갑니다. 그러다 보니 요즘 우리 사회엔 둥근 돌이 너무 많아진 느낌입니다. "모두가 '예' 할 때 '아니요'라고 말하는 당신이 멋있다"라며 모난 돌이 되라고 부추기는 무책임한(?) 광고 문구가 널리 쓰인 걸 보면, 주변에 모난 돌이 귀하긴 귀한가 봅니다. 그래도 여러분은 그런 유혹에 넘어가지 마시길! 옛사람 중에 "그게 아니고…"라고 우기며 살았던 모난 돌이 제 명에 살다 간 예는 거의 없기 때문입니다. 소크라테스가 그랬고, 예수가 그랬고, 갈릴레오가 그랬고, 사육신이 그랬습니다.

누가 뭐래도 가장 안타까운 이는 소크라테스입니다. 그는 직업마저도 석수장이였기 때문입니다. 중이 제 머리 못 깎고 무당이 제 굿 못 한다더니, 모난 돌에 정질을 하며 밥 먹고 살아가던 그가, 동네 청년들을 향해 "너 자신을 알라!"라고 안 해도 될 말을 괜히 한 탓에 모난 돌로 찍혀 정 맞아 죽임을 당했으니, 그가 이 속담을 미리 알았더라면 하는 아쉬움이 남습니다. 어쨌거나 이런 분들 덕분에 이 속담은 세월이 갈수록 많은 이로부터 '방석 곁에 두고 마음에 새기는 말[좌우명座右銘]'로 귀한 대접을 받고 있는데…, 어디나 예외는 있는 법!

인류 역사상 "그게 아니고…"라는 말을 평생 입에 달고 다니며 모난 돌로 살면서도 여든까지 장수를 누린 사람이 한 분 계십니다. 장수만 누린 것이 아니라, 돌아가신 지 2,500여 년이 지난 오늘까지 전 세계 수억 명의 사람들이 그분을 믿고 따르고 있으니 '참으로 드문[희유稀有]' 경우입니다.

인도 사람인 이분의 이름은 가우따마 싯다르타Gautama Siddhārtha. 여러분께서 곧 만나게 될 이 다큐멘터리의 주인공입니다. 《금강경》은 이분께서 45년간 우리를 위해 하신 말씀 중에서 한 시간 남짓 하신 말씀을 기록한 책입니다. 《금강경》에는 아닐 비非, 즉 "그게 아니고…"라는 표현이 자그 마치 46번이나 나옵니다. 한 시간 분량의 강의에 46번이라면 얼추 1분에 한 번꼴이니, 예나 지금이나 남의 잔소리를 별로 달갑게 여기지 않는 인간들 속에서 이분이 얼마나 모난 돌로 살다 가셨는지 짐작하기 어렵지 않습니다.

그런데 이분은 도대체 뭐가 그리 잘못된 것이 많기에 "그게 아니고…"를 평생 입에 달고 살았을까요? 이분의 주장대로 만약 "그게 아니고…"라면, 과연 뭐가 '옳다[是]'는 걸까요?

보통의 경우, 남들과 한 시간 정도 '옳으네, 그르네' 시비是非가 붙어도 머리에 쥐가 날 지경인데, 이분은 대체 뭘 드셨기에 평생을 만나는 사람마다 시비(?)를 걸면서도 어쩜 그렇게 탈 없이 잘 살다 가실 수 있었을까요?

우리가 말하는 '모난 돌'이라 함은 자기 생각대로 할 말 다 해가며 사는 사람을 말하는 것일진대, 할 수만 있다면 우리도 이분처럼 모난 돌로 살아가는 것이 진짜 자기답게 사는 게 아닐까요? 우리가 살아가며 겪는 수많은 '괴로움[苦]'도 알고 보면 모두 '내 뜻대로 안 돼 생기는 마음의 병'이 아닐까요?

자기 자식 기죽는 꼴은 못 본다면서, 정작 자신은 집에서건 일터에서건 목소리 한번 크게 내보지 못하고 풀 죽어 살다가 세상을 뜬다면 그야말로 억울한 삶이 아닐까요? 사실 우리 모두의 마음 깊은 곳엔 이 사람 저 사람 눈치 안 보고 자기 마음 내키는 대로 자유롭게 살아가고픈, 진정 모난 돌이고 싶은 '원초적 본능'이 있는 것은 아닐까요? 만약 그렇게 살 수만 있다면 우울증이고 강박관념이고 자살 충동이고 하는 말들은 모두 남의 이야기가 될 수 있을 텐데….

자! 그렇다면 평생 자기 할 말 다 하고 모난 돌로 여든까지 씩씩하게 살다 가실 정도로 내공이 두터운 이분의 생각과 가르침 속에 혹시 '참 자유인'으로 살아갈 수 있는, 우리가 모르는 비결이 감춰져 있는 건 아닐까요?

오늘도 수많은 사람이 《금강경》을 '받아 지니고 읽고 외우고[수지독송受持讀誦]' 있습니다. 어떤 분들은 아예 떼로 모여 하루에 몇 번을 읽고 외웠노라고 내기(?)까지 합니다. '수지독송' 하는 사람만 있는 게 아니라 어떤 이들은 부지런히 받아 적고 베껴 쓰기도 합니다. 대부분 뭔 소리인지도 잘 모르고 하는 것이 안타깝긴 하지만….

게다가 한문 글줄깨나 익히고,《금강경》에 통했다는 분들께선《금강경》해설서를 쓰지 못해 안달입니다. 그러다 보니 '사돈 남 말한다'고, 어쩌다 저까지 이 대열에 몸을 던진 신세가 되었지만, 여하튼《금강경》으로 인해서 그동안 장안의 종잇값과 잉크값이 제법 올랐고, 앞으로도 계속 오르리라 예상해도 별 무리 없을 정도입니다. 도대체《금강경》이 무엇이기에 그토록 많은 사람이 알고 싶어 하고, 또 알려주고 싶어 할까요?

이미 오래전부터 많은 분이 눈치로 알고 있었듯이,《금강경》은 '깨친 분'의 내공이 압축된, 우리가 자기답게 살아가는 데 꼭 필요한 '으뜸가는 가르침'이기 때문입니다.

한국의 2만여 스님들이 수많은 불경 중에 오직 한 권을 고르라면 거의 예외 없이《금강경》을 꼽는 것만 봐도 그 가치를 짐작할 수 있습니다. 한마디로,《금강경》에는 '모난 돌이 정 맞는다'는 우리네 속담과는 정반대로, 그분께서 그렇게 사셨듯이 우리가 모두 '모난 돌'로 자기답게 잘 살아갈 수 있는 법이 담겨 있는 것입니다.

그런데 많은 분이《금강경》은 어렵다고들 말합니다. 우선 골머리 아픈 한자로 쓰여 있고, 한자를 웬만큼 아는 분일지라도 그 속뜻을 이해하기에는 '힘이 달린다'라고들 합니다. 그래서 다리품 팔아 스님들께 묻기도 하고, 없는 돈에 이 책 저 책 사서 보아도 모르긴 매한가지라고 푸념하는 분들이 많습니다. 아무리 좋은 가르침일지라도 듣는 이가 못 알아들으면 아무 소용이 없을 것입니다.

《금강경》이 우리에게 어렵게 느껴지는 이유 중 하나는, 《금강경》을 쉽게 풀어준다고 해놓고 본문보다 더 어려운 한자말이나 불교 전문 용어로 설명함으로써 자기가 쌓아온 지식 뽐내기에 열중하는, 몇몇 '가방끈 긴' 분들의 거드름과 불친절 때문일 것입니다.

배운 사람이 주위로부터 배운 사람 대접을 받을 수 있는 경우는, 못 배우거나 덜 배운 사람들이 무언가를 배우고 싶어 할 때 그들이 갈증을 덜 수 있도록 친절히 도와주는 경우뿐입니다. 그렇지 않다면 그분들의 말과 글은 단지 어설픈 꼴값 떨기일 뿐입니다. 분명한 것은, 어떤 것에 대해 진정 잘 아는 사람은 결코 어렵게 말하지 않는다는 사실입니다. 그 옛날 붓다께서 우리에게 그러셨듯이!

이제 저는 지난 20여 년간 다큐멘터리 PD로 일해오면서 몸에 밴 **의심**하는 버릇과 어느 날 문득 제게 찾아온 '이상한 체험'을 바탕으로, 이분께선 왜 그토록 "그게 아니고…"라 말씀하셨는지, 그리고 우리가 자신의 참모습을 발견하고 모난 돌로 잘 살아가는 방법은 무엇인지를, 이분의 말씀인 《금강경》을 통해 여러분께 쉽고 바르게 전해드릴 생각입니다.

사실 《금강경》을 이해하는 데는 어떤 설명이나 별도의 해설도 구차할 뿐, 오롯이 '깨친 분'의 말씀만으로 충분합니다. 제가 할 일은 밝은 해를 가리고 있는 먹구름을 걷어내듯, 그 귀한 깨침의 말씀에 '욕심 많은 인간들'이 매우 버릇없이 끼워 넣고, 짜깁기하고, 제멋대로 손댄 흔적을 걷어내는 것일 뿐, 이 책에 있는 제 목소리 모두가 '뱀의 다리[사족蛇足]'일 뿐입니다.

말씀은 말씀만으로 충분합니다.
빛이 오직 빛인 것처럼
말씀은 말씀일 뿐
더 많은 말이 필요하지 않습니다.

2장

나오는 사람들

《금강경》을 바르게 이해하기 위해선
《금강경》에 등장하는 인물과 장소, 시대 배경 등에 대한
사실적 접근이 필요함에도 불구하고
거의 모든 해설서가 이 점을 소홀히 하고 있습니다.
게다가 가우따마 싯다르타에 대해선
마치 동화 속의 인물처럼 그리거나,
부풀리기와 보탬이 매우 심합니다.

다큐멘터리는 사실을 바탕으로 합니다.
이 책은 믿을 만한 기록과 상식적 추리를 통해
더하고 덜함이 없이
오직 '사실'을 전할 뿐입니다.
이것이 《금강경》을 바르게 아는 지름길입니다.

❖

스님들은 본인이 아니라고 우겨도 결국 '모난 돌'입니다. 길 떠나는 본인 생각이야 다르겠지만, 남아 있는 식구들이 "지가 뭐 잘났다고 부모 형제 다 버리고 가족들 가슴에 대못 박고 떠나?"라고 악을 써도 대꾸할 말이 없는 게 스님들입니다. 게다가 남들 다 가는 시집, 장가 마다하고 왜 유난을 떤답니까? 그래서인지 우리 사회에서 스님에 대한 표현은 곱지 않습니다.

"비 맞은 중."

"중 제 머리 못 깎는다."

"중이 고기 맛을 보면…."

"노는 입에 염불한다."

"잘하면 스님, 못하면 스놈."

"인간 못 된 게 중 된다."

얼추 생각나는 대로 적은 게 이 정도입니다. 어느 한구석 털끝만큼의 애정도 느낄 수 없는 싸늘한 표현들입니다. 아무리 세상 사람들이 '중이 어쩌고' 하더라도, 모난 돌로 올곧게 살고자 스스로 택한 길이고, 그 길이 옳다는 확신만 있다면 발끈할 이유도 없지만, 이런 말을 듣고 나면 아무리 공부 깊은 스님도 기분이 썩 좋지는 않을 것입니다.

그런데 위에 소개한 여러 표현 중 "인간 못 된 게 중 된다"라는 말만은 두 가지 의미가 있는데, 하나는 말 그대로 '정말 상종 못 할 사람'이란 뜻이고, 또 하나는 '자기 한 몸 희생해서 더 많은 사람을 제도濟度하기 위해 핏줄의 정마저도 모질게 끊는 독종'이란 의미입니다.

대부분의 스님은 후자이겠지만, 모든 스님이 스승으로 모시는 붓다만은 이 표현이 지니는 두 가지 의미의 삶을 적나라하게 보여주며 살다 가신 분입니다.

그런데 우리가 붓다에 관해 알고 있는 것은, 그분께서 깨달음 이후에 하신 말씀과 행적에만 치우쳐 있는 경우가 대부분입니다. 붓다라는 분이 인류사에서 가장 지혜로운 '인간'이었다는 사실에 누구도 토를 달지 않고, 불경이나 모든 불교 관련 책들이 그러하듯, 그분의 깨달음 이후의 말씀에만 열광하고 깨달음 이후의 행적에만 관심을 갖는 것이 과연 붓다를 바르게 아는 최선의 방법일까요? 아니면 그분의 가르침을 이해하기 위해서 깨달음 이전의 엉뚱한 청년 가우따마 싯다르타도 발가벗겨 살펴보고, 땅을 딛고 살았던 한 인간의 두 극단적인 삶을 비교함으로써 붓다의 총체적 삶을 이해하는 것이 더 옳을까요?

혹시 우리는 그분의 깊고 위대한 깨달음에 미리 주눅 들어, 깨달음 이전의 청년 가우따마 싯다르타에 대해 지나치게 너그러운 건 아닐까요? 많은 사람이 그렇게 들어왔고 또 믿고 있듯이, 그분은 태어날 때부터 깨달음의 싹수가 있었던 걸까요?

만약 그렇다면, 태어날 때 그분처럼 그럴듯한 조짐 하나 없이 평범하게 태어난 독자 여러분과 저는 영영 깨달음과는 담쌓고 살아야 하는 걸까요? 그렇다면 불교란 종교는 너무 선택적이고 차별적이지 않나요? 그분이 과연 그렇게 가르쳤을까요?

《금강경》은 말합니다.

"그게 아니고…"라고.

자! 그렇다면, 청년 가우따마 싯다르타를 만나기 위해 저와 함께 인도로 떠나보시겠습니까?

가우따마 싯다르타

가출

2,500여 년 전 인도 북동쪽 히말라야의 산자락. 인도와 지금의 네팔 국경에 위치한, 샤꺄Śākya라 이름하는 족속이 모여 사는 까삘라와스뚜Kapilavastu. 평온했던 평소의 아침과 달리, 이날은 성안 전체가 벌집 쑤셔놓은 것처럼 무척 소란스럽습니다. 마을 사람들 모두가 충격에 휩싸여 어쩔 줄 모릅니다. 요즘 같았다면 거리마다 다음과 같은 벽보가 붙었을 것입니다.

사람을 찾습니다

성명: 가우따마 싯다르타(만 29세)

생년월일: 서기전 624년 4월 8일(음)

직업: 왕자

특징: 잘생겼고 백마를 타고 있음

가족관계: 숫도다나 왕(부), 마야 부인(모, 사망)

마하빠자빠띠(계모, 마야 부인의 여동생)

야쇼다라(처), 라훌라(자)

가출 일시: 지난밤 또는 오늘 새벽

가출 동기: 모름(모두 복에 겨워 나갔다고들 말함)

성격: 평소 죽음에 관해 관심이 많았고, 정신과 의사 소견으로는 우울증과 자기혐오 증세를 보였다고 함

습관: 쭈그리고 앉아 생각하길 좋아함

취미: 동물들의 생존 싸움 관찰

위 사람의 소재를 알려주시는 분께 후사하겠음

정말 드문 일입니다. 제가 '정말 드문'이란 표현을 자주 쓰는 것은, 《금강경》에서 제자 수부띠Subhūti(수보리須菩提)가 붓다께 여쭐 때 "정말 드문 분이신 세존이시여(희유 세존稀有 世尊)"라고 두 번씩이나 쓴 표현이어서, 여러분이 《금강경》에 미리 친숙해지도록 도와드리고자 하는 뜻도 있지만, 지금 제가 쓰고 있는 '정말 드문'의 의미는 수부띠가 《금강경》에서 말한 의도와는 조금 다릅니다. 요즘이야 어린 자식 팽개치고 혼자 집을 나가는 못된 부모가 한둘이 아니지만, 2,500여 년 전에 그런 아버지가 있었다는 것이 '참으로 드문' 일이라는 말씀입니다.

이날 있었던 이 사건을 훗날 사람들은 듣기 좋게 '출가出家'라고들 말하지만, '입은 삐뚤어져도 말은 바로 하라' 했습니다. 요즘 우리가 쓰는 말에서 출가와 가출은 의미가 다릅니다. 백번을 양보해도 이날 싯다르타가 보인 행동은 분명 가출입니다. 사전에 부모와 아내에게 아무런 의논도 없이, 야밤을 틈타 몰래 집 나간 걸 어찌 요즘 스님들의 출가에 비유할 수 있을까요?

게다가 첫아들을 본 지 얼마 되지도 않은 시점에 아들에게 '라훌라Rāhula•'란 이름만 달랑 지어주곤 흔적도 없이 사라진 무책임한 아버지가 싯다르타라는 사람입니다.

"끝이 좋으면 다 좋다"라는 서양 속담이 있긴 합니다만, 비록 훗날 그가 '깨친 분'으로 존경받는 인물이 됐다 할지라도 이날 싯다르타의 행동마저 결과로써 동기를 보기 좋게 포장하는 것이 과연 온당한 일일까요? 누군가는 그러겠지요. "그게 출가든 가출이든 표현이 뭐가 중요하냐?"라고.

하지만 제 생각은 다릅니다. 작은 구멍 하나가 방죽을 무너뜨리듯, 이런

• 빨리어와 산스크리트어로 '장애'라는 뜻.

작은 표현 하나에서부터 붓다를 쓸데없이 부풀리는 크고 작은 움직임이 생겨나고, 결국 그분의 소중한 가르침마저 자기 입맛대로 바꾸고, 그분이 하지도 않은 말을 그분이 했노라고 슬쩍 끼워 넣고 적당히 섞어 버무리는 '진실 비틀기'의 행진곡이 울려 퍼지게 되는 것입니다. 그리고 많은 이들이 열심히 '받아 지니고 읽고 외우는[수지독송受持讀誦]' 《금강경》이 '진실 비틀기' 행진곡의 결정판이라는 것이 저의 생각입니다.

분명히 말씀드리지만, 그분은 그런 도움 없이도 우뚝한 분입니다. 오히려 이런 비틀기는 그분을 '봐주는' 게 아니라, '죽이는' 짓일 뿐. 이 책을 다 읽고 나면 대부분의 독자께서도 제 말에 공감하고 《금강경》이라는 그분의 깨침의 말씀에 새롭게 눈뜨게 되리라 확신합니다.

어쨌든 싯다르타의 가출 이후, 평화롭던 까삘라와스뚜가 쑥대밭이 안 됐다면 오히려 이상한 일입니다. 이날 가출한 싯다르타야 자기가 저지른 일이니 그 후 거지가 됐든 노숙자가 됐든 알 바 아니지만, 고향 마을에 남아 있는 싯다르타 가족들의 신세가 무척 처량하니, 말 그대로 '비 맞은 중' 꼴입니다.

아버지 숫도다나Śuddhodana 왕은 백성들에게 "자식 교육도 못 시킨 주제에 무슨 나라 살림씩이나…"라고 비웃음거리가 됐을 것이고, 이 소식을 전해 들은 이웃 나라들은 앞에선 안됐다고 하면서도 돌아가선 '꼴 좋다'고 코웃음 쳤을 것이 틀림없고, 자부심 강한 샤꺄 문중 어른들은 "그 고얀 놈! 가문의 수치이니 호적에서 빼버려라!" 닦달했을 것이며, 이모이자 계모인 마하빠자빠띠Mahāpajāpatī는 정말 아무런 잘못 없이 동화 속 '팥쥐 엄마'로 찍히고, 착한 아내 야쇼다라Yaśodharā는 팔자에 없는 생과부 신세, 아들 라훌라는 한순간에 애비 없는 후레자식이 되었으니….

이렇게 한 집안을 풍비박산 꼴로 만들었는데도 정녕 싯다르타가 '출가' 한 걸까요? 제가 보기엔, 누가 뭐라 해도 "인간 못 된 게 중 된다"라는 말의 원조는 단연코 싯다르타입니다.

이쯤 되면 제 글에 슬슬 '속이 불편해오는 분'들도 계실 거라 생각됩니다. 혹 어떤 분들께선 제가 어떤 불순한 의도로 이 글을 쓴다고 생각하실지도 모르겠는데, 부디 염려 놓으시길….

그래서 저도 여러분께 한 가지 부탁드릴 것이 있습니다. 사실 저는 싯다르타의 이날 행동을 '출가냐 가출이냐' 따지고 싶은 생각은 추호도 없습니다. '출가'라고 표현하면 어떻고, '가출'이라 표현하면 어떤가요? 이런 사소한 것으로 왈가왈부하는 것이 아무런 의미가 없음을 저도 잘 알고 있습니다. 그런 제가 가출이라는 말 하나를 가지고 이렇게 너스레를 떠는 까닭이 있습니다.

지금까지 제 글을 읽고 '속이 불편하신 분'은 지금이라도 이 책을 덮는 것이 좋을 듯합니다. 다시 말해 싯다르타가 출가했다고 고집하고 싶은 분은 더는 이 책을 읽을 필요가 없다는 말씀입니다. 그분은 앞으로 제가 아무리 애써 쉬운 말로 《금강경》을 설명하더라도 결코 《금강경》을 이해할 수도 없고, 이해하려 하지도 않을 것이기 때문입니다. 제가 이 책에서 의도하는 바는 딱 한 가지! 여러분께서 '깨친 분'의 가르침인 《금강경》을 바르게 이해하도록 도와드리는 것뿐입니다. 그러기 위해서 전 지금, 여러분의 머릿속을 깨끗이 씻어내고, 자신도 모르는 사이에 딱딱하게 굳어진 생각을 풀어드리는 중인 것입니다. 그럼에도 불구하고, 출가와 가출이란 말의 차이에 대한 제 의견마저도 공감하기 어렵다면, 제가 아무리 노력한들《금강경》을 바르게 이해할 수 없을 겁니다.

우리가 살아가면서 생각하고 느낀 것을 남에게 오해 없이 전달하는 일은, 부부처럼 살 맞대고 살아가는 사이에서도 절대 쉽지 않습니다. 같은 말일지라도 서로가 다른 의미로 쓰는 경우가 한둘이 아니기 때문입니다.

두 사람 사이에 '잡음 없는 의사소통noiseless communication'(방송용어)이 이뤄지기 위해선, 우선 서로의 지적 수준이 비슷해야 하고, 다음으로 두 사람 사이에 믿음과 이해를 바탕으로 하는 '사랑'이 있어야 합니다. 이런 조건이 갖추어지지 않는다면, 한쪽에서 아무리 열심히 **말**을 해도 상대방은 **말귀**가 어두워, **말의 씨**도 안 먹혀들 것이기 때문입니다.

제가 여러분께 말씀드리고 싶은 것은, 불교를 **믿는 것**과《금강경》을 **아는 것**은 전혀 다르다는 점입니다. 똑같은 분의 말씀을 믿고 아는 것인데 어찌 다를 수가 있느냐고 의아해하실 분도 계실 것입니다. 그러나 이것은 사실입니다.

《금강경》은 붓다라는 한 인간의 '깨침의 노래'입니다. 또한《금강경》은 애초부터 불교만을 위한 경전이 결코 아닙니다. 붓다께서 이 말씀을 하시던 때엔 지구 위 어디에도 불교라는 종교가 없었기 때문이고, 그날 그 시간 그 자리엔 오직 깨친 분과 그분의 가르침을 좇아 진정 깨치기를 바라는 제자들이 있었을 뿐이기 때문입니다. 다시 말해 그분의 말씀 속엔 요즘 불교에서 흔히 말하는 '극락이고 복이고'가 끼어들 틈새가 없습니다.

《금강경》은 모든 종교를 초월한, 모든 인간을 위한 '깨침의 가르침'입니다. 그렇기에 붓다께서 체험하신 '깨침'에 관심이 없는 분은, 굳이 이 책이나《금강경》을 읽거나 이해하려 애쓸 필요가 전혀 없습니다. 쓸데없는

'시간 죽이기'일 뿐입니다. 그리고 아래와 같은 분들에게는 이 책과《금강경》이 별 쓸모가 없을 것입니다.

- 무엇이든 덮어놓고 믿기 좋아하는 분
- 죄는 사람에게 짓고, 참회는 절이나 교회에 가서 하는 분
- 지금의 삶보다 죽은 뒤의 삶에 관심이 더 많은 분
- 자신이 믿는 종교가 최고라고 주장하는 분
- 경전을 제대로 읽어보지도 않고 자기가 꽤 괜찮은 종교인이라고 굳게 믿고 있는 분

다시 싯다르타 이야기로 돌아옵니다.

우리가 들어온 붓다의 가출 전 고향 집[속가俗家] 이야기는, 대개가 뒷날 이야기 꾸미기 좋아하는 사람들이 만든 것인지라, 매우 비틀어져 있어 믿을 만한 것이 못 됩니다. 그런 이야기들은 자기 조상이나 옛날에 모셨던 스승을 좀 더 그럴듯하게 포장해야 자기도 더 나아 보일 거라 믿는, 좀 덜된 사람들이 해대는 짓거리 정도로 넘겨버리는 것이 현명한 태도일 것입니다.

그나마 다행스러운 것은 아래 소개하는 2절의 시[게偈•]가 오늘까지 경전에 전해져오고 있다는 것인데, 모든 기록을 통틀어 붓다께서 직접 말씀하신 '나의 살던 고향'은 이게 전부입니다. 아래 시구는 가출한 싯다르타가 이웃의 큰 나라 마가다Magadha를 거지꼴로 돌아다니던 시절, 그 나라의 왕 빔비사라가 지나가다 그를 발견하고 '도대체 넌 어디서 온 뭐 하는 놈

• 게偈는 가타gāthā(시, 노래)의 음역.

이냐?'라고 물었을 때 싯다르타가 답한 내용입니다.

> 대왕이시여, 저 히마반뜨[••] 산기슭에
>
> 예전부터 꼬살라국에 속하는 땅에
>
> 재물과 용맹을 함께 갖춘 단정한 족속이 삽니다.
>
> 그들은 '태양의 후예'라 불리고
>
> 저의 씨족의 이름은 샤꺄.
>
> 대왕이시여, 저는 집에서 나와 사문[•••]이 되었습니다.
>
> 모든 욕망을 끊기 위해서 말입니다.
>
> 《경집經集(숫따니빠따sutta-nipāta[••••])》3:1 〈출가 품〉

이 시는 우리가 《아함경阿含經》[•••••] 또는 '빨리 5부Pañca-nikāya'라 부르는 경전에 들어 있습니다. 최근 학자들은 이 경전만이 붓다의 가르침을 원래대로 전하고 학문적으로도 의미를 지닌, 가장 때가 덜 탄 불교의 근본 성전이라 주장합니다.

붓다께서 돌아가시고 나서 제자들 사이에 이런저런 삿된 말들이 오감에 따라, 석 달 뒤 제자들이 모여 그분의 가르침을 정리한 것이 《아함경》이고,

---

•• 히마반뜨Himavant는 '눈 덮인 산'이라는 뜻으로, 히말라야산맥의 고원 지대를 가리킨다.

••• '수행자'를 뜻하는 '사문沙門'은 빨리어 '사마나samaṇa' 또는 산스크리트어 '슈라마나śramana'를 음역한 것이다.

•••• 불경 가운데 가장 먼저 이루어진 경으로 초기 경전을 대표하는 경이다. '숫따sutta'는 팔리어로 '경經'이라는 말이고 '니빠따nipāta'는 '모음[集]'이란 뜻이므로 '경집'이라고 옮긴다.

••••• '아함阿含'은 산스크리트어 '아가마 āgama'(전해지는 가르침)의 음역이다. 빨리어로 된 니까야nikāya의 산스크리트어본이 아가마 āgama, 아가마를 한문으로 번역한 것이 《아함경》이다.

그렇기에 이 경의 내용이야말로 붓다께서 하신 말씀의 원형에 가장 가깝다고 할 수 있습니다. 그래서 그분께서 무엇을 어떻게 말씀하셨는지 '있는 그대로' 알고 싶을 땐, 우리는 앞뒤 잴 것 없이 이 경전으로 달려갈 수밖에 없는 것입니다. 그런데 이 《아함경》은 중국 불교에서 한 번도 제대로 대접받은 적이 없고, 불행인지 다행인지 우리는 중국에서 불교를 받아들였습니다.

방황

밤이 이슥해질 무렵, 마부 찬타카에게 말을 준비해두라고 이미 일러놓은 터라, 집 떠나는 싯다르타에게 더 챙길 물건은 없습니다. 부모님과 아내도 모르게 무작정 도망치듯 길 떠나는 싯다르타의 머릿속에 지난 30여 년의 세월이 주마등처럼 스쳐 지나갑니다.

모두의 축복 속에서 태어났지만, 이레 만에 어머니가 돌아가시고 이모를 엄마로 알고 재롱떨던 젖먹이 시절, 비록 작은 나라이지만 좋은 옷 좋은 음식에 부족할 것 하나 없이 떠받들어지던 어린 시절, 또 말없이 생각에 잠겨 있는 자신을 볼 때마다 혹시 딴생각을 품지 않을까 염려되어 신하들에게 성문 감시를 당부하시던 아버지의 모습, 열여섯 살 때 활쏘기 시합에서 이겨 야쇼다라를 아내로 맞이하던 날 밤의 두근거림, 얼마 전 첫아들 라훌라가 태어났을 때의 말할 수 없는 기쁨….

하지만 이제 이 모든 것을 뒤로하고 떠나갈 시간입니다.

정신분석학자의 말을 빌리지 않더라도 친어머니 없이 자란 어린 시절 싯다르타의 성격이 여느 아이들과는 달랐으리란 것을 짐작하긴 어렵지 않습니다. 어머니의 죽음이라는, 인간으로서 가장 풀기 어려운 문제를 안은 채 삶을 시작한 소년 싯다르타는 또래보다 정신적으로 조숙했을 것이고, 입시 걱정 취직 걱정 없는 왕자 신분인지라 아마도 남아도는 게 시간이었을 것입니다.

과거 우리 문화에서도 아기가 태어나자마자 어미가 죽으면 '어미 잡아먹고 태어난 놈'이라 하여 불길하게 여겼듯이, 싯다르타의 무의식 속에도 그런 일종의 죄의식과 자기혐오가 깔려 있었을지 모를 일입니다.

온종일 쭈그리고 앉아 '사람은 왜 태어나는가? 왜 늙고 병들고 죽어가는가? 도대체 죽음은 뭔가? 저기서 밭 가는 소는 왜 저렇게 힘들게 일해야 하는가? 저 작은 새는 왜 불쌍한 벌레를 잡아먹고, 어째서 또 독수리에게 잡아먹히는 걸까? 그걸 바라보는 나는 누구인가?' 등 온갖 의문 속에서 '앉으면 궁상이요, 누우면 망상'이란 말이 딱 들어맞는 하루하루를 보낸 이가 그 시절의 싯다르타였을 것입니다.

하는 짓마다 말썽만 피워 부모 속을 지지리 썩이는 녀석보다, 보통 때 말없이 내숭 떠는 아이가 한번 일을 냈다 하면 수습이 불가능한 대형 사고를 치는 법! 오늘이 바로 그날인 것입니다.

당시 싯다르타가 믿었던 종교는 인도 전통의 브라만교Brahmanism(바라문교婆羅門敎)였습니다. 싯다르타가 집 떠날 결심을 한 것은 당시 브라만교 신자로 봐선 별로 문제 될 것이 없는 정상적인 행동입니다.

브라만교에선 남자의 경우, 일생을 4단계로 구분해 살아갈 것[사주기四住期]을 가르쳤는데, 먼저 일곱 살이 되면 집을 떠나 스승을 찾아 공부하고, 그다음 집으로 돌아와 결혼하고 돈을 벌고 자식을 낳고 살다가, 나이가 들어 머리가 희어지면 숲으로 들어가 나무 아래에서 수행하고, 마지막으로 세속에 대한 집착을 완전히 떨치기 위해 혼자 떠돌이 생활을 하다 저세상으로 가는 것이 그것이니, 종교적으로 싯다르타의 행동은 전혀 나무랄 데가 없습니다.

다만 문제는 가족이나 주위 누구에게도 동의를 구하지 않은 '무단가출'이라는 점과, 시기가 안 맞는다는 점입니다. 그걸 모를 리 없는 싯다르타가 가족 모두의 신세를 망쳐가며 가출을 결심한 까닭은 무엇일까요? 거기엔 당시 인도 사회에 불던 변화의 바람이 한몫했을 것입니다.

당시 인도에서는 조상 대대로 믿어오던 브라만교가 점차 형식에 치우치는 모습을 보이자, 이에 반발하는 새로운 사상의 물결이 일기 시작했고, 따라서 최고 계급인 바라문의 권위에 도전하는 새로운 사상가들이 나타나기 시작합니다. 요즘 말로 '진보, 자유, 실천' 뭐 그런 걸 주장하는 사람들입니다. 수구 꼴통(?) 바라문이 이들을 낮춰 부르는 말이 바로 사문沙門입니다.

이와 함께 인도 전역에 16개의 나라가 생기고 없어지는 소용돌이 속에서 도시가 번창하고 상업이 발달하는 등, 사회 전체가 새로운 바람에 휩싸여 있던 때가 바로 싯다르타가 살던 서기전 6세기경의 인도였습니다. 이런 변화의 소식은 16개국 중 하나인 꼬살라의 작은 부족국가에 살던 싯다르타에게도 들려왔을 것이고, 이 새로운 바람은 어려서부터 생각하길 좋아하고 삶과 죽음에 대해 **의심**이 많았던 그를 들뜨게 하기에 충분했을 것입니다. 더 넓은 곳으로 가서 스승을 만나 가슴속에 품고 있는 모든 의심을 풀고 싶은 싯다르타의 욕구와 맞바꿀 수 있는 것은 불행히도 이 성 안에는 없었고, 그의 이런 속마음을 가족은 물론 주위의 어느 누구도 읽지 못했던 것입니다.

"내가 떠나고 나면 모두들 얼마나 입방아를 찧을 것인가? 무책임하고, 무능력하고, 주어진 복도 제 발로 차버리는 철없는 인간이라고…. 하지만 내 마음속의 풀리지 않는 이 의문 덩어리는 어쩌란 말인가? 어디엔가 이 의문을 풀어줄 도사가 분명 있을 거야. 이젠 더 미룰 수도 없는 일. 다 버리고 떠나자!"

며칠 후, 갠지스강 남쪽에 자리한 큰 나라 마가다의 서울, 라자그르하Rājagṛha(왕사성王舍城) 골목길에 웬 못 보던 거지 하나가 어슬렁거립니다. 싯다르타입니다.

집 떠나던 날 밤, 성문을 무사히 빠져나와 국경 근처에 이르러 마부와 말을 돌려보낸 뒤, 입고 있던 옷을 사냥꾼과 바꿔 입고 머리를 박박 밀고 나서 이웃 나라 마가다로 들어간 것입니다.

그런데 그때 왜 그가 머리를 깎았는지는 아무도 모릅니다. 당시 브라만교에선 신도들이 머리를 깎든 말든 간섭하지 않았는데, 요즘도 무슨 결사반대 시위가 있거나 하면 참가자들이 굳은 표정으로 머리 깎는 모습을 볼 수 있듯이, 예나 지금이나 사람들은 뭔가 새로운 결심을 할 때면 머리에 손을 대고 싶은가 봅니다. 어쨌든 이날 싯다르타의 삭발을 계기로 우리말에 "에이, 머리 깎고 중이나 될까?"라는 말이 생긴 건 분명한 것 같습니다.

아는 사람 하나 없는 이곳에서 싯다르타는 이제 '등 따습고 배부른' 왕자가 아닌, 거지일 뿐입니다. 혹시 이 장면이 잘 상상이 안 되는 독자께선 어린 시절 읽었던 동화《왕자와 거지》를 떠올리면 딱일 것입니다.《아함경》에도 이때 싯다르타의 모습을 '집도 절도 없는 떠돌이 사문'이라고 기록하고 있습니다.

이제 이 거리에서 싯다르타는 '샤캬족의 가우따마'라는 이름으로 새롭게 불리게 됩니다. 우리네 나이 드신 분들이 자기를 소개할 때 본관과 성을 붙여, "나는 밀양 박가요"라고 하는 것과 똑같습니다. 이제 싯다르타라는 이름은 영원히 사라지고, 이곳 사람들에겐 그는 단지 '샤캬족 출신의 가우따마'로 불리는 떠돌이 거지일 뿐입니다. 말이야 바른말이지, 사실 거지에게 이름이 뭔 소용이겠습니까?

그로부터 6년 뒤에 그가 깨달음을 얻어 이곳에 다시 나타났을 때도, 사람들은 이 새 호칭에서 뒷말만 조금 바꿔 석가모니釋迦牟尼(샤캬무니Śakyamuni), 즉 '샤캬족 출신의 성자'라는 이름을 어렵지 않게 만들 수 있었던 것입니다. 그래도 저는 아직은 싯다르타라고 부르겠습니다.

떠돌며 밥 빌어먹는 것도 하루 이틀이지, 이젠 스승을 찾아 어디엔가 정착을 해야겠다고 마음먹은 싯다르타는 이리저리 귀동냥한 끝에 드디어 스승을 찾게 됩니다.《아함경》은 이때 싯다르타가 찾은 두 스승의 이름을 알라라 깔라마Āḷāra Kālāma와 웃다까 라마뿟따Uddaka Rāmaputta라고 전합니다.

당시 인도에는 족집게로 소문난 여섯 도사[육사외도六師外道]가 철학관(?)을 개업하고 학생들을 끌어모으고 있었는데, 싯다르타의 스승 두 사람은 그 명단에 없는 것으로 보아서, 당시 인도에서도 돈 없고 '빽' 없으면 찬밥 신세였음을 짐작할 수 있습니다. 요즘 우리나라에서 '돈이 곧 종교'라는 말에 많은 사람이 부쩍 '감동 먹는' 것도 이런 역사적 배경 때문이 아닌가 생각됩니다.

6개의 철학관 중 5개는 오늘날 문을 닫았고 그중 마하위라Mahāvīra라는 도사가 운영하던 철학관은 현재까지 자이나교Jainism라는 간판을 걸고 성업

중입니다. 굶어 죽는 것을 최고의 경지로 치는 자이나교는, 나중에 설명해 드리겠지만 《금강경》에 여러 번 등장하는 '아상 · 인상 · 중생상 · 수자상'이라는 표현에서 '수자상'과 연관이 있으니 기억해두시면 좋을 듯합니다!

그렇다면 집안을 쑥대밭으로 만드는 엄청난 수업료를 내고 싯다르타가 찾아간 스승은 어떤 분일까요? 결과부터 말씀드리면 별로 신통치 않았습니다. 족집게 여섯 도사에 끼지 못했을 때부터 알아보았지만, 첫 스승 알라라 깔라마는 요가yoga를 통한 선정禪定 수행으로 이름이 높았는데, 평소 "자신에게 속하는 것은 아무것도 없으니 다 버려라"라며 무소유를 주장했다고 합니다. 그런데 이 분야는 불과 얼마 전, 가출이라는 대형 사고를 치면서 버릴 것 다 버리고 집 나온 싯다르타가 도리어 한 수 위 아닌가요? 그래서인지 스승은 싯다르타에게 함께 제자를 가르치자고 꼬드겼지만, 이미 스승의 바닥을 다 본 싯다르타는 미련 없이 보따리를 꾸려 나옵니다.

이어 찾은 또 한 분의 스승 웃다까 라마뿟따는 '비상비비상처非象非非象處'라는, 마치 새가 지저귀는 듯한 울림의 가르침을 펴고 있었는데, 이는 '표상이 있는 것도 아니고 없는 것도 아닌 경지'라는 알쏭달쏭한 뜻입니다. 싯다르타는 별 감흥이 없었던지 또 하직 인사를 올리게 됩니다. 그렇지만 《금강경》에 '비법비비법非法非非法'과 같은 표현이 나오는 것으로 봐서는, 이 스승 밑에서 그냥 책가방만 들고 왔다 갔다 하진 않은 것으로 보입니다. 하다못해 문장표현 기법이라도 배웠으니 그게 어딥니까? 여하튼 이 두 스승은 제자 잘 둔 덕에 오늘까지 그 이름이 사람들 입에 오르내리고 있으니 선생님들께선 잘 참고하시길…. 혹시 누가 압니까?

차례로 만난 두 스승에게서도 **의심**의 갈증을 풀지 못한 싯다르타는 이럴 바엔 혼자 공부하는 것이 낫겠다고 판단, 드디어 우루웰라Uruvela의 네란자라Nerañjarā강 근처에 있는 숲속으로 홀로 걸어 들어갑니다.

당시 인도에선 요가와 함께, 먹지도 자지도 않으며 자기 몸을 힘껏 괴롭히는 '고행苦行•'이라는 묘한 수행법이 유행하고 있었는데, 이는 '육체를 약하게 함으로써 정신의 힘을 높인다'라는, 언뜻 듣기에도 말이 안 되는 이론을 내세웁니다. 시골 촌놈(?) 싯다르타도 멋모르고 그저 유행을 좇아 고행을 시작합니다.

하지만 싯다르타가 굳이 그 힘든 고행을 택한 이유는 유행도 유행이지만, 딱히 밥 챙겨줄 식구 하나 없는 처지에 굶는 수밖에 별다른 방법이 없었기 때문인 것으로도 보입니다. 《아함경》은 이때 싯다르타 스스로가 "나는 고행자요, 고독행자다"라고 말했다고 기록하고, 그때 싯다르타가 했던 고행의 내용을 상세히 적고 있습니다. 몇 가지만 간추려 소개하면 다음과 같습니다.

- 언제나 홀딱 벗고 있기
- 남의 초대에 응하지 않기
- 하루 한 끼로 시작해서 보름 동안을 한 끼로 때우기
- 풀 열매나 땅에 떨어진 과일만 먹기
- 옷이 필요하면 시체를 쌌던 헝겊을 걸치기
- 수염이나 머리카락은 손톱으로 뽑기
- 잠은 해골을 베고 깔고 자기
- 일정 시간 숨을 안 쉬기

• 따빠스tapas(열)의 한역.

• 하루 종일 서거나, 웅크리거나, 가시방석에 앉기[••]

이렇게 참기 어려울 정도의 혹독한 고통 속에서 이를 악물고 고행하는 싯다르타의 모습은 3세기경 만들어진 간다라Gandhāra 불상에 실감 나게 묘사되어 있는데, 광대뼈에 갈비뼈까지 뼈란 뼈는 다 드러난, 마치 거죽을 씌운 해골이 앉아 있는 모습이라 말해도 누가 시비 걸지 못할 정도입니다.

당장 때려치우고 싶은 마음을 누르고 누구보다 열심히 수행했건만, 또 교과서대로라면 이제 육체는 누구보다도 허약해졌으니 뛰어난 경지가 이쯤 해서 찾아와야 하건만, 이상하게 그토록 기다리는 경지는 오지 않고 정신만 점점 더 몽롱해지고…. '이러다 정말 죽겠다' 싶은 생각에 결국 눈물을 머금고 아까운 6년 고행을 포기하기로 마음먹습니다.

이런 싯다르타의 방황은 앞서 소개한 '동그라미 불교' 창시자 박중빈의 청년 시절과 거의 붕어빵(?)입니다. 아마 크게 깨닫기 위해선 '중간에 포기하는' 이런 방황이 필수 코스인가 봅니다. 그래서인지 지금도 인도에 가면, 곳곳에서 고행을 하며 언젠가는 자기에게 올지도 모를 '포기할 날'을 수십 년째 하염없이 기다리는 싯다르타의 후배들을 어렵지 않게 만날 수 있습니다. 싯다르타가 그랬듯이 '포기' 다음은 분명 '해탈解脫[•••]'이므로!

가출할 때 누구보다 씩씩했던 우리의 '모난 돌' 싯다르타는 포기할 때도 남의 눈길 같은 것에 아랑곳없습니다. 함께 고행하던 다섯 친구가 "당신 지금 실수하는 거야!"라고 등 뒤에서 겁을 줘도 못 들은 척, 숲에서 네발

•• 《중부中部 (맛지마 니까야 Majjhima Nikāya)》 〈사자후의 긴 경〉(M12)

••• 모끄샤 mokṣa(해방)의 한역.

로 '기어' 나옵니다. 먹은 게 없으니까요. 그러고는 때마침 지나가는 수자따Sujātā라는 동네 처녀에게서 우유죽 한 그릇을 얻어먹는 행운을 잡습니다.

하지만 싯다르타의 이 행위는 '고행' 동료들에게는 엄청난 규칙 위반입니다. 고행을 중간에 그만둔 것도 충격인데, 우유죽까지 얻어먹어? 이것은 동료 전체에 대한 모독이자 용서받을 수 없는 타락입니다. 이로써 불쌍한 싯다르타는 이 모임에서도 다시는 돌아올 수 없는 '왕따'가 됩니다. 6년 고행도 포기하고 스승도 친구도 없이 벼랑 끝에 선 싯다르타.

경전은 붓다께서 '고행'을 포기할 당시 느낌을 이렇게 전하고 있습니다.

> 저속한 고행은 어떤 것이든 아무런 이익이 없다.
> 마치 배의 노와 키가 숲에서는 쓸모없듯이
> 맹목적인 고행은 아무 가치가 없다.
>
> 《상응부相應部(상윳따 니까야 Saṃyutta Nikāya)》 4:1 〈고행 경〉

이 말씀으로 미루어보면, 그때 호되게 혼나셨나 봅니다.

축! 깨침

괜한 '고행'으로 몸만 축낸 싯다르타는 더는 물러설 수도 물러설 곳도 없는 막다른 처지입니다. 서른다섯 젊은 나이지만 몸은 이미 파파노인입니다. 우유죽을 한 그릇 얻어먹긴 했지만 더 걸을 힘도 없습니다.

가족도 모르게 모든 걸 버리고 가출하면서까지 찾아온 이곳에서 만난 두 분 스승에게서도, 또 지난 6년간의 몸서리나는 혹독한 '고행'을 통해서도 자신이 품어온 의심에 어떤 해답도 찾지 못한 싯다르타는 네란자라강에서 몸을 씻은 후, 강 언덕에 서 있는 삡빨라pippala 나무 아래에 힘없이 주저앉습니다.

마침 근처에서 풀을 베고 있던 농부에게서 풀 한 다발을 얻어 깔고 앉습니다. 그리고 다짐합니다.

"이제 만일 여기서 번뇌를 없애고,
미혹과 거짓의 세계에서 벗어나는 길을 찾지 못한다면,
설령 몸이 가루가 된다 하더라도
이 자리를 뜨지 않으리라."

그냥 앉아도 되는데 굳이 풀을 깔고 앉은 것은 이토록 다부진 결심을 했으니 앞으로 몇 날 며칠을 앉아 있어야 할지도 모르거니와, 무엇보다도 먹지 못해 뼈에 거죽밖에 없었기 때문일 겁니다. 그런데 요즘 사람들은 살 빼는 운동을 하면서도 으레 방석을 깔고 앉으려 합니다. 이런 현상은 우리네 절 법당에선 더욱 심각해서, 방석이 없으면 절마저도 안 하려는 사람이 있습니다. 그래서 종종 방석 쟁탈전(?)이 벌어지는 광경도 눈에 띕니다. 지금 싯다르타의 처지를 이해 못 하는 바는 아니나, 훗날 벌어지는 방석과 관계된 병폐의 책임은 이날 풀 방석을 깔고 앉았던 싯다르타가 져야 합니다.

'애들 앞에선 맹물도 못 마신다' 했거늘….

독자 여러분께 부탁드립니다. 다음 글은 가능하면 다른 생각은 마시고 천

천히 한 줄 한 줄 읽으며 따라오시길 바랍니다. 마치 아무 걱정 없이 엄마 품에 안긴 배밀이 아이처럼, 또는 명상하듯 말입니다.

싯다르타가 앉았습니다.
혼자입니다.
모든 생각을 멈춥니다.
고요합니다.
마음이 움직이다가
서서히, 서서히 가라앉습니다.
시간 밖으로 나왔습니다.
텅 비었습니다.
내가, 내가 아닙니다.
非!
한눈에 모든 것이 보입니다.
작은 물방울 하나에
모든 시내와 강과 바다가
다 들어 있습니다.
전엔 보지 못했던
단 한 번도 본 적이 없는
'있는 그대로'가 보입니다.
그리고….

이때 악마가 두세 차례 무리를 이끌고 와, 바람을 일으키고 비를 뿌리고 숯덩이를 던졌으며, 아리따운 마녀가 유혹했다고 경전은 적고 있습니다. 이는 분명 명상 중에 싯다르타의 마음속에 떠올랐다 사라져간 갖가지 생각과 마음속 갈등을 표현한 것일 것입니다.

오래된 경전《숫따니빠따》는 싯다르타가 '고행'을 하고 있을 적에도 악마가 고행을 포기하도록 설득하려 했다고 기록하며, 여덟 무리의 악마[마군魔軍]를 들고 있습니다. 여기서 마군은 싯다르타의 마음속에 자리한 '욕망, 미움, 배고픔, 애욕, 게으름, 무서움, 의혹, 위선' 등 인간이면 누구나 지닌 여덟 가지의 '어두움'을 나타냅니다. 다시 말해 훗날 붓다께서 자주 말씀하신 '악마'란, 결국 바깥에 있는 어떤 실체가 아니라 우리 마음속에 있는 또 하나의 '자기'인 것입니다.

어떤 종교든지 종교를 믿는 분들! 그리고 악마로부터 자신을 지켜달라고 무엇엔가 매달리며 기도하는 분들! 붓다께선 '바깥'이 아니라 '안'이라고 말씀하십니다. 아시겠습니까?

명상에 들어간 지 일주일째 되던 날 새벽,
하늘엔 샛별이 반짝이고, 주변은 고요한데…,
그때, 한순간!
싯다르타의 눈을 가리고 있던 모든 것이 사라집니다.
드디어,
깨친 것입니다!

경전은 이 순간을 '눈이 열리고 지혜가 생겨'라고 표현하고 있고, 그때 '마왕은 엎드리고, 땅은 여섯 번 진동했으며, 빛이 온 세상을 비추니 해도 달도 그

빛을 잃었다'라고 적고 있습니다. 이는 그동안 싯다르타의 눈을 덮고 마음을 짓누르고 있던 **의심**의 안개가 걷히고 환해진 느낌을 표현한 말일 것입니다. 이제 '샤꺄족 출신의 가우따마'의 눈을 가리는 것은 아무것도 없습니다.

마침내 싯다르타는 사라지고 '붓다'께서 깨어난 것입니다. 훗날, 사람들은 이날의 일을 '바른 깨달음을 얻었다[정각正覺]'라고 하고, 또 '도를 이루었다[성도成道]'라고도 합니다. 그리고 싯다르타가 깔았던 풀을 '경사스러운 풀[길상초吉祥草]'이라 하고, 앉았던 자리를 '더없이 단단한 자리[금강좌金剛座]'라 부릅니다. 그리고 그 나무를 '깨달음의 나무[보리수菩提樹]'라 부릅니다.

싯다르타의 '깨침'에 대해서
저는 할 말이 없습니다.
그날 있었던 깨침에 관해
제가 알고 있는 더 자세한 어떤 내용도 없기 때문입니다.
《금강경》에서도
"불가취不可取 불가설不可說"이라 말하고 있습니다.
'진리란 잡을 수도 말할 수도 없다'라는 뜻입니다.
빛은 그냥 빛일 뿐,
설명이 필요하지 않습니다.
그게 곧 '진리'입니다.

그런데 궁금합니다.
싯다르타가 깨쳤다는데,
도대체 뭘 깨친 거야?

그건 누구나 알고 있습니다.

그날 싯다르타가 깨친 내용은

이후 45년간

붓다께서 하신 말씀을 통해

우리가 모두 잘 알고 있습니다.

그리고

그분께서 깨친 '진리의 말씀'의 핵심이

바로《금강경》이라는 것도!

그런데 또 궁금합니다.

도대체 그 순간

싯다르타에게 무슨 일이 벌어진 거야?

눈이 열렸다는데 그게 무슨 소리야?

그 '열린 눈'으로 도대체 뭘 본 거야?

그것은 아무도 모릅니다.

그날 그 순간에 싯다르타에게 무슨 일이 일어났고,

무엇을 보았는지는 아무도 모릅니다.

오래된 경전에도

'눈이 열리고 지혜가 생겼다'는

상징적 표현이 전부입니다.

매우 아쉽습니다.

그래서 저는 어떤 분이 어느 날 자신이 체험한 매우 '특이한 순간'을 자세히 기록한 글이 있어 여러분께 소개할까 합니다. 싯다르타가 경험한 '깨침'에 관한 기록이 너무 적은지라, 혹 독자 여러분께서 궁금해하실지도 모를 '깨침의 순간'을, 이분의 글을 통해서나마 짐작할 수 있으리라 봅니다. 이 글은 1922년 지두 크리슈나무르티Jiddu Krishnamurti라는 분이 가까운 사람에게 보낸 편지글입니다. 크리슈나무르티에 대해선 이 책 끝부분에 간략히 설명해드리겠습니다.

> 첫날, 내가 그 상태에 있으면서 주위의 사물을 더 잘 인식하고 있는 동안, 나는 태어나서 처음 겪는 가장 특별한 경험을 했어요. 도로를 보수하는 한 남자가 있었는데, 그는 나였습니다. 그가 들고 있는 곡괭이가 나 자신이었고, 그가 깨부수고 있는 돌덩이가 나의 일부였어요. 부드러운 풀잎이 바로 나 자신이었고, 옆의 나무가 나 자신이었죠. 나는 그 도로 작업자처럼 느끼고 생각할 수 있었던 겁니다. 나는 또한 나무를 스치고 지나는 바람, 풀잎 위를 기어가는 개미도 느낄 수 있었습니다. 새, 먼지, 소음, 이런 것들이 모두 나의 일부였습니다. 옆에서 차 한 대가 지나가고 있었는데, 그때 난 그 차의 운전수가 되었고, 엔진, 타이어가 되었습니다. 그 차가 지나쳐버린 후, 나는 나 자신으로부터 벗어나 있었습니다.
>
> 나는 모든 것 안에 있었고, 또한 모든 것은 내 안에 있었습니다. 생명이 있는 것이든 없는 것이든, 산이나 벌레, 숨 쉬는 모든 것들이 내 안에 있음을 느꼈습니다. 하루 종일 나는 이 행복감 안에 머물렀어요. […] 나는 더할 나위 없이 행복했어요. 왜냐하면, 보았기 때문입니다. 그 이후로 아

무것도 똑같을 수 없었습니다. 나는 삶의 샘에서 솟아나는 맑은 물을 마시고 목마름을 씻은 듯 해소하였고, 이제 더 이상 내게 삶의 갈증과 어두움은 남아 있지 않게 되었어요. 나는 빛을 보았습니다. 나는 모든 슬픔과 고통을 치유하는 자비를 만졌습니다. 나를 위해서가 아니고 세상을 위해서입니다. […] 나는 찬란한 자유의 빛을 보았습니다. 진리의 샘이 나에게 나타나 어두움이 사라졌습니다. 영광에 가득 찬 사랑이 나의 가슴을 취하게 만들었습니다.•

어떠셨나요? 윗글에서 뭔가를 느끼셨나요? 아마 조금이라도 예민한 독자라면 무엇인가를 느끼셨을 겁니다. 이분이 표현한 '갈증' '어두움' '슬픔' '고통' '빛' '찬란한 자유' '진리의 샘' '행복한 상태' '자비' '사랑'….

어디서 많이 들어보던 말이 아닌가요? 싯다르타의 '깨침'을 기록한 오래된 경전《경집》에 기록된 표현과 매우 비슷합니다.

"그는 나였습니다."

"새, 먼지, 소음, 이런 것들이 모두 나의 일부였습니다."

"나는 모든 것 안에 있었고, 또한 모든 것은 내 안에 있었습니다."

"그 이후로 어떤 것도 똑같을 수 없었습니다."

"나는 모든 슬픔과 고통을 치유하는 자비를 만졌습니다."

"나를 위해서가 아니고 세상을 위해서입니다."

이런 말들 역시 어디선가 들어보지 않으셨나요? 이 말들은 붓다께서 45

• Mary Lutyens, 《Krishnamurti: The Years of Awakening》, pp. 170~171, Shambhala, 1997.

년간 끊임없이 우리에게 가르치고 강조하신 말씀이 아닌가요? 어떻게 두 분의 말이 이렇게 비슷할 수가 있는 거죠?

독자 여러분, 아시겠습니까? 바른 '깨침'은 사람마다 다른 것이 아니라 모두 같다는 것을.

또 아시겠습니까? '깨침'은 '북 치고 장구 치고 현수막 걸고' 야단법석을 떨며 찾아오는 것이 아니라, 지극히 가라앉은 평온한 마음속에 마치 '밤에 도둑고양이가 살며시 다가오듯' 조용히 찾아오는 것임을.

또한 '깨침'은 무슨 별난 신통력을 얻는 것이 아니라, 자기 자신과 모든 것이 '하나'라는 사실을 아는 것임을. 그래서 나 이외의 모든 것을 사랑하고[慈] 슬퍼할[悲] 수밖에 없게 되는 것임을. 결국 '깨침'은 바깥의 어떤 별난 것을 보는 것이 아니라, 우리의 내면 깊숙이 감춰진 진정한 '자기 자신'을 보게 되는 지극히 평범한 체험임을. 또한 '깨침'이란, 설명하기 어려운 것이 아니라 매우 쉽고 단순한 것임을. 그래서 별도의 해설 없이도 모두가 이해할 수 있는 것임을.

제가 책머리에서, 붓다께서 말씀하신 《금강경》이라는 '깨침의 노래'에 덧붙여진 제 말들은 모두 '뱀의 다리[사족蛇足]'라고 말씀드린 까닭이 여기에 있습니다.

빛은 더 많은 빛을 요구하지 않습니다.
말씀은 말씀으로 충분합니다.
말씀은 더 많은 말이 필요하지 않습니다.
그리고 그날 싯다르타가 열린 눈으로 본 것을
경허鏡虛

만공滿空

한암漢岩

효봉曉峰

경봉鏡峰

탄허呑虛

중광重光

이분들도 함께 보았을 것입니다.

제망찰해帝網刹海.

제석천帝釋天 인드라Indra 그물에 걸린

수많은 구슬이 서로 어우러져 함께 비추어 보듯….

祝! 깨침.

> 일구월심 사유하던 그에게
>
> 모든 존재가 밝혀진 그날,
>
> 그의 의혹은 씻은 듯이 사라졌다.
>
> 연기緣起의 도리를 알았으므로.
>
> 《자설경自說經》 1:1 〈보리菩提 품〉

쳇바퀴 굴리기

이제부터 저도 싯다르타라는 이름 대신 '붓다'라는 표현을 쓰겠습니다. 깨친 이후로 싯다르타는 더 이상 존재하지 않으니까요. 또 인도 말 붓다buddha는 '깨친 분'을 뜻하는 일반적인 말이므로, 특정 종교의 색깔이 없어 괜한 오해를 살 일도 없다고 판단되기 때문입니다.

'깨달음'을 얻고 나서도 붓다께선 얼마간 더 보리수나무 아래에 머뭅니다. 경전은 "자신이 깨달은 내용을 되씹는 재미에 오랫동안 '양다리를 꼬고 앉아[결가부좌結跏趺坐]' 계셨다"라고 전하지만, 제 생각엔 붓다께서 깨달은 사실을 아는 사람이 아직 아무도 없으니 불러줄 사람이 있을 리 없고, 그렇다고 딱히 갈 곳도 없었기 때문이 아닌가 생각합니다. 깨달음이란 로또 복권하고 달라서 당장 거지 신세까지 바꿔주는 건 아니니까요.

그런데 여기서 한 가지 짚고 넘어가야 할 것이, 중국 불교에서 주장하는 '5시교판五時教判'은 '거짓말'이라는 것입니다. 중국 사람들은 인도 사람과 함께 전 세계를 통틀어 허풍이 세기로 유명한 민족인데, 없는 말 지어내는 데도 가히 '프로'급입니다.

5시교판이란 붓다께서 일생 동안 가르치신 말씀을 시간의 흐름에 따라 다섯 시기로 구분하자는 주장입니다. 처음 깨치고 나서 21일간《화엄경華嚴經》을 강의하시고, 사람들이 잘 못 알아듣자 강의 수준을 낮춰 12년간《아함경阿含經》을 말씀하시고, 그다음으로《유마경維摩經》《승만경勝鬘經》등 대승 경전을 강의하시고, 제자들이 대승과 소승 두 패로 갈려 싸우는 꼴이 보기 싫어 '모든 것이 다 공空하다'라는 내용이 담긴《반야경般若經》을 22년간 가르치시고, 마지막으로 돌아가시기 5년 전부터《법화경法華經》을, 돌아가시면서《열반경涅槃經》을 말씀하셨다는 게 그 골자입니다.

음양오행陰陽五行처럼 뭐든지 숫자 5에 끼워 맞추기를 좋아하는 중국 사람들이라지만, 이 이론은 정말 말도 안 되는 억지입니다. 붓다께서 처음 깨달음을 얻으신 뒤 21일간 주변에 아무도 없었는데 누구에게《화엄경》을 강의하셨단 말입니까? 대승과 소승은 붓다께서 돌아가시고 몇백 년 뒤에 생긴 '편 가르기'이므로, 붓다께서 다툼을 말리려고《반야경》을 강의하셨다는 주장 역시 말이 안 됩니다. 하여간 중국 사람들 입담이 세긴 참 셉니다. 그런데 이 주장을 우리 스님들도 꽤 그럴듯하다 여겼는지 요즘도 스님들의 법문에 단골 메뉴로 등장하고 있으니, 한번 말 만들기가 어렵지, 일단 만들어지면 목숨이 고래 심줄만큼 질긴 게 '거짓말'인가 봅니다.

'깨달음'이란 무엇일까요?

저같이 하찮은 것이 어찌 그 깊은 뜻을 알 수 있겠습니까마는 한 가지 분명한 것은, '깨달음'이란 어떤 근심, 걱정, 두려움, 의혹도 없는 상태라는 것입니다. 만약 한 가지라도 **의심**나는 것이 남아 있다면 완전한 '깨달음'이라 할 수 없을 테니까요.

그런데 오래된 경전에 의하면, 붓다는 깨닫고 나자마자 매우 심각한 '고민거리'가 생겼노라고 적고 있습니다. 그렇다면 붓다께서 정말 깨달으신 게 맞나요?

고생 끝에 겨우겨우 얻은 이것을
어이 또 남들에게 말해야 하나.
오! 탐욕과 노여움에 불타는 사람들에게
이 진리를 알리기란 쉽지 않아라.
세상의 상식을 뒤엎은 그것,

깊고 미묘하니 어찌 알리오.

격정에 매이고 무명無明에 덮인 사람들은

이 진리를 깨닫기 어려우리라.

《상응부》 6:1 〈권청勸請 경〉

사람들은 말합니다. 붓다께서는 모든 살아 있는 것을 구제하기 위해 자신의 모든 것을 포기하고 출가했노라고. 그래서 서양 사람들은 이를 일컬어 '위대한 포기The Great Renunciation'라며 흥분하기도 합니다.

그런데 위의 글은 그런 말이 모두 새빨간 거짓말임을 밝히고 있습니다. 그들 말이 맞는다면, '깨달음'을 얻은 붓다는 깨닫자마자 이 사실을 남들에게 알리고 가르치기 위해 총알같이 어디론가 달려갔어야 옳지 않나요? 그런데 그러지 않고 왜 이렇게 양다리 꼬고 앉아서 이런 망상(?)을 떨고 계신 걸까요?

위 시구를 통해 볼 때, 붓다께선 오직 자신의 문제, 즉 자신의 **의심**을 풀기 위해 가출했음을 알 수 있습니다. "고생 끝에 겨우겨우 얻은 이것을 어이 또 남들에게 말해야 하나"라는 말씀이 이를 증명합니다.

다시 말해 '깨달음'을 얻었을 당시에 붓다께서는 깨달은 내용을 남들이 알아듣게 설명할 자신이 도통 없었던 것입니다. 깨닫고 나면 모든 **의심**이 풀리고 마냥 행복할 줄 알았던 기대가 무참히 무너지고, 엉뚱하게 새로운 걱정이 앞을 가로막은 것입니다. 아! 어떻게 얻은 '깨달음'인데, 또 새로운 걱정이…. 깨닫는 것이 마냥 좋은 건 아닌가 봅니다. 그래서 사람들에겐 "난 그냥 이대로 살다 갈겨!"라는 말이 더 설득력이 있나 봅니다.

또 하나, 불교 관계자들을 매우 곤혹스럽게 하는 말씀이 옛 경전에 전해옵니다. 붓다 자신이 깨닫고 난 뒤 하신 이 말씀.

> 참으로 존경할 분 없이 사는 것은 괴롭다.
> 나는 어떤 사문이나 바라문을 존경하면서
> 살아야 하는 걸까?
>
> 《상응부》 6:2 〈공경恭敬 경〉

도대체 이게 무슨 말씀일까요? 아니, 그 당시 지구 위에서 깨달음을 얻은 사람은 오직 한 사람, 붓다 자신뿐이건만, '누굴 존경하며 살아야 하나?'라고 걱정을 하시다니…. 붓다를 하늘같이 믿고 따르는 그 많은 스님은 다 어쩌라고. 붓다께서 깨달으신 게 정말 맞긴 맞나요?

그나마 옛사람들이 좀 어리숙해서인지 몰라도, 이렇게 사실대로 기록한 것이 요즘 사람들에 비해 한결 순진해 보입니다. 그러나 요즘 스님들이나 불교 관계자들은 이 말을 애써 외면하고 싶어 합니다. 그렇다고 경전에서 이 구절만 파버릴 수도 없고….

제 생각에도 그분들께서 매우 난감해하고 어쩔 줄 몰라 하는 것이 이해가 됩니다. 그러나 조금만 달리 생각해보시죠. 붓다께서 깨달음을 얻었다고는 하지만 아직은 35살 청년입니다. 요즘으로 말하면 이제 겨우 사회가 뭔지 알 듯 말 듯 한 나이란 말씀입니다. 게다가 붓다께서 무슨 직장생활을 해본 것도 아니고, 그저 '고행'인가 뭔가를 하다가 거의 죽기 일보 직전에 탈출한 '인생 햇병아리'일 뿐입니다. 위의 말씀은 이런 관점에서 이해해야 합니다.

"과연 세상 사람들이 내 이야기를 알아듣고 믿어줄까?" 영 확신이 서지 않는 붓다는 무척 갈등합니다. 그 갈등을 표현한 것이 위에 소개한 구절일 것입니다.

깨닫고 보니, '진리'라는 게 그동안 붓다 자신이 알고 있던 것과는 정반대이고, 세상 사는 상식을 몽땅 뒤엎는 것일 줄이야!

경전은 전합니다.

> 그때, 세존의 마음은
> 침묵으로 기울고
> 설법으로 기울어지지는 않았다.
>
> 《상응부》 6:1 〈권청勸請 경〉

참으로 현명한 선택이라 여겨집니다. 사실, 머리도 별로 안 좋으면서 고집만 센 게 '인간'이라는 동물인데, 그런 족속을 상대로 '진리'를 가르쳐보겠다고 결심한다는 것은 누가 봐도 '주판알 잘못 굴리는 일'일 겁니다. 게다가 그 진리라는 것이 알고 보니 세상 상식과는 정반대임에야 누군들 선뜻 엄두가 나겠습니까?

"선생 X는 개도 안 먹는다"라는 말에서 짐작할 수 있듯이, 누굴 가르친다는 것은 온갖 정성과 노력을 다 기울여도 나중엔 결국 본전 생각이 나는 일입니다. 예로부터 얼마나 많은 선생님께서 제자들 가르치느라 용을 썼으면 진이 다 빠져, 평소 같으면 그걸 널름 받아먹는 개마저도 영양가 없다고 못 본 척 지나가겠습니까? 우리 속담의 속뜻이 매우 함축적입니다.

그러니 가르쳐보겠다는 일에 선뜻 나서지 못하는 붓다의 심정, 백번 이해가 갑니다. 어쨌거나 저는 이런저런 이유로 붓다의 깨달음을 반신반의

했는데, 위 구절을 읽고서야 겨우 붓다께서 뭘 깨닫긴 깨달으셨음을 확실히 인정하게 되었습니다.

한데 아뿔싸! 작심삼일이라고, 붓다의 마음이 갑자기 바뀝니다. 경전에는 브라마brahmā(범천梵天)인가 뭔가 하는 웬 귀신이 나타나서 '씻나락 까먹는' 소리로 세 차례나 붓다께 '설법'할 것을 꼬드겼다고 기록하고 있지만, 저는 그 이야기는 누군가가 꾸며낸 거고, 실제로는 '자가발전'이 아닌가 생각합니다. 뭔가 남다른 걸 알면 입이 근지러워 참지 못하는 게 인간인데, 아무리 깨쳤다고 해도 붓다인들 예외일 수는 없는 일 아니겠습니까?

그런데 혹시 여러분께선 앞서 제가 소개한 크리슈나무르티라는 분이 경험한 '이상한 체험' 중의 이런 구절을 기억하시나요?

"나는 빛을 보았습니다."
"나는 모든 슬픔과 고통을 치유하는 자비를 만졌습니다."
"나를 위해서가 아니고 세상을 위해서입니다."

'나'가 아니고 '세상'을 위해서랍니다. 바른 '깨침'은 그런 것이라고, 힘들어도 세상을 위한 것이라고, '이상한 체험'의 순간에 두 분이 같은 말을 하고 있습니다. 이번엔 붓다의 말씀입니다.

내 이제 '단 이슬[감로甘露]'의 문을 여나니
귀 있는 이는 들으라, 낡은 믿음을 버리고.

《상응부》 6:1 〈권청勸請 경〉

결국 자리를 털고 일어나 길을 나섭니다. 제가 보기엔 이것이 붓다께서 깨치고 나서 저지른 처음이자 마지막 실수(?)입니다. 뒷날 결과가 증명하듯, 이날 길을 나선 뒤로 돌아가실 때까지 잠시도 편할 날이 없었던 것이 붓다의 삶이었으니까요. 누굴 원망하겠습니까? 당신 스스로가 택한 일인 것을….

길을 나서긴 했지만 오라는 사람 하나 없는 한심한 처지는 그대로인지라, 붓다께서 처음 찾아간 사람은 옛 스승이었다고 경전은 전합니다. 이것은 아마 사실일 겁니다. 붓다께서도 자신이 깨달은 것을 '센' 누군가로부터 인정받고 싶었을 테니까요. 그러나 두 스승은 이미 저세상 사람이 된 탓에 뜻을 이루지 못하고, 넓은 세상천지에서 그나마 아는 사람이 '고행'을 함께하던 동료들인지라, 여기저기 이 사람 저 사람에게 물어물어 그들이 있는 곳을 알아냅니다. 여기서 그들이 있는 '와라나시Varanasi'까지는 200킬로미터가 넘는 거리.

하지만 가출할 때 보았듯이 씩씩한 붓다께선 천 리 길도 겁날 게 없습니다. 가는 도중에 다른 '철학관' 소속의 사문을 한 명 만났다고 경전은 전합니다. 붓다께선 본디 '틀'이 좋은 데다가, 막 깨달음까지 얻으신지라, 근심걱정이 모두 사라져 얼굴색이 무척 좋아 보였던지, 그 사문이 말을 걸어옵니다.

"얼굴 때깔 끝내주는데, 어느 철학관 소속이오?"

누구라도 붙잡고 이야기하고 싶던 차에 '이게 웬 떡이냐' 싶어, 붓다께서 답하십니다.

"나는 모든 것에 뛰어나고, 모든 것을 아는 사람.

무엇에도 더럽혀짐이 없는 사람.

모든 것을 다 버리고 애욕을 끊고 해탈한 사람.

나 스스로 진리를 알아냈으니

누구를 가리켜 스승이라 하랴."

그냥 심심해서 말을 붙였던 그 사문, 붓다의 황당한 대답에 깜짝 놀라 "글쎄, 그럴지도 모르지"라고 빈정대는 말을 남긴 채, 머리를 갸웃대며 가버렸다고 경전은 전하고 있습니다.

단 한 명을 앞에 두고 한 첫 전도에서 무참히 실패를 맛본 붓다께선 '다음엔 잘해야지' 마음먹으며 드디어 와라나시 교외에 있는 '사슴 동산(녹야원鹿野苑, 므르가다와mṛgadāva)'에 다다릅니다. 이곳엔 '고행' 동기생 다섯이 장소만 바꿔 그 고행인가 뭔가를 계속하고 있었는데, 저만치 걸어오는 붓다를 보곤, "거봐, 당신 그때 우리가 실수하는 거라 그랬지"라고 놀리며 도무지 사람대접해줄 생각이 없습니다. 그러나 막상 붓다께서 다가오자 그들은 일어서서 맞았고, 옷도 받아주고, 발 씻을 물도 떠주었다고 경전은 기록하고 있습니다. 그리고 이 자리에서 붓다께서는 이렇게 말씀하십니다.

비구들아,

출가한 사람은 두 극단에 치우쳐서는 안 되나니,

먼저, 욕망을 좇아 사는 것은 어리석고 추하니라.

다음으로 스스로 고행을 일삼으면 오직 괴로울 뿐이며

성스럽지 못하고 무익하니라.

나는 이 두 극단을 버리고 중도中道를 깨달았으니,

> 그것은 눈을 뜨게 하고 지혜를 생기게 하며,
>
> 적정寂靜과 증지證智와 등각等覺과 열반涅槃을 돕느니라.
>
> 《상응부》 56:11 〈전법륜轉法輪 경〉

여기서 '비구比丘'라 함은 빨리어 '비쿠bhikkhu'를 번역하면서 한자의 음만 빌려 만든 말로, 밥 빌어먹는 사람, 즉 '거지'를 뜻합니다. 당시 인도의 수행자들은 아침이면 마을에 내려가서 밥을 빌어 끼니를 때우곤 했는데, 마을 사람들은 그들이 오면 "야! 저기 거지 온다"라고 말했을 테니, 그 말이 호칭으로 굳어지지 않았을까 싶습니다. 수행자 입장에서도, "그게 아니고 어쩌고" 따지기 귀찮으니 자기들끼리도 그냥 '비구'라고 했을 것입니다. 사실 '거지' 말고 다른 적당한 표현이 있을 것 같지도 않습니다.

어쨌거나 이날의 조촐한 모임을 통해 세상에 불교를 전하는 데 없어서는 안 될 세 가지 보배로운 것[삼보三寶], 즉 '부처[佛]와 진리의 말씀[法]과 승려[僧]'가 그 첫 모습을 드러내게 됩니다.

청년 박중빈이 원불교를 창시하던 날 주위에 모인 40여 명보다 훨씬 규모가 작은 이날의 모임을, 후세 사람들은 '진리의 수레바퀴를 처음 굴리셨다' 하여 '초전법륜初轉法輪'이라 거창하게들 말합니다. 남들이야 그렇게 멋진 말로 호들갑을 떨지만, 정작 붓다의 입장에서 보면, 장장 45년에 이르는 팔자에 없는(?) '바퀴 굴리기' 인생이 시작된 것입니다.

듣는 사람의 입장에서야 새롭고 진실한 말씀이니 가는 곳마다 '진리의 바퀴를 굴리신다[轉法輪]'라며 치켜세웠겠지만, 제 생각엔 '다람쥐 쳇바퀴 굴린다'라는 표현이 더 어울릴 것 같습니다. 왜냐고요?

사람 사는 일이야 그때나 지금이나 별반 다를 것이 없을 테니, 날마다 무

대와 관객만 바뀔 뿐, 만나는 사람마다 '시험에 합격하게 해달라' '병 낫게 해달라' '취직하게 해달라' '돈 벌게 해달라' '남편 바람기, 손 좀 봐달라' 등, 맨날 그 노래에 그 타령…. 붓다 입장에서는 다 아는 이야기를 하고 또 하고, "그게 아니고…"라고 가르치고 또 가르치셨을 테니 45년간 무척 고되셨으리라 생각됩니다. 그래도 경전 어디에도 짜증 한번 내셨다는 기록이 없는 걸 보면, 본디 성격도 꽤나 무던하신 분이라 여겨집니다. 강의하고 고민 상담을 해준다고 점집 아저씨처럼 복채를 받는 것도 아니고, 겨우 하루 밥 한 끼 얻어먹는 게 전부인, 말 그대로 자원봉사 걷기 인생 45년이 시작된 것입니다. 그것도 항상 맨발로 말입니다.

이것으로《금강경》의 주인공 가우따마 싯다르타의 인물 탐구를 마칠까 합니다. 어떤 분은 제가 너무 희극적으로 비튼 게 아니냐고 불편해하실지도 모르겠습니다.

그러나 제 의도는 그분을 흠집 내고자 함이 결코 아니고, 똑같은 상황을 '이렇게도 볼 수 있지 않은가?'라고 한 번쯤 뒤집어 말씀드리고 싶었을 뿐입니다. 그 이유는 이와 같은 발상의 전환이 잠시 후 여러분께서《금강경》을 새롭게 분석하고 이해하는 데에도 꼭 필요하리라고 확신하기 때문입니다. 붓다께서도 말씀하셨듯이, "모든 편견과 집착을 떨쳐버리고, 낡은 믿음을 버리고"《금강경》과 만난다면, 여러분께서 그동안 경험하지 못했던 새로운 느낌이 함께하리라 믿습니다.

이 항목에서 붓다께서 우리에게 전해주신 가르침을 많이 소개하지 못한 점, 저도 아쉽게 생각합니다. 그렇지만 이 책은 '불교 교리' 해설서가 아니고, 또 그런 내용은 많은 분이 상식으로 잘 알고 있으시리라 믿고, 또 제 성깔을 제가 잘 아는지라, 일단 그쪽으로 입을 열면 이 책 두께만큼의 너스레가 또 있어야 할 것 같아 아예 입을 닫았습니다.

이 책은 그동안 출간된 수십 권이 넘는《금강경》해설서의 잘못을 지적하고, 과거와 전혀 다른 해석 방법을 제시하는 첫 시도이기에, 아쉽더라도 이 정도에서 그칠 생각입니다.

끝으로 다른 종교와는 사뭇 다른, 불교 특유의 전도 방법을 소개해드리고 이 항목을 마무리할까 합니다. 어느 것이 '좋다, 나쁘다' 가리고자 함이 아니니 오해 없으시길. 제자들이 첫 전도 여행을 떠날 때 붓다께서 제자들에게 이르십니다.

> 비구들아, 이제 전도를 떠나라.
>
> 많은 사람의 이익과 행복을 위하여.
>
> 그리고 두 사람이 한길을 가지 말라.
>
> 《상응부》 4:5 〈마라의 올가미 경〉

'많은 사람의 이익과 행복을 위하여', 즉 '중생을 구제하라'라는 말씀은 이 때 처음 등장합니다. 그리고 여럿이 떼 지어 다니지 말고 반드시 혼자 다니라고 당부하십니다. 붓다의 유언을 결코 잘 지켰다고 볼 수 없는 그분의 제자들께서 오늘날까지 이 말씀 하나만은 틀림없이 지키고 있는 것이 정말 신통할 정도입니다.

그런데 붓다께선 왜 혼자 가라고 했을까요? 여럿이 다니면 오죽 좋은가요? 서로 말동무도 되고, 갑작스레 사고라도 당하면 잽싸게 연락도 할 수 있고….

반면에 기독교의 전도 방법은 조금 다릅니다. 성경에서는 다음과 같이 기록하고 있습니다.

> 열두 제자를 불러 '둘씩 둘씩' 보내시며
>
> 《마가복음》 6:7

그래서인지 기독교의 '둘씩 둘씩' 전통은 오늘도 충실히 지켜지고 있습니다. 길거리에서 전도 활동을 하는 할머니도 두 분, 여호와의 증인도 두 사람씩 다니고, 파란 눈의 모르몬교 청년도 둘씩 다니니, 과연 종파는 달라도 전도 방법은 똑같습니다. 이는 아마도 예수께서 낯선 곳에서 생길지도 모를 위험과 박해를 염려해서 그러신 것 같은데, 그렇다면 붓다께선 왜 혼자서 가라고 하셨을까요?

그 해답은 역사에서 찾을 수 있습니다. 인류의 역사를 통해 불교라는 이름 아래 국가 사이에 '피 흘린' 기록은 찾아보기 어렵습니다. 인도에서 출발하여 아시아 각국으로 퍼져 나가면서 불교는 언제나 평화롭게 환영받으며 전파됐던 것입니다. 그것도 스님 혼자의 힘만으로….

달마대사(중국에 전도)도 혼자였고 순도화상(고구려에 전도), 마라난타(백제에 전도)도 혼자였습니다. '혼자 가기'는 붓다께서 살아 계실 때부터 오늘까지 변함없이 이어져오는 불교만의 전통입니다. 아마도 이는 붓다 자신이 깨달은 '진리'에 대한 흔들림 없는 표현은 아닐는지요. '모든 살아 있는 것들의 이익과 행복을 위해서'라는.

초기 경전 《경집》에는 "무소의 뿔처럼 혼자서 가라"라는 구절이 담긴 시가 무려 마흔 번이나 '연속 상영'되고 있습니다. 그중 하나, 아래 소개하는 시처럼.

소리에 놀라지 않는 사자처럼
그물에 걸리지 않는 바람처럼
진흙에 더럽혀지지 않는 연꽃처럼
무소의 뿔처럼 혼자서 가라.

《경집》〈사蛇 품〉71

그런데 딱 한 차례! '함께 가라'는 말씀이 우리의 눈길을 끕니다. 언제 누구와 '함께' 가라 하시나?

만일 그대가 지혜롭고 성실하고
예의 바르고 현명한 동반자를 얻었다면
어떤 난관도 극복하리니,
기쁜 마음으로 생각을 가다듬고 그와 함께 가라.

《경집》〈사蛇 품〉45

'지혜로운' 사람과는 함께 가라십니다. 만약 그런 사람이 없다면 '혼자 가서' 몸으로 때우라(?)는 말씀입니다. 평소 '지혜'를 누누이 강조한 붓다의 일면을 읽을 수 있습니다. 그런데 오늘도 스님들은 혼자서 길을 떠납니다. 아마도 세상엔 '지혜로운' 사람이 그만큼 귀한가 봅니다.

구마라집

많은 이들이 집에서 열심히 '수지독송' 하는 《금강경》이든, 시중 책방에 꽂혀 있는 《금강경》이든, 아니면 절의 법당에 있는 《금강경》이든, 모든 《금강경》에는 제목에 이어 예외 없이 다음과 같은 글귀가 적혀 있습니다.

> 姚秦天竺三藏鳩摩羅什譯
>
> 요진천축삼장구마라집역

이 책을 읽으면서 '나는 한자를 잘 모르는데' 하고 움츠리는 분도 계시리라 여겨지는데, 지레 겁먹지 마시고 편안한 마음으로 제 설명을 따라오시면 됩니다. 우리 말과 글에 소홀한 건 몰라도, 한자를 모르는 것은 그다지 부끄러운 일이 아니니까요. '삼장구마라집역' '요진삼장법사구마라습역' '요진삼장법사구마라집봉조역' 등 책마다 다르게 기록하고 있습니다만, 구마라집 자신이 기록한 원문은 방금 제가 소개한 것이 맞습니다.

이 글의 뜻은 이렇습니다.

'요씨 성을 가진 사람이 세운 진나라에서, 삼장*에 뛰어나게 밝은 인도** 사람 구마라집이 중국 말로 번역함.'

좀 길긴 하지만 이해에 큰 어려움은 없었으리라 생각됩니다.

요즘 우리 사회에서 누군가가 애써 지은 책을 얼마나 가볍게 생각하고 예의 없이 다루는가를 알 수 있는 좋은 본보기가 위 글귀입니다. 글을 읽다 보면 간혹 지은이가 잘못 쓴 경우도 있긴 합니다만, 그렇더라도 있는 그대로 옮기고 나서, 주를 달아 보충 설명하는 것이 예의이거늘…. 지은이가 바르게 쓴 표현마저 제멋대로 바꾸고, 게다가 지은이의 이름까지 잘못 표현하는(구마라집을 '구마라습'이라고) 모습을 보고 있자면 도무지 할 말이 없어집니다. 정말 '무식이 용맹!'입니다.

게다가 시중에 나와 있는 《금강경》 해설서는 거의 모두가 구마라집의 한역본을 저본底本으로 삼고 있으면서도, 자신의 해설에만 침 튀기며 열을 올릴 뿐, 위 글귀에 대한 해설은 물론 구마라집을 소개하는 데는 종이 한두 장 쓰는 것마저도 소금처럼 짠 느낌입니다.

아니, 구마라집본이 없었다면 자신의 해설서도 없었을 텐데 어찌 뿌리에 대한 설명도 없이 무작정 자기 이야기만을 할 수 있답니까? 그러곤 별것도 아닌 일엔 '자기 글을 훔쳤네, 베꼈네'라며 흥분들은 잘합니다. 평소

* 경經(붓다의 말씀), 율律(그분이 만든 계율), 논論(붓다의 말씀에 해설과 의견을 붙인 논문) 등 세 가지 불교 경전.

** 옛날 중국에선 인도를 '천축天竺', 또는 서쪽 땅이란 뜻으로 '서건西乾'이라 불렀다.

'학문은 정직해야 한다'며 이마에 '핏대'(무슨 이유에선지 이분은 머리를 박박 밀었고 그래서 핏대가 유난히 눈에 잘 띕니다)를 세우며 TV에 자주 나오는 어느 철학자께서도 자신이 쓴《금강경》해설서에서 구마라집에 대한 설명엔 매우 야박한 느낌입니다. 그분의 말씀에 저도 한마디 덧붙입니다.

"학문에는 예의도 있어야 한다"라고.

제가 구마라집과 관련해 이렇게 흥분하는 데엔 그럴 만한 이유가 있습니다. 자기 일에 열 올리는 것이야 본디 인간이라는 동물이 돼먹기를 그렇게 돼먹었다 치고, 남의 일일지라도 꼭 알 건 알아야 할 일! 중국은 물론 특히 우리 한국은 불교에 관해서만큼은 구마라집에게 진 '빚'이 매우 많기 때문입니다.

요진천축삼장구마라집역.

어서 빨리《금강경》본문으로 들어가고 싶은 조급함에 한눈으로 슬쩍 지나치기 마련인 이 한 줄의 글귀에는, 말 그대로 '크고 작은 파도에 밀리며 굽이굽이 먼 길 걸어간[파란만장波瀾萬丈]', 한 인간의 고달프지만 예사롭지 않은 삶이 절절히 녹아 있습니다.

구마라집의 삶에 대한 기록은 중국 양나라에서 펴낸《고승전高僧傳》이라는 책에 상세히 기록돼 있는데, 이 책은 그가 죽고 나서 140년 남짓 지나 만들어진 터라 비교적 사실에 가까울 거라고 생각됩니다. 그런데 양梁이라는 나라는, 자기 딴엔 불교 전파에 꽤 많은 일을 하고도 역사 속에선 웃음거리로 등장하는, 한마디로 '죽 쑤어서 개 준 꼴'의 나라입니다. 이 불행한 사태의 책임은 피할 길 없이 양나라를 세운 무제武帝(464~549)라는 임금이

져야 합니다.

다음은 중국의 역사서 《남사南史》 〈양본기梁本紀〉에 실린 양무제와 관련한 내용인데, 여러분의 이해를 돕기 위해 길이를 조금 줄이고 대화도 요즘 말투로 바꾸었습니다.

인도에서 건너온 새로운 종교인 불교에 홀딱 빠졌던 양무제는, 나랏돈 써가며 '절을 짓는다' '불경을 번역한다' 난리굿을 떨고, 실제로 남을 돕는 좋은 일도 꽤 많이 한 것으로 알려진 인물입니다. 그러던 어느 날, 그에게 뜻하지 않은 불행(?)이 찾아옵니다.

인도에서 온 거지꼴을 한 중이 그의 앞에 나타난 것입니다. 생긴 몰골은 정말 황당하지만, 그래도 자신이 죽고 못 사는 불교의 본바닥에서 온 지라(본토에서 왔다고 하면 사족을 못 쓰는 건 예나 지금이나 나라와 관계없이 똑같은가 봅니다), 자기가 그간 해온 일을 자랑도 할 겸 조심스럽게 몇 마디 묻습니다.

"내가 그동안 숱한 나랏돈 써가며 불사佛事를 엄청 했는데, 그 공덕이 얼마나 되겠느냐?"

"아무 공덕도 없습니다[무공덕無功德]."

어? 이놈 봐라? 그렇다면,

"붓다께서 깨친 '진리'란 건 도대체 뭐냐?"

"그런 건 없습니다[무無]."

갈수록?

"그렇다면 넌 누구냐?"

"모릅니다[불식不識]."

'짧고 겸손한(?)' 대꾸 몇 마디에, 결국 이 중은 '미친놈' 취급을 받고 쫓겨났지만, 기록을 보면 그 뒤 정작 '머리가 돈' 건 양무제가 아니었나 생각됩니다. 형편없게 생긴 땡추(?)로부터 되게 두들겨 맞아서 정신적 충격을 받아서인지, 이후 그가 보인 엽기적인 행동은 과연 볼만한 것!

예를 들어, 멀쩡히 잘 있다가도 어느 날 갑자기 사라져, 온 나라가 법석을 떨며 찾게 만들고, 겨우 찾고 보면 어느 절에서 스님 복장도 아닌 행자 차림으로 마당을 쓸고 있고, 돌아가자고 하면 절에 내 몸값을 줘야 한다고 생떼를 썼다 하니…. 임금 몸값은 오죽이나 비쌌을까, 그때 돈으로 수억씩 강제로 시주하게 만들기를 여러 차례 했다고 기록은 전합니다. 스님들이야 '땡 잡았다'며 해우소에 가서 소리 죽여 웃기 바빴고, 신하들은 몸값 마련하기 위해 사방팔방 뛰어다니느라 '세'(혀의 사투리)가 빠졌다나 어쨌다나.

이제 독자 여러분은 제가 초반에 무엇이든 '무턱대고 믿기 좋아하는 분'은 이 책을 덮으라고 부탁드린 까닭을 아시겠는지요? 무엇이든 무턱대고 믿기 좋아하는 분들이 사람 피곤하게 하는 경우를 제가 수도 없이 보았기 때문입니다.

이후로도 이 임금은 심심할 만하면 각종 볼거리와 얘깃거리를 제공해 백성들을 즐겁게(?) 해주다가 결국 자기 대에 나라를 말아먹고 말았는데, 이는 백성들이 웃다가 나라 망하는 줄도 몰랐던, 세계사에서 유일한 경우일지도 모른다는 게 제 생각입니다.

그날 짧은 대꾸 몇 마디로 양무제를 '돌게' 만든 '센 입'을 지닌 그 스님의 이름이 요즘 '요상한' 초상화 한 장으로 숱한 사람들의 호주머니 돈을 빼가는 달마대사라고 전해지고, 그날 나눈 대화-"넌 누구냐?" "모릅니다"[달마불식達磨不識]-는 요즘 사람들이 뜻도 잘 모르면서, 안 쓰면 바보 소릴 들을까 봐 즐겨 쓰는 '화두話頭'의 첫 모습으로 자랑스럽게(잘난 척하는 임금을 '돌게' 만들었으므로) 절집에 전해오고 있습니다.

제가 이 '맛이 간' 임금님의 이야기를 이토록 길게 하는 것은, 그런 양무제에게도 '참 잘했어요' 하고 싶은 일 한두 가지쯤은 있기 때문입니다. 그 중 가장 돋보이는 것이《고승전》을 펴내 공부 깊은 옛 스님들의 삶의 기록을 오늘까지 남긴 것이고, 그 책의 내용 중에서도 으뜸은 바로 이 항목의 주인공 구마라집의 행적을 자세히 남겼다는 점일 것입니다.

그런데 이 임금에게는 아들이 하나 있었는데, 아버지를 잘 둬 공짜로 태자라는 직업을 얻었건만 임금도 못 돼보고 젊은 나이에 죽어간, 어찌 보면 불쌍하기도 한 사람입니다. 잠시 후 '소명 태자'라는 항목에 등장하게 될 이 사람을 두고 뒷날 학자들은, 아버지와 달리 무턱대고 뭘 믿지도 않았고 문학에도 깊이가 있었으며 꽤 똑똑했다고들 칭찬이 자자합니다.

그런데 저는 이 친구에게 조금이라도 점수를 더 줘볼까 하고 긴 시간 죽여가며 고심해봤건만, 그래도 결론은 '그 애비에 그 아들' '그 나물에 그 밥'입니다. 다른 건 제 공부가 짧아 잘 모르겠고, 많은 분이 그의 업적으로 내세우는 것이 그가《금강경》을 32분分으로 쪼개고 나누어 각 분에 친절하게 제목까지 달았다는 점인데, 제 생각은 전혀 다릅니다. 누가 하라고 시키지도 않았는데 저 스스로 '꼴값' 떨며 맡은 이 배역만큼은, 누구 말마따나 정말 '씰데없는' 짓을 한 악역이라고 확신합니다. 왜 그런지는 뒤에 가서 살펴보기로 하고, 이 부자의 이야기를 통해, 우리가 별생각 없이 쓰고 있는 속담 속엔 국경을 뛰어넘는 놀라운 진실성이 담겨 있음을 다시금 되새기게 됩니다.

"피는 못 속인다"라는.

앞서 말씀드렸듯이 '파란만장'이라는 표현이 딱 어울리는 구마라집 스님(이후 존칭 생략)의 삶을 《고승전》은 꽤 길고 자세하게 전하고 있습니다.

〈인적 사항〉

본명: 쿠마라 지바Kumāra jīva, 서기 350년(?)생

국적: 쿠차Kucha(당시 중앙아시아의 도시국가, 현재 신장 위구르 자치구의 쿠차현)

부: 쿠마라 야나(인도 사람으로 쿠차 왕의 경제 고문)

모: 지바(쿠차 왕의 여동생)

대충 가족관계만 봐도 그 나라에서 쿠마라 지바 집안의 위세를 짐작할 수 있습니다. 공평하시다는 '절대자'께서도 가끔 딴생각할 때가 있는지, 어떤 때는 한 인간에게만 좋은 걸 너무 몰아줘서 '별 볼 일 없는' 사람들의 성질을 돋울 때도 있는데, 쿠마라 지바의 경우가 그렇지 않은가 생각됩니다.

많은 이들이 평생 그토록 갖고 싶어 하는 돈과 권력과 명예는 이 집안에선 별 신통한 것도 못 되는 것이었고, 그런 걸 다 갖춘 사람일지라도 여간

해선 얻기 어려운 것 '두 가지'마저도 갖고 있었으니, 그중 하나가 가족애였습니다. 쿠마라 지바의 부모는 금슬도 좋았나 봅니다. 그 확실한 증거로, 자식의 이름에 두 사람의 성과 이름을 사이좋게 달아줍니다. 언제 헤어질지 모르는 부부에게선 꿈도 꾸기 힘든 일. 참 부럽습니다.

다음으로 쿠마라 지바의 지능지수(IQ)인데, 어려서부터 자기 나라 말은 물론이고 아버지 나라 말인 인도 말도 당연히 잘했을 것입니다. 게다가 좋은 집안에서 태어나 보고 들은 것이 많아서 그런지, 《고승전》은 그가 재주 있고 총명해서 하루 천 개 이상의 시[偈]를 외우고 읊을 정도였다고 전합니다. 또 어머니가 좀 극성맞았던지, 일곱 살 때 출가(가출이 아님)해서 이웃 나라의 훌륭한 스승을 찾아, 당시 이미 두 파로 갈린 불교의 양쪽, 즉 대승大乘과 소승小乘의 어려운 경전 공부를 모두 끝내고, 스무 살이 되었을 때 그의 명성은 쿠차 국내는 물론 이웃 나라에까지 널리 퍼졌다고 합니다.

제 생각에도 이 부분은 과장이 아닐 거라 판단되는 것이, 그렇게 좋은 가정환경과, 오아시스 도시국가로 무역과 불교 전파의 중심지 역할을 하던 쿠차의 지리적 이점을 생각하면 조기 외국 유학을 통해 그가 어려서부터 최소한 3~4개의 언어에는 능했을 것이라 보는 게 당연하고, 훗날 《금강경》을 한문으로 번역한 그의 솜씨 또한 예사롭지 않기 때문입니다. 여하튼 다른 건 몰라도 그가 '언어 감각' 하나만은 고도로 훈련된 사람이라는 것만은 평소 뭐든지 **의심**하기 좋아하는 저에게도 **의심**의 여지가 없다 하겠습니다.

그런데 잠깐 졸고 계셨을 거라 여겼던 '절대자'께서 문득 제정신이 드셨는지, 거칠 것이 없던 쿠마라 지바의 삶에 꿈에도 생각지 못한 일들이 기다렸다는 듯 줄지어 터집니다.

당시 쿠차의 이웃 나라인 중국은, 우리 어린이들도 즐겨 읽는《삼국지연의三國志演義》의 시대가 끝나고, 서로 잘났다고 설쳐대던 각 지역 여덟 명의 왕 중 일곱이 비명횡사하는 이판사판 난장판, 팔왕의 난(291~306)을 겪고 있었습니다. 이 틈에 북쪽에서 기회만 엿보던 다섯 유목 부족(흉노·선비·갈·저·강)이 당시 중국의 심장부였던 화북華北 지역을 접수하고, 이름에서도 벌써 '무척 개판이었겠다' 싶은 오호십육국五胡十六國 시대를 맞았습니다. '오호'에서 '호胡'란 말은 중국 사람들[한족漢族]이 유목민들을 깔보며 '씹는' 말로 '오랑캐'를 뜻하는데, 듣는 사람 입장에선 무척 섭섭한 표현이었을 겁니다. 그래서 후손들 보기도 부끄러운지라, 그 말을 계속 '씹어'대는 중국 사람의 입이라도 어떻게 좀 막아볼까 하는 소박한 심정에서 쳐들어왔는지도 모르겠습니다.

그런데 우리도 그 당시엔(지금은 안 그렇지만) 중국이 하면 뭐든지 따라하는 습관이 있었던지라, 압록강·두만강 너머에 사는 족속들을 모조리 싸잡아 부지런히 '되놈' '오랑캐' 소리를 해댔고, 그들로부터 받아들인 모든 물건에 오랑캐 '호胡' 자를 붙여 우리말을 더욱 풍성하게 발전시켜왔습니다. 예를 들어 우리말에 호떡, 호두, 후추, 호주머니 등은 모두 그들 덕분에 생긴 새 우리말입니다.

이렇게 그들로부터 도움받은 부분도 꽤 되건만, 계속 '오랑캐'라고 놀리는 말버릇을 고치지 못해, 결국 몇 차례 그들에게 호되게 혼난 적이 있음은 여러분도 잘 아시리라 믿습니다.

그런데 아무도 못 말리는 게 우리 민족인지라, '호' 자 즐겨 쓰다 몇 차례 나라가 망하기 일보 직전까지 갈 정도로 혼이 났으면서도, 그 난리의 이름에 기어코 또 '호' 자를 넣고 있으니(걔네들이 들으면 어쩌려고!), 그 난리들은 이름 하여 '정묘호란, 병자호란'!

아! 우리 민족, 고집이 센 건지, 아니면 겁이 없는 건지…. 더욱이 고려 왕조 때는 오랑캐 몽골이 온 나라를 집어삼키는 북새통 속에서도 태연히 모여앉아 불경을 나무판에 새겨놓아, 오늘날 '팔만대장경판'이라는 세계기록문화유산 한 개를 추가했으니, 지구상에 이렇게 '간 큰' 민족은 다시 없다 하겠습니다.

사실 불교가 본격적으로 중국에 전해진 것도 이때였습니다. 실크로드를 통해 서아시아와 무역을 하면서 주변 국가들의 문화를 쉽게 접할 수 있었던 이들 '호' 자 돌림의 유목민들은 불교에 있어서는 이미 중국보다 한 수 위의 선진국이었습니다.

그중에서도 황하黃河 유역을 지배하며 장안長安에 서울을 둔 전진前秦이라는 나라는 티베트 계통의 저족氐族이 세운 나라로, 서아시아의 출입구인 돈황敦煌도 그들의 땅이었습니다. 요즘 우리나라 사람들이 성지순례인지 뭔지 '떼 관광'으로 많이 찾는 돈황의 석굴 사원도 전진 사람들이 처음 만들었습니다.

불교에 푹 빠져 각종 불교건축물 제작에 열을 올리던 전진의 왕 부견苻堅은 아무래도 그런 것만으로는 뭔가 허전했던지, 바람결에 들려오는 소문으로 쿠마라 지바의 이름을 듣고 장군 여광呂光에게 7만 군사를 딸려 보내며 쿠마라 지바를 국보로 '모셔 올 것'을 명합니다.

이때가 서기 382년. 당시 중국 군인들은 '모셔 오라'라는 왕의 명령을 '잡아끌고 오라'라고 제멋대로 해석했던지, 좋은 말로 해도 될 것을 쿠차 전체를 온통 쑥대밭으로 만들어놓고 쿠마라 지바를 '잡아끌고' 돌아옵니다.

아무 잘못도 없이, 단지 자신에게 '하늘이 내린 재주'가 있다는 이유 하나만으로 자기가 태어나고 자라난 나라가 폭삭 망하는 현장을 눈으로 보고, 가족이 죽어가는 처참한 광경을 지켜봐야 하는, 정말 '팔자 사나운' 그의 운명은 정작 이제 겨우 시작입니다. 인류 역사상 어떤 한 사람이 필요해 그가 사는 나라를 온통 잿더미로 만든 경우가 이것 말고 또 있을까요?

그런데 돌아오는 도중, 전진 왕 부견이 요장姚萇이라는 사람에게 암살당하고 나라마저 없어졌다는 전갈을 받고, 더 이상 돌아갈 필요도, 돌아갈 곳도 없어진 장군 여광은 '나라고 왕 되지 말란 법이 있냐?'며 그 자리에 후량後凉이라는 나라를 세웁니다. 이런 웃기지도 않는 상황에서 더욱더 한심해진 것은 쿠마라 지바입니다. 평소 여광은 불교에 관심조차 없었던지라 볼모 쿠마라 지바는 이곳에서 아무짝에도 쓸모없는, 말 그대로 '개밥의 도토리' 신세입니다. 이쯤 되면 쿠마라 지바의 신세가, 가출 후 느닷없이 왕자에서 거지로 바뀐 싯다르타와 비슷하지 않은가요?

그래도 쿠마라 지바가 누굽니까? 아는 사람 하나 없고 말까지 설은 중국 사람들 속에서 입에 풀칠은 해야겠기에 타고난 언어 감각으로 기를 쓰고 그들의 말과 글을 배웠을 것이고, 드디어 이력서의 한쪽 귀퉁이에 있는 '회화 가능 외국어' 기재란에 '중국 말'을 추가하게 됩니다. 이렇게 그럭저럭 어영부영 십수 년의 세월이 지날 즈음, 그의 삶을 바꿔놓을 또 하나의 사건이 터집니다.

15년 전, 전진 왕 부견을 암살했던 요장은 전진의 뒤를 이어 후진後秦을 세웠고, 아들 요흥姚興 대에 이르러 나라가 안정되자 그도 불교에 관심이 많았던지라 쿠마라 지바를 '모셔 오기' 위해 여광이 세운 후량의 흔적을 말끔히 쓸고 닦아냅니다.

자! 쿠마라 지바 한 사람 때문에 두 나라가 사라졌습니다. 대체 무슨 이런 일이 다 있을까요? '모난 돌이 정 맞는' 정도가 아니라, 잘난 '모난 돌' 하나 때문에 나라가 둘이나 망했습니다. 이 난리로 쿠마라 지바의 팔자는 한 번 더 바뀝니다.

후량을 친 후진의 왕 요흥은 쿠마라 지바를 정중히 나라의 스승[국사國師]으로 모시고 장안으로 돌아와서 2천 명이 넘는 똘똘한 제자까지 붙여주며, 인도 말 불경을 중국 말로 바꾸는 작업을 부탁합니다. 그때가 서기 401년. 쿠마라 지바의 나이 벌써 쉰한 살. 자기 의지와 상관없이 이리 대굴 저리 대굴 굴러온 50년 뒤웅박 인생의 제2막이 시작됩니다.

그가 장안에 도착하자마자 숨 돌릴 겨를도 없이 절 짓고, 종이와 붓을 준비하고 손에 잡은 인도 책이 《와즈라체디까 쁘라즈냐빠라미따 수뜨라Vajracchedikā Prajñāpāramitā Sūtra》, 다음 해인 서기 402년, 이 책을 중국 말로 번역한 것이 《금강반야바라밀경金剛般若波羅蜜經》, 뭐든지 줄이기를 좋아하는 우리는《금강경》이라 부릅니다.

얼마나 하고 싶은 일이었으면, 얼마나 그 자신이 귀하게 여겼으면 '개밥의 도토리' 신세를 면하자마자 그토록 잽싸게《금강경》에 손을 댔을까요? 도대체《금강경》에 무슨 이야기가 실려 있기에….

이제 쿠마라 지바는 자신의 이름과 발음이 비슷한 한자를 골라 구마라집鳩摩羅什으로 이름을 바꾸고, '물 만난 고기'처럼 그동안 자신이 쌓아온 모든 어학 실력과 지식을 풀어놓으며 불경 번역에 온 힘을 쏟습니다. 그때까지 번역된 불경들의 잘못을 바로잡고, 옛 방식이 아닌 새로운 번역 언어로 중국 사람들이 이해하기 쉬운 한문 경전을 만들기 시작합니다. 그의 손이

닿기만 하면 중국 사람들의 입맛, 눈맛에 꼭 맞는 새 경전이 태어납니다.

《승만경勝鬘經》《대품반야경大品般若經》《유마경維摩經》《묘법연화경妙法蓮華經(법화경法華經)》《아미타경阿彌陀經》…. 그 밖에도 《중론中論》《십이문론十二門論》《대지도론大智度論》《성실론成實論》《백론百論》 등, 이후 8년간 74부 384권에 이르는 방대한 분량의 한역 경전을 편찬합니다. 불꽃 같은 열정으로, 붓다께서 하신 말씀을 전하는 데 자신의 모든 것을 사르고 나서, 서기 409년(?) 대번역가 구마라집은 파란만장했던 삶을 마감합니다.

죽음이 가까워지자, 슬퍼하는 제자들에게 그가 말합니다.

> 만약 그동안 내가 번역한 것이
> 붓다의 가르침에 어긋나지 않았다면,
> 내 몸을 태워도 '혀'만은 타지 않으리라.

그가 죽고 나서 화장을 한 뒤 살펴보니, 그의 '혀'는 타지 않고 그대로였다고 《고승전》은 전합니다.

《금강경》은 원래 산스크리트 경전입니다. 독자 여러분 중에 혹시 로마자로 된 인도 말 《금강경》을 읽어본 분이 계신가 모르겠습니다. 제 솔직한 심정으론 문장표현 방법이 우리의 체질과 맞지 않아 어지간한 끈기 없이는 끝까지 읽기가 쉽지 않습니다. 낱말의 되풀이가 심하고 긴장감 없이 축축 늘어집니다. 내용에 비해 포장이 덜 세련된 인도 말 《금강경》이 구마라집이라는 '센 손[고수高手]'을 거쳐 새롭게 태어난 것이 지금 여러분이 '받아 지니고 읽고 외우는' 《금강경》입니다.

한마디로, 그는 붓다께서 하신 말씀의 핵심과 느낌을 간결하고 산뜻한 중국 말로 바꿔놓은 것입니다. 중국 사람들 입장에선 외국인인데도 말입니다. 무려 1,600년 전에, 창작물에 무게를 더 두는 요즘 사람들에게 '번역이란 이런 것이다'라고 한 수 가르쳐준, 번역의 절대지존이 구마라집인 것입니다.

제가 하도 구마라집을 고수라 치켜세워 대니 '보기 전엔 못 믿겠다'라는, 저처럼 의심 많은 독자분이 계실까 싶어, 한역《금강경》안에 있는 이 분의 글 한 구절을 소개합니다.

應無所住 而生其心
응무소주 이생기심

평소《금강경》을 즐겨 읽거나《금강경》해설서를 쓴 분 중 열에 아홉은 외우고 있고, 또 시간만 있으면 열 올리며 이야기하곤 하는 유명한 구절입니다. 또한 한국 불교에서 큰 산처럼 받들고 있는 중국의 육조 혜능慧能 스님께서 이 구절을 우연히 듣고 출가해서 깨침을 얻었다고 해서 모두가 매우 소중히 여기는 말이기도 합니다.

'응무소주 이생기심'의 뜻은 이렇습니다.

(너희가 무슨 일을 하려 한다면)
어디에도 머무는 바 없이 그 마음을 내야 하느니라.

이해를 돕기 위해 좀 더 설명해드리면, 우리가 뭔가 일을 하려 할 때 대부분 '이 일을 했을 때 내게 돌아올 이익이 얼마나 되는가' '과연 누가 내가 한 일을 알아줄 것인가' 등을 계산하게 됩니다.

그런데 붓다께선 "그게 아니고…", 무슨 일을 하려거든 일절 그런 계산 없이 하라고 외치고 계십니다. '티' 내지 않고, 그 일을 '한다'라는 생각도 하지 않고 할 때, 그제야 비로소 그 일을 한 것이라는, 아니면 괜한 생고생과 헛수고만 한 것이라는 말씀입니다.

이 말은, 제 딴에는 좋은 일을 했다고 자랑하고 사진 찍고 이름 남기길 좋아하는, '이웃사랑'을 입에 달고 사시는 분들은 물론이고, 남편에 대해 "저 인간은 정말 내 고생을 몰라줘!"라고 섭섭해하는 아낙네에 이르기까지 모든 이들에게 '티 내지 말라'는 붓다의 가르침인 것입니다. 하여간 붓다께선 우리가 하기 어려운 것만 골라서 하라 하십니다.

그런데 실천은 안 하지만 모두 기를 쓰고 열심히 외우는 '응무소주 이생기심'이라는 표현은, 오늘날 남아 있는 인도 말《금강경》엔 눈을 씻고 찾아봐도 없습니다. 다시 말해, 붓다께선 이 말씀을 하지 않으셨단 말씀입니다. 그럼 도대체 어떻게 된 걸까요? 결론부터 말씀드리면, 구마라집이 '새롭게 지어낸' 것입니다. 아니? 번역가가 주제넘게 그래도 되는 걸까요?

제가 그래도 되는지 안 되는지를 판단할 깜냥은 못 되고, 제 의견만 말씀드리자면 이것은 '매우 잘된 번역'이라는 겁니다. 아까도 말씀드렸듯이 인도 말《금강경》은 긴장감이 떨어지고, 매우 늘어지는 느낌이 듭니다. 그런《금강경》을 구마라집은 원문 그대로 충실히 번역한 뒤, '응무소주 이생기심' 한마디로 압축해서 다시 한번 정리한 것입니다. 이는 당시《노자》나《장자》에 익숙한, 다시 말해 도교 경전에 친숙한 중국인들을 위한 구마라집의 '배려'였던 것입니다. 그것도 읽는 사람의 입맛[운율韻律]까지 살려 4·

4조로!

결국 이방인 구마라집의 계산은 정확히 맞아떨어져, 그 후 250여 년이 지나 원주민 혜능 스님은 그 말에 '빽' 가서 출가를 결심하게 되고, 오래지 않아 모두가 우러르는 큰스님이 되신 겁니다. 다시 말해 혜능 스님의 팔자는, 붓다의 말씀도 말씀이지만 구마라집의 멋진 표어 한마디에 완전히 바뀐 것입니다. 그 정도로 '센' 번역가가 구마라집입니다.

구마라집이 《금강경》을 한문으로 번역한 뒤, 300여 년에 걸쳐 다섯 분의 정말 내로라하는 스님들이 또다시 공들여 중국 말 《금강경》을 내놓았건만, 오늘날까지 구마라집의 후광에 가려 그분들의 《금강경》은 하릴없이 여러 나라의 도서관에서 깊은 잠을 자고 있습니다. 가끔, 정말 이따금 논문 자료를 찾으러 오는 학생을 기다리며….

〈달마가 동쪽으로 간 까닭은?〉이란 제목의 영화가 있습니다. 이 영화 제목은 절집에서 스님들이 일반인들을 골려 먹기(?) 위해 즐겨 쓰는 화두 중 하나인 '여하시달마서래의如何是達磨西來意'에서 살짝 방향만 바꿔놓은 것입니다. 우리말로 번역하면 '달마가 서쪽에서 온 뜻은?'입니다. '동쪽으로 간' 거나 '서쪽에서 온' 거나 그게 그겁니다.

혹시 여러분은 이 화두의 답을 알고 계십니까? 달마는 왜 서쪽, 즉 인도에서 중국으로 왔을까요?

제가 뭘 제대로 알겠습니까마는, 제 생각은 이렇습니다. 달마께서 붓다의 가르침대로 혈혈단신으로 인도에서 뱃길로 중국 광주廣州에 닿아, 첫 전도 상대로 양무제를 '찍어', 몇 마디 대화로 그를 '돌게' 만드는 힘을 보여주긴 했지만, 달마 자신도 그와의 말싸움에서 입은 상처가 꽤 컸을 겁니다. 말하자면, 달마께선 초면에 겸손해 보이려고 무조건 '모른다[不識]'라고 대답한 것이 도리어 화를 불러 '미친놈' 취급을 받고 쫓겨나고, 그 충격으로 신발도 한 짝 잃어버린 채, 낙양洛陽까지 반半 맨발로 걸어와 소림사少林寺(이것도 뒷날 부풀린 것이 맞을 것이, 막 인도에서 온 거지 중에게 무슨 절이 있었겠습니까? 그냥 빈집이나 동굴이었을 겁니다)에 틀어박혀 무려 9년 동안이나 등 돌린 채 벽만 보고 그날 일을 생각하며 토라져(?) 있었다고 전해지는 것으로 봐서, 두 사람 다 회복 불능의 타격을 입었을 것이라는 게 저의 추측입니다.

어떤 이들은 그게 아니고, 달마께선 방콕(?)하고 면벽수도 한 거라고들 말씀하시지만, 추측은 제 마음입니다. 그만한 일로 9년씩이나 삐쳐? 이걸로 미루어보면 달마께서도 속이 썩 넓진 않았나 봅니다. 그래서 저는 이 화두, '달마가 서쪽에서 온 뜻은?'의 답은 '세상 사람들 헷갈리게 하기 위해서'라고 혼자 생각해봅니다.

그런데 달마가 이렇게 9년을 헛되이(?) 보내기 100여 년 전, 구마라집은 아침밥 거르고 밤잠 설쳐가며 9년간 380권이 넘는 한역 불경을 만드는 데 온 힘을 쏟았습니다. 자! 똑같이 9년입니다. 한 사람은 토라져(?) 벽만 바라보고 있었고, 또 한 사람은 죽어라 일만 하다 정말 죽었고…. 저는 이런 '화두'도 꼭 있어야 한다고 생각합니다.

여하시구마라집피나포서래의

如何是鳩摩羅什被拿捕西來意

구마라집이 서쪽에서 붙잡혀 끌려온 뜻은?

구마라집이 그토록 파란만장한 삶을 산 것이 그냥 우연이었을까요? 아니면 아시아 대륙의 동쪽 끝, '한韓'이라 이름하는 '반쪽 섬[半島]'까지 올바른 불법佛法을 전하기 위해 누군가 각본을 쓰고 연출한, 철저히 기획된 '다큐드라마'였을까요? 저는 아둔해서 잘 모르겠으니 이 화두의 정답은 지혜로운 독자께서 손수 찾으신 뒤 제게도 좀 알려주시길.

우리는 불교에 관한 한, 구마라집에게 많은 빚을 지고 있습니다. 적어도《금강경》과《법화경》을 읽는 분들은 어김없이 구마라집의 땀과 노력을 읽고 있는 셈입니다. '쿠마라 지바'는 60여 년 살다 갔지만, '구마라집'은 1,600여 년이 지난 오늘까지도 우리 곁에 생생히 살아 숨 쉬고 있는 것입니다.

그런데 우리는 그분께 너무 무례합니다. 이제 와서 새삼스레 구마라집이 애쓴 걸 알아주자는 것도 아닙니다. 단지 책에서든 말할 때든 적어도 그분의 이름만은 제대로 썼으면 하는 것이 제 작은 바람입니다. 제가 읽은 많은 책에서, 또 제가 만나본 여러 스님은 그분을 '구마라습'이라 부르고 있습니다. 아니, 본명도 '쿠마라 지바'요, 그분 자신이 비슷한 발음의 한자를 골라 애써 지은 중국 이름도 구마라'집'인데, 어째서 구마라'습'이라 부르는지 당최 알 수가 없습니다. 그래도 '혹시?' 하는 마음에 왕편(?), 옥편, 자전을 다 찾아봐도, 결국 '什'은 '집'이었습니다.

게다가 어떤 분들께선 뭐든지 줄이기 좋아하는 유행을 좇아 그러는지, 아니면 멋으로 그러는지, 또는 바빠서 그런지는 몰라도, 툭하면 '라집' 또는 '라습' 아니면 '나집'이라 부릅니다. 세상에 누가 성의 끝말과 이름을 이어 붙여 부른답니까? 세상 사람 모두가 용서하지 않는 독일의 '아돌프 히틀러'일지라도 아무도 '프히틀러'라고 부르진 않습니다. '이름' 하나 바르게 쓰지 못하는 학문이 제대로 된 '학문'일까요? 그래서 제가 스님들께 아양 떨며(성질 내실까 봐) 아는 체합니다.

"스님, '습'이 아니고 '집'인데요?"

헛기침 한 번에 스님이 답하십니다.

"불립문자不立文字!"

또 어떤 스님은,

"그건 당신 견해고…."

스님들은 '견해見解'란 표현을 무척 사랑(?)합니다. 뭔 말을 하다가도 막히기만 하면 '견해' 타령입니다. 스님! 그래도 말이야 바른말이지, '성철性徹' 스님을 '성질' 스님이라 할 순 없잖습니까? 제 생각엔, 학문은 정직하기도 해야지만, 예의도 있어야 합니다.

여하튼 저는 안 해도 될 이런 말을 해서 그동안 무척 손해 보아왔습니다. 쉰을 넘긴 지금까지도 아직 그 버릇을 못 고칩니다. 그래서 저도 도리없이 '모난 돌'인가 봅니다.

현장

조금이라도 빨리 《금강경》 본문을 만나길 원하시는 분은 이 항목을 안 읽으셔도 괜찮습니다. 사실 이 항목은 《금강경》의 참모습을 이해하는 것과는 별 상관이 없는 부분입니다. 제가 이 항목을 굳이 넣은 데는 두 가지 이유가 있습니다. 하나는 구마라집이 번역한 이후로 《금강경》 번역과 관련된 사건들을 시대순으로 정리할 필요가 있다고 생각해서입니다. 다른 하나는 그 과정에 등장하는 사람 중 한 분은, 중국 불교는 물론 동아시아 불교 역사를 통틀어 매우 큰 발자취를 남긴 분이건만, 오직 《금강경》과는 정말 궁합(?)이 안 맞아서 아마 돌아가실 때도 《금강경》 때문에 눈을 편히 감지 못했으리라는 생각이 들어, 그분과 《금강경》의 비극적 악연을 소개해드릴 요량에서입니다. 그러니 바쁜 독자께선 지금이라도 건너뛰셔도 좋을 듯합니다.

구마라집이 《금강경》을 중국 말로 옮긴 것이 서기 402년. 그 후 300여 년에 걸쳐 다섯 분의 스님이 《금강경》 한역에 도전합니다. 아마 구마라집의 번역본을 읽고 난 뒤, '난 더 잘할 수 있다'라는 판단이 섰기에 나섰을 거라 생각됩니다. 시대순으로 소개하면 다음과 같습니다.

1. 보리류지菩提流支(Bodhiruci)의 《금강반야바라밀경》(509년)
2. 진제眞諦(Paramārtha)의 《금강반야바라밀경》(562년)
3. 달마급다達磨笈多(Dharmagupta)의 《금강능단반야바라밀경》(592년)
4. 현장玄奘의 《대반야경》 중의 〈능단금강〉분(663년)
5. 의정義淨의 《불설능단금강반야바라밀다경》(703년)

줄잡아 50년 간격으로 도전자들이 나타난 걸 알 수 있습니다. 구마라집이라는 '초대 챔피언'에게 도전할 때야 각자 나름의 장기가 있었겠지만, 우선 경의 제목만 봐서는 구마라집의 《금강반야바라밀》이란 제목을 그대로 쓰거나 한두 마디 덧붙인 정도라, 누가 '낫고 못하고'를 가리기가 쉽지 않습니다. 또한 도전자의 이름에서 알 수 있듯이, 세 사람은 인도 말이 모국어인 인도 사람이고, 나머지 중국 원어민 두 분도 인도 유학을 다녀온 당나라 최고의 '엘리트'입니다. 일단 도전자 자격으로는 부족함이 없는 것 같습니다.

구마라집은 이미 돌아가신지라 도전자가 누군지, 어떤 특기를 가졌는지조차 알 수 없는 반면, 도전자들은 이미 구마라집이 번역한 《금강경》을 여러 차례 읽고 분석해 그의 장단점을 자기 손금 보듯 알고 있습니다. 게다가 도전자 모두 전지훈련을 통해 '몸 만들기'도 완벽하고, '모의 시합'도 충분히 치른, 최상의 컨디션입니다. 시쳇말로 이 경기는 '어린아이 팔 비틀기'인 셈입니다.

경기 규칙이랄 것도 없어, 심판이 따로 있는 것도 아니고 관중의 환호소리가 큰 쪽이 이기는 겁니다. 게다가 관중도 모두 도전자 쪽에서 그러모았습니다. 세상의 어떤 '짜고 치는 고스톱(?)'도 이 정도는 아닙니다. 자! 여러분은 어느 쪽에 승부를 거시겠습니까? 제 생각엔 이 상황에서 도전자 쪽에 안 걸면 약간 '맛이 간' 분 아닌가요?

그런데 놀랍게도 결과는 정반대였습니다. 그것도 보리류지 선수만 판정패로 그나마 창피를 덜 당했고, 나머지 네 선수는 모두 'KO패'였습니다. 관중은 보리류지 선수에게만 잠시 환호하는 듯했을 뿐, 나머지 선수들의 경기엔 눈길조차 주지 않았던 것입니다. 어떻게 이런 일이 벌어질 수 있었을까요? 어디로 보나 도전자에게 절대 유리한 상황인데 어떻게 구마라집이 이길 수 있었을까요?

아니, 운 좋게 우등생 뒷자리에 앉아 그 친구의 답안지를 다 보고 요령껏 베껴 썼는데 어째서 나만 또 낙제인가요? 투표장에 일당까지 쥐가며 어렵사리 그러모은 우리 마을 사람들이 어떻게 딴 후보를 찍을 수 있나요? 지금 타고 다니는 자동차가 아직 쓸 만한데도, 새 차가 나오면 자꾸 새 차에 눈길이 가는 게 사람 심리인데, 최신 기술을 다 갖춘 신형을 마다하고, 100년, 아니 300년도 넘은 구닥다리 차를 굳이 타겠다는 별종들의 심리를 도대체 어떻게 이해할 수 있을까요?

그건 저도 모릅니다. 그냥 사람들이 구마라집을 원했다는 사실밖에는…. 이쯤 되면 독자 여러분께선 제가 구마라집을 번역의 '절대지존'이라고 치켜세운 것이 괜한 말이 아님을 믿으시겠습니까?

훗날 방송 해설자들에게 관전평을 들어보니(우리가 겪어봐서 알다시피, 전문가라는 분들도 사실 말만 번드르르하지, 듣고 나면 맨 그렇고 그런 뻔한 말뿐이긴 하지만) 보리류지, 진제, 의정 스님은 딴 사람들이 쓴 논문과 해석을 참고하면서 낱말 몇 개만 바꾼, 거의 구마라집본을 베낀 수준입니다. 달마급다의 경우는 좀 특이한데, 이분의 번역은 경전에 쓰여 있는 인도 말을 발음이 비슷한 한자로 그대로 옮긴 것인지라(쉽게 설명하자면 'Good bye'를 번역한답시고 한 것이 '구두파이九斗巴二'), 제정신 가진 사람이라면 뜻글자인 한자로 그의 번역 내용을 이해하는 것이 불가능합니다. 전문가들의 평도 아무리 생각해봐도 '도대체 뭔 짓을 한 건지 모르겠다'는 얘기였습니다.

달마급다의 황당한(?) 한역《금강경》을 조사하면서 정말 놀라운 사실을 하나 발견했는데…. 뒷날 오랑캐 호胡 자로 남들 약 올리는 말버릇을 못 고쳐, 몽골 아저씨들에게 매우 혼이 날 때도 태연히 나무판에 부처님의 말씀을 새겼던 대단한 고려 선조들께서, '겁'은 없어도 공부 '눈치'는 있었던지, 대장경판을 16년에 걸쳐 8만 장 넘게 새기면서, 또 구마라집의《금강경》과 함께 KO패한 도전자들의《금강경》까지 모두 힘들여 '끌질'해대면서, 오직 하나! 달마급다의《금강경》만은 마치 없었던 것처럼 쏙 빼버렸음을 알게 됐습니다.

아! 한문 경전 번역의 전문가도 아닌 우리 조상님들, 어떻게 달마급다의 번역 글이 그 말씀을 하신 당사자인 부처님도 못 알아듣는 '헛짓'인 줄 알고 족집게 도사처럼 쏙 뺐을까? 그때는 매일 밥 먹고 하는 일이 끌질인데, 그냥 모르는 척 눈감고 슬쩍 끼워 넣어줘도 될 법했건만…. 우리 조상님들께서 한역 경전을 보는 눈썰미가 무척 얄밉단 생각까지 듭니다.

그런데 무참히 '깨진' 다섯 도전자 중 유독 한 사람만은 도저히 결과에 승복할 수 없다며 재도전을 신청합니다. 이 시합 전까지 쌓아온 그의 화려한 전적을 봐선 저라도 그랬겠습니다. 한 번의 실수는 누구에게나 있는 법! 이분의 전적은 대충 다음과 같습니다.

- 중국 명나라 오승은吳承恩이 쓴 장편소설 《서유기西遊記》에 등장하는 삼장법사의 모델이 된 실재 인물.
- 62세로 세상을 뜨기 전까지 인도 말 불경을 번역해, 평균 닷새에 한 권씩 십수 년간 1,347권의 책을 세상에 쏟아낸, 중국 역사상 유례를 찾아볼 수 없는 대번역가.

이 정도면 짐작이 가십니까? 바로 현장玄奘(602~664)입니다. 당나라 초 가난한 집안에서 태어나 열세 살에 출가해 여러 스승을 거치며 배우는 동안, 스승마다 다른 가르침과 한역 경전의 애매모호함에 답답함을 느낀 나머지, 현장은 본토 말로 경전을 연구하기 위해 인도행을 결심합니다.

그때 나이 스물일곱. 당시 당나라는 나라를 세운 지 얼마 되지 않은지라, 일반인의 외국 출입을 국법으로 막고 있었습니다. 현장은 도리 없이 홀몸으로 몰래 국경을 빠져나갑니다. 천산북로天山北路를 통해 쿠차를 거쳐 사막을 건너는 고생 끝에, 4년 만에 붓다께서 거지꼴로 가출 생활을 하고 나중에 깨치신 뒤에도 열심히 가르침을 펴셨던 마가다국에 도착. 붓다의 유적을 참배한 후, 당시 불교 연구의 중심지인 날란다Nālandā 사원에서 5년간 공부에 전념합니다.

그 결과, 인도 왕이 주최하는 각종 '세미나'에 참석, 공부깨나 한 사람들과의 토론에서 여러 차례 이겨 이름을 날리게 되고, 그 덕에 불교의 경經·율律·론論에 정통한 삼장법사三藏法師라는 존칭을 받는 등, 인도에서 유명 인사로 자리 잡습니다.

이쯤 되면 누구라도 그렇듯이 고국에 가서 '폼' 잡고 싶은 생각이 슬슬 들기 마련입니다. 645년, 600여 권이 넘는 인도 말 불경과 붓다의 사리,

불상 등을 바리바리 싣고, 16년 전 혼자 몰래 떠날 때와는 달리 수십만 군중의 환영을 받으며 '금의환국錦衣還國' 합니다. 임금 태종太宗도 현장이 알고 있는 서방세계에 대한 폭넓은 지식이 필요했던지라 전에 몰래 빠져나간 죄를 묻지 않았고, 현장도 그에 대한 아부로 서역의 상세한 지리와 풍습을 알 수 있는 여행기록,《대당서역기大唐西域記》12권을 지어 바칩니다.

이때 그의 나이 마흔셋. 이후 현장은 나라의 전폭적인 지원 아래, 인도 유학에서 쌓은 어학 실력을 살려 불경의 한역에 머리를 박고,《대반야경大般若經》100권,《대비바사론大毘婆沙論》200권,《유가사지론瑜伽師地論》100권 외에《구사론俱舍論》《성유식론成唯識論》《섭대승론攝大乘論》등 대장경의 뼈대를 이루는 76부 1,347권에 달하는 막대한 양의 한역 경전을 세상 뜨는 날까지 쉴 새 없이 쏟아냅니다.

훗날 명나라 때《대당서역기》를 재구성, 주인공 현장이 손오공, 사오정, 저팔계 등 가공의 인물들과 함께 인도로 향하는 환상적인 이야기 속에 윤회와 인과응보 사상을 녹인 100회 분량의 대하소설이 그 유명한 '서쪽으로 놀러 갔던 이야기',《서유기西遊記》입니다.

서기 648년, 유학을 마치고 돌아온 지 삼 년째 되던 해. 현장은《능단금강반야바라밀경能斷金剛般若波羅蜜經》이라는 제목으로《금강경》번역을 시도합니다. 하지만 자신감만 넘쳤지 아직은 내공이 부족했던지, 번역의 잘못과 문장이 매끄럽지 못함을 스스로 인정하고 고민하던 중, 12년 뒤인 서기 660년부터 663년까지 600권에 달하는《대반야바라밀다경大般若波羅蜜多經》을 번역하면서 그동안 설욕을 다짐해온《금강경》번역에 재도전하게 됩니다.

'이번만은 한 치의 잘못도 없이 해내리라!'

마음속으로 수도 없이 다짐하고 붓을 잡습니다.

'자, 이번만은….'

그렇게 해서 나온 것이 《대반야바라밀다경》 600권 중에서 577권째에 들어 있는 〈능단금강能斷金剛〉분! 현장 스님의 《금강경》 제2탄입니다.

이번엔 전문가 이야기를 들을 것도 없이 제가 감히 평을 하겠습니다. 남들의 비웃음을 뒤로하고 긴 세월 기다렸건만, 결과는 우리가 바둑 둘 때 흔히 저지르는 실수인, 장고 끝에 악수! 안타깝게도 이번에도 '아니올시다'였습니다. 한마디로, 번역의 기준이나 원칙도 없이 갈팡질팡 우왕좌왕, 죽도 밥도 아닌 잡탕인 것입니다. 현장의 잘못을 몇 가지만 살펴보면 다음과 같습니다.

① 쓸데없는 말이 너무 많습니다.

구마라집본이 제목 빼고 모두 5,162자인 데 비해, 현장본은 8천 자가 넘습니다. 세어보기도 짜증 나서 대충 세었는데, 무려 3천 자 이상 더 많습니다. 독자 여러분께서도 결혼식에서 긴 주례사치고 챙길 말 많지 않은 것은 경험을 통해 익히 아시리라 믿습니다. 또 보통 사람들이 긴 걸 싫어하는 것은 말할 것도 없고. 참을성 있게 수행하시는 스님들조차도 머리카락부터 시작해서 긴 것만은 질색하는 판인데….

② 읽을 때 느낄 수 있는 말맛[운율韻律]이 없습니다.

절에서 재齋를 지낼 때 스님 수십 명이 함께 외우는 《금강경》은, 그 아득하고 긴 소리의 울림만으로도 듣는 사람들의 마음을 가라앉게 하는 맛과 멋이 있습니다. 아마도 현장의《금강경》을 같은 자리에서 같은 스님들이 외웠다고 가정하면, 그런 맛과 멋은 아예 기대하지 않는 것이 좋을 겁니다. 현장의 글은 마치 수필 같은 산문이므로….

《금강경》은 노래입니다. 수천 년을 사람들 입에서 입으로 전해져온, 우리의 판소리와 같은 인도 사람들의 노래입니다. 그래서 번역가는《금강경》을 번역할 때 뜻도 중요하지만, 읽는 사람들의 믿는 마음을 돋우기 위해 가락과 박자도 신중히 고려해야 합니다(구마라집의 '응무소주 이생기심'이 좋은 예입니다). 매우 안타깝게도, 현장은 그런 것까지 꼼꼼히 챙길 문학적, 예술적 소양이 부족했음이 틀림없습니다.

③ 번역에 원칙이 전혀 없습니다.

번역이란 원문의 내용을 독자들이 쉽고 정확하게 이해할 수 있도록 많은 사람이 평소에 쓰는 말로 바꾸는 작업입니다. 그러므로 모두가 잘 이해할 수 있도록 낱말 하나까지도 매우 조심스럽게 골라야 하고, 불필요한 말은 빼고 다듬는 작업이 꼭 필요합니다. 하지만 현장은 이런 점을 모두 놓치고 있습니다.

예를 들어, 구마라집은 '붓다'를 표현할 때, 중국에서 일반적으로 쓰는 '불佛•'로 표현하는 반면, 현장은 '박가범薄伽梵'이라는 낯선 말을 쓰고 있습니다. 박가범은 인도 말 '바가완Bhagavān'(스승, 세존)으로, 인도 말《금강경》에서 자주 쓰는 표현입니다. 현장은 Bhagavān을 아무 뜻도 없는 비슷한 음의 한자를 골라 '佛' 자 대신 독자들에게 던지고 있습니다. 사람들은

• 사람 '인人' 변에 아닐 '불弗'이 합쳐진 글자로, '붓다'라는 음을 나타내면서 동시에 '사람이면서 사람이 아닌 분' 즉 '깨친 분'이란 뜻도 함께 담고 있다.

이미 200년 넘게 구마라집의 《금강경》을 읽어오고 있었는데도 말입니다. 이것은 번역가가 독자에게 던지는 언어폭력과 다름없습니다. 언어는 일종의 약속인데 그 약속을 느닷없이 깨자는 것입니다. 그에겐 그럴 권리도 자격도 없는데도 말입니다.

그런데 정작 인도 말 발음대로 번역해야 할 고유명사 '수부띠Subhūti'는 반대로 '선현善現'(어질고 지혜가 밝은 사람)이라고 뜻으로 번역했습니다. 일정한 기준 없이 독자를 혼란스럽게 하는 못된 취미가 현장에게 있었던 것입니다. 반면에 구마라집은 '수보리須菩提'라고 음으로 번역하고 있습니다. 이는 구마라집에게 실력으론 안 되겠고 어찌어찌 변칙으로라도 '튀어볼까' 하는 유치하고 서툰 발상일 것입니다.

현장 스님의 이런 잘못된 언어 습관은, 요즘 툭하면 '로드맵' '패러다임' '비전' 같은 영어나 어려운 한자 말을 즐겨 쓰는 우리나라 일부 정치인, 언론인, 학자들의 언어 습관이 어제오늘 이루어진 것이 아니라, 그 뿌리가 매우 오래되고 깊다는 것을 보여주는 좋은 사례이기도 합니다.

미국 유학에서 돌아와 대학 강단에 선 어느 교수께서 학생들에게 "여러분에게 크리티칼한 퀘스천을 포즈하겠는데…"라고 말해서 학생들이 '진한 감동을 먹었다'는 이야기가 생각납니다. 병원 의사 선생님들도 이런 식으로 이야기해서 '몸 아픈' 환자를 '골치까지 아프게' 하는 경우를 저도 무척 많이 봤습니다.

더 하고 싶은 말이 많지만 이쯤에서 입을 닫을까 합니다. 현장 스님이 《금강경》을 구마라집보다 3천 자 이상 길게 번역한 걸 시비한 제가 똑같은 짓을 해서 독자들께 욕먹기는 싫기 때문입니다. 여하튼 제 결론은 한자말로 이렇습니다.

足脫不及

족탈불급

즉, 신발 벗고 뛰어도 '게임game'이 안 된다는 말씀입니다. 그리고 또 하나 분명한 것은, 사람들이 현장에게 '등 돌린' 것이 아니라, 현장이 손님을 '내쫓았다'는 사실입니다. 오르지 못할 나무는 쳐다보지도 말라 했거늘….

영화 〈아마데우스Amadeus〉가 생각납니다. 모차르트가 지닌 '신이 내린 재주'에 도저히 미칠 수 없음을 깨닫고, 시샘과 절망과 신에 대한 원망으로 몸부림치는 살리에리의 일그러진 얼굴과 제가 상상하는 현장의 얼굴이 '오버랩' 됩니다.

수많은 경전 번역으로 중국 불교에 크나큰 업적을 남긴 그가 죽고 나서, 사람들은 누가 먼저랄 것도 없이 예전에는 쓰지 않던 사자성어 하나를 새로 만들어 쓰기 시작했고, 그 말은 바다 건너 우리에게도 전해져 오늘까지 몇몇 생각 있는 분들이 쓰고 있습니다.

奘不及什

장불급집

현장은 구마라집에 미치지 못한다.

현장 스님이 살아 있을 적엔 하고픈 말을 꾹 참았던 중국 사람들, 매우 참을성 있고 예의 바릅니다.

'안 해도 될' 이야기를 하나 더 할까 합니다. 절에서 하루 세 차례 정성을 다해 올리는 예불에 어김없이 등장하는 불경이 있습니다. 이름하여《반야심경般若心經》! 이것은 현장 스님의 번역 작품인데, 짧고 압축된 언어로 붓다의 가르침을 전하는 '멋진' 경전입니다. 어떤 이들은 이《반야심경》만으로도《금강경》에 맺힌 한은 풀리지 않았겠느냐며 현장을 위로하기도 합니다. 그런데 우리 스님들께서 그토록 열심히 읽고 외워줘서 고맙긴 한데, 아쉽게도 제목만은 또 잘못 쓰고 있습니다.

현장은 분명《반야바라밀다심경般若波羅蜜多心經》이라 이름했건만, 우리는《마하반야바라밀다심경摩訶般若波羅蜜多心經》이라고 제멋대로 바꿔 부르고 있습니다. 현장이 붙인 적도 없는 '마하Mahā'(위대한)가 눈도 없이 자리를 틀고 앉아 있는 것입니다. 그게 뭐 대수냐고요? 그럼 현장은 '심심해서' 제목을 붙였답니까? 그렇다면 우리 스님들은 도대체 '마하'를 어디서 따왔을까요?

현장 스님이《반야심경》을 번역하기 250여 년 전, 구마라집이 손수 번역한《반야심경》의 제목이《마하반야바라밀대명주경摩訶般若波羅蜜大明呪經》이고, 우리가 현장 스님의 '번역 작품'으로 알고 열심히 외우고 있는《반야심경》 구절의 태반이 구마라집의 번역문과 거의 일치합니다. 요즘 말로 하면, '표절'인 것입니다. 별 볼 일 없어 심심하신 분들께선 틈나면 직접 확인해보시길.

죽은 사람은 '말'이 없습니다.
그래도 '글'은 남습니다.
아! 현장….

소명 태자

꽤 오래전, 한국에서 근무하다 본국으로 돌아간 어느 미국 관리가 자기네 언론에 대고 "한국인들은 한 사람이 뭘 하면 아무 생각 없이 '우' 하고 따라 하는 'lemming'(나그네쥐) 같은 기질이 있다"라고 말했다가 우리나라 사람들이 벌떼처럼 들고일어나 뒷수습하느라고 매우 혼이 난 적이 있었습니다. 그 미국 관리가 한국인이 얼마나 '겁이 없는(?)' 민족인지 미리 한국사를 읽어보거나 몽골에 가서 물어보기라도 했다면, 그런 말실수를 하진 않았을 텐데…. 어쨌든 그 사건 이후 미국 관리들이 한결 입조심하는 계기가 되었다는 점에서 나름대로 의미를 찾을 수 있다 하겠습니다.

제가 별로 유쾌할 것도 없는 과거의 이야기를 다시 들먹이는 것은, 그 미국 관리가 아무 생각 없이 그런 말을 하지는 않았을 테고, 그도 나름대로 느낀 바가 있어 한 이야기였는데, 외교적으로 민감할 수 있는 부적절한 비유를 쓴 것이 화를 부르지 않았나 하는 생각이 들어서입니다. 요즘 우리가 일상 대화에서 쓰고 있는 외국어(특히 영어)를 보면, 그 미국 관리의 말이 예사롭지 않게 들립니다.

한 사람이 '웰빙'을 쓰면 너도나도 '웰빙'이요(실제 뜻은 우리가 쓰는 그런 의미가 아닌데도), 어느 학자가 '패러다임'이라는 그럴듯한(여기서 '그럴듯한'은 외국에 가서 '배운 티'를 낸다는 뜻) 표현을 쓰면 아무 데나 뜻도 모르면서 '패러다임'이니, 한국에서 오래 살아보지 않은 이방인의 눈에는 그렇게 비칠 만도 했겠다는 생각이 듭니다. 또 무슨 소릴 하려고 이렇게 너스레가 기냐고 '한 소리' 들을까 봐 본론으로 들어가겠습니다.

우리가 '수지독송' 하는《금강경》은 대부분 32단락으로 나뉘어 단락마다 제목이 붙어 있습니다. 마치 본디 그런 것이라도 되는 양 말입니다. 그런데 인도 말《금강경》에도, 구마라집본《금강경》에도, 또 우리가 만방에 '겁 없는' 민족임을 알릴 수 있게 도와준 고려국대장도감 판본《금강경》에도 그런 것은 찾아볼 수 없습니다. 누군가가 중간에 슬쩍 '끼워 넣은' 것입니다. 그러고는 우리 모두 마치 그게 없으면 진짜《금강경》이 아닌 것처럼 당연한 것으로 받아들이고 지니고 읽고 외우고 해설하고 있습니다. 이 장에서는 그런 단락 구분이 과연 잘된 것인지, 또 꼭 그렇게 단락을 나눠야 하는지 여러분과 함께 의심하고 바른 답을 찾아보려고 합니다.

《금강경》을 32단락으로 나눈 사람은 양나라의 소명 태자昭明太子(501~531)로 알려져 있습니다. 누가 했든 이제 와 제가 상관할 바는 아니나, 그가 누구든 이 짓을 한 사람은 정말 '씰데없는' 짓을 했다는, 그래서《금강경》에 관한 한 지은 죄가 '에베레스트산[수미산須彌山]'만 하다는 게 제 생각입니다. 앞서 말씀드렸듯이, 소명 태자의 아버지 양무제는 스스로 '대보살황제'라고 부르고, 또 그렇게 불리길 원했던 '불교광'이었습니다. 그런데 인도에서 온 거지꼴을 한 달마 대사와 단 5분도 안 걸렸을 대화에서 한 방

되게 얻어맞고, 그 뒤로 다시는 제정신(?)을 찾지 못한 비운의 임금이라고 앞서 소개해드렸습니다. 그때 그의 아들 이야기도 잠깐 하면서 제가 쓴 표현은 '그 애비에 그 아들' '그 나물에 그 밥'이었습니다.

아니, 제가 무슨 자격으로 이 사이좋은 부자를 속담 한두 마디로 싸잡아 바보 취급할 수 있겠습니까? 그럴 만하니까 그런 것입니다. 우선 그가 한 짓에 대한 우리 사회의 평을 들어보시죠.

> 양무제의 아들 소명 태자라는 분이 일찍이《금강경》을 연구하여 32분의 단락으로 나누었습니다. 그리고 단락마다 내용을 요약하여 그 단락의 주제로 삼았습니다. 이 32분법은 오늘날까지《금강경》을 이해하는 데는 가장 좋은 분류법으로 삼아오고 있습니다.
>
> 무비 스님

> 일종의 내용 개요이며 내용을 일목요연하게 해주는 구실을 하는데….
>
> 이기영 박사

> 텍스트를 일목요연하게 이해하는 데 큰 도움을 줄 뿐 아니라, 그 이름 또한 모두 그 분의 내용을 개관하고 있는 의미 있는 명칭으로 대체적으로 적절하다고 나는 생각한다.
>
> 김용옥 박사

이 밖에도 여러 의견이 있지만 거의 비슷한 말인지라, 지면 관계상 생략하기로 하고…. 대개가 위와 같이 호의적으로 평가 내리고 있습니다.

소명 태자가 붓다와 제자 수부띠의 대화록《금강경》을 32토막으로 쪼갠 것이 잘한 짓인지 아닌지는 차차 살펴보기로 하고, 우선 제대로나 나누었는지 살펴보겠습니다. 어느 분의 말씀대로 정말 '그가 얼마나 불교의 이치를 깊게 공독功讀했는지' 어떤지를 알기 위해, 저와 독자 여러분께서는 아득한 기억 저편의 '국민학교'(그때는 초등학교를 이렇게 불렀고, 이렇게 표현하는 것이 옛 기억을 더 잘 떠올릴 수 있을 거란 생각에) 4, 5학년 시절로 돌아갈 필요가 있습니다.

국민학교에 들어가 처음으로 '1, 2, 3, 4'를 써보고 '가갸거겨'를 배우고 나서 3~4년 지나면, 한 단계 높은 '문단 나누기'라는 걸 국어 시간에 배우게 됩니다. 선생님께선 '멀쩡한 긴' 글을 멋대로 네 토막으로 자르고 순서를 뒤바꿔놓으시곤 우리에게 제대로 다시 이어보라고 문제를 던집니다.

그래서 그 당시 국어 시험의 1번 문제는 대개 "앞에 나온 네 토막의 글을 뜻이 통하는 순서대로 바르게 이은 것은?"이었습니다. 제 경험상 '가-다-라-나'가 정답인 경우가 많았습니다. 웬만큼 공부하는 아이들은 1번 문제 정도는 선생님이 점수 주려고 낸 것이란 걸 눈치채고 쉽게 답을 맞히곤 했습니다. 그 문제마저도 못 맞히는 '글 바보' 같은 친구도 간혹 있긴 했었지만….

그런데 이 항목의 주인공 소명 태자가 바로 그 '글 바보' 수준입니다. 설마하니, 못 믿으시겠다고요? 이제《금강경》에 있는 글 몇 토막을 이용해 시험문제를 드려보겠습니다.《금강경》의 깊은 뜻은 모르셔도 전혀 문제 될 것 없으니 걱정하지 마시길. 국민학교 4학년 시절에도 그랬듯이 '대충 눈치껏' 찍어도 맞힐 수 있는 정도이니까요.

자! 다음 글은 《금강경》 중 일부이고, 글은 원래 순서대로 되어 있습니다. 아래 세 단락을 내용의 흐름에 따라 두 단락으로 묶어보시라는 겁니다. '가, 나, 다'를 '(가), (나, 다)' 이런 식으로 말입니다. 문제의 뜻을 이해하셨나요?

첫째 문제입니다.

가. "그런 까닭에, 수보리여! 모든 보살·마하살은
이와 같이 맑고 깨끗한 마음을 내야 하느니라.
'모양'에 머물지 않고 마음을 내야 하고,
'소리·향기·맛·촉감·의식'에도 머물지 말고
마음을 내야 하느니라!
어디에도 머무는 바 없이 그 마음을 내야 하느니라!"

나. "수보리여! 비유컨대,
몸이 산중의 왕, 수미산처럼 큰 사람이 있다고 하자.
네 생각은 어떠하냐? 이 사람의 몸을 크다고 하겠느냐?"
수보리가 답하길,
"매우 크옵니다. 세존이시여! 왜냐하면,
스승께서 말씀하시길, '그 몸은 몸이 아니고,
몸이 아닌 이것을 큰 몸이라 이름할 뿐'이라
하시기 때문이옵니다."

다. “수보리여! 갠지스강에 있는 모래알,
이 모래알만큼의 갠지스강이 또 있다고 하자.
네 생각은 어떠하냐?
그 모든 갠지스강에 있는 모래알을 정녕 많다고 하겠느냐?”
수보리가 답하길,
“매우 많사옵니다. 세존이시여!
그 모든 갠지스강만 해도 셀 수 없이 많거늘,
하물며 그 모래알이야 더 말해 무엇 하겠사옵니까?”

한 문제 더 드리겠습니다.

가. “수보리여! 만약 보살의 마음이
‘존재’라는 생각에 머무르며 보시를 한다면,
이는 마치 사람이 어둠 속에 들어가서
아무것도 보지 못하는 것과 같고,
만약 보살의 마음이
‘존재’라는 생각에 머무르지 않고 보시를 한다면,
이는 사람에게 눈이 있어, 햇빛이 밝게 비추어
모든 사물을 낱낱이 보는 것과 같으니라!”

나. “수보리여!

앞으로 올 세상에 선남자 선여인이 있어

이 경을 잘 ‘받아 지니고 읽고 외운다면’,

나는 ‘깨달은 자’의 지혜로

이 사람을 다 알고 다 보나니,

이들 모두 헤아릴 수 없고 가없는 공덕을 성취하리라.”

다. “만약 어떤 사람이 이 경을 능히 ‘수지독송’ 하고

사람들을 위해 널리 설명해준다면,

나는 이 사람을 다 알고 다 보나니,

이들 모두 헤아릴 수 없고, 말로 할 수 없으며,

가없고, 생각으로 알 수 없는 오묘한 공덕을 성취하리라.”

어떠셨나요? 문제가 어려웠나요? 첫째 문제의 답은 ‘(가), (나, 다)’입니다. 둘째 문제의 답도 ‘(가), (나, 다)’입니다. 맞히셨나요? 틀렸다고요? 혹시 ‘(가, 나), (다)’라고 하셨나요? 그럼 국민학교를 다시 다니셔야겠네요.

그런데 4학년 학생도 풀 수 있는 이 문제를, 아버지를 잘 둔 덕에 왕자까지 된 소명 태자는 두 문제 모두 ‘(가, 나), (다)’라고 답을 적었답니다. 나이도 서른 가까이 먹을 만큼 먹었건만…. 이 친구 정말 “하늘 천 따 지”부터 다시 배워야 할 판입니다. 이것이 《금강경》에 멋대로 손을 댄, 그리고 우리가 당연한 것으로 믿고 있는 《금강경》 32분分의 실제 모습입니다.

첫째 지문은 제10 ‘장엄정토’분의 끝부분입니다. 구마라집이 멋진 창작

표현 '응무소주 이생기심'으로 마무리한 '가'의 뒷부분에 소명 태자가 아무 생각 없이 '나'를 덧붙여 한 분으로 묶어버렸습니다.

둘째 지문은 제14 '이상적멸'분입니다. '나'와 '다'는 내용으로 보아 당연히 함께 묶어야 함에도 불구하고, '가'의 뒤에 '나'를 덧붙이고 '요상한' 제목까지 달아 여러 사람을 피곤하게 만들고 있습니다.

어떻습니까? 소명 태자의 문장 이해 수준이 어느 정도인지 이제 아셨습니까? 그걸 우리는 마치 무슨 '금과 옥처럼 귀하고 소중한 조목[금과옥조金科玉條]'이라도 되는 양 1,500년 가까이 《금강경》에 달고 다녔고, 오늘도 부지런히 달고 다니고 있답니다.

하나를 보면 열을 안다고, 더 따져볼 필요가 있을까요? 이런 32분절에 대한 의문이나 지적 없이 소명 태자를 칭찬하느라 바쁜 것이 우리네 《금강경》 이해의 현주소입니다. 어떻게 그럴 수가 있었을까요? 무려 1,500여 년 동안을….

구마라집이 정말 멋진 언어, '응무소주 이생기심'으로 끝맺었건만, 100여 년 뒤 소명 태자라는 철없는 젊은이가 분을 나눈답시고 '꼴값' 떨며 군더더기 말을 뒤에 붙여, 구마라집이 애써 창작한 문장 표현의 뒷맛을 송두리째 망쳐놓은 것입니다. 이것만으로도 소명 태자의 죄는 결코 적다고 할 수 없습니다.

《금강경》은 '노래'라고 말씀드렸습니다. 중간에 끊지 말고 읽고 외워야 그 뜻과 맛을 느낄 수 있습니다. 그런데 32토막으로 끊는 그 순간부터 사람들은 《금강경》 전체의 의미보다 각 분의 뜻을 아는 데에만 급급했던 것입니다. 흔히들 하는 말로, '나무'만 봤지 '숲'을 본 적이 없는 것입니다.

이 모든 잘못의 책임은 소명 태자가 져야 하며, 그를 받들고 그를 따라 분을 쪼개고 읽고 쓰고 연구해온 전문가라는 분들도 책임으로부터 자유로울 수 없습니다. 게다가 한자를 잘 모르는 우리는 《금강경》 5,162자를 이해하기도 벅찰 지경인데, 32분마다 네 자로 된 제목까지 달아놓았으니, 우리는 덤으로 128자의 한자를 더 공부해야 하는 부담까지 안았습니다. 1,500여 년 전에 어느 철없는 젊은이가 겁 없이 끼적거린 '낙서'에 모두가 아무 생각 없이 '우' 하고 쫓아다닌 꼴입니다. 마치 '나그네쥐' 떼처럼!

더 따지고 들면 끝도 없지만, 종이가 아까워서라도 이 무례한 젊은이에 대한 야단을 마쳐야겠습니다. 독자 여러분께서도 제가 드린 국어 시험 문제를 통해, 앞에서 인용한 어느 박사님의 의견처럼 소명 태자가 '얼마나 불교의 이치를 깊게 공독했는지' 함께 느끼셨습니까?

얼마 전, 어느 비구니 스님과 《금강경》에 관해 이야기 나누다가 "그 소명 태자인가 하는 친구, 왜 그런 짓을 했대요?"라고 푸념하니, 그 비구니 스님 왈,

"그러니 서른 초반에 요절했지요."

마음공부 하는 수행자의 입에서 나온 말치곤 좀 섬뜩했지만, 한편으론 제가 하고 싶었던 말인지라 속이 후련했고, 그 스님의 반짝이는 눈빛에서 한국 불교의 밝은 내일도 함께 느낄 수 있었습니다.

그 밖의 사람들

수제자들

《금강경》은 이렇게 시작됩니다.

> 如是我聞
>
> 여시아문

우리말로 "나는 이와 같이 들었습니다"입니다. 여기서 '나'는 누구일까요? 붓다께서 하신 다음 말씀을 들어보시죠.

> 아난다여, 그대는 나를 위해 저 사라나무 사이에
>
> 머리를 북쪽으로 둘 수 있도록 자리를 깔거라.
>
> 피곤하다. 눕고 싶구나.
>
> 《장부長部(Dīgha Nikāya)》〈대반열반경大般涅槃經(Mahāparinibbāna-sutta)〉(D16)

빨리어 〈대반열반경〉은 붓다께서 돌아가시기 전에 하신 말씀을 이렇게 전하고 있습니다. 이 한마디 말씀에 여든 노인네 붓다께서 겪은 삶의 고달픔이 절절히 묻어납니다.

이어 제자가 깔아놓은 자리에 오른쪽 옆구리를 바닥에 대고 두 발을 포개고 누우신 뒤, 마지막 말씀을 하십니다.

> 모든 살아 있는 것은
> 태어나서 늙고 병들어 죽으니[제행무상諸行無常],
> 게으름 피우지 말고[불방일不放逸] 힘써 나아가라.

그날이 2월 보름 한밤중.

지극히 편안한 죽음이었다고 경전은 전합니다. 붓다께서 하신 이 마지막 말씀을 듣고 사람들에게 전한 이는 아난다Ānanda(아난阿難)입니다. 붓다와 사촌지간으로 25년 동안 가장 가까운 거리에서 붓다를 모셨고, 그래서 가장 많은 말씀을 듣고 기억한 제자입니다. 붓다께서 돌아가시고 석 달 후, 붓다의 말씀을 바르게 남기기 위해 제자들이 모였을 때, "나는 이와 같이 들었습니다"라며 붓다의 말씀을 전한 이도 아난다입니다.

《금강경》을 포함한 거의 모든 경전은 "나는 이와 같이 들었습니다[如是我聞]"로 시작됩니다. 이는 "지금부터 전하는 말은 내가 '지어낸[作]' 말이 아니고, 붓다께서 하신 말씀을 '들은[聞]' 것이니 조금도 의심치 말라"라는 의미까지 담고 있는 말입니다.

하지만 저는 지금 **의심**하고 있습니다. 아난다의 기억력이나 그가 전한 말씀의 내용을 **의심**하는 것이 아니라, 그 후 세월이 수백 년 흐르면서 아난다가 기억하고 전한 내용이 어떤 이유에서건 바뀌고, 비틀리고, 다른 말이 끼어들었다고 의심하는 것입니다.

그날 밤중에 붓다의 마지막을 지켜본 사람은 아난다와 또 다른 사촌이자 제자인 아니룻다Aniruddha(아나율阿那律) 정도였건만, 한역 경전들은 '여러 비구 스님[대비구중大比丘衆]'이 함께했다고 부풀려 전하고 있습니다. 그래야 그분의 마지막이 더 '폼' 날 거라 여기는, 유치하고 그릇된 생각입니다. 그러나 붓다의 말씀과 행적에 관한 기록엔 어떤 거짓도 있어선 안 된다는 것이 제 생각입니다. 그분께선 살아 계시는 동안, 단 한 번도 속임수를 쓰거나 거짓말을 한 적이 없기 때문입니다.

붓다께서 열반涅槃•하실 때, 그분께서 아끼던 제자 사리뿟따Sāriputta(사리불舍利佛, 《반야심경》의 사리자舍利子)와 목갈라나Mogallāna(목건련目犍連)는 이미 저세상 사람이었습니다. 나머지 제자들도 여러 곳에 흩어져 전도 활동을 하고 있던 터라, 가장 아끼던 제자 마하깟사빠Mahākassapa(대가섭大迦葉)마저도 붓다께서 돌아가신 뒤에야 소식을 듣고 달려왔을 정도입니다. 경전은 붓다의 시신을 넣은 관에 아무리 불을 붙여도 불이 붙지 않아 화장할 수 없었는데, 그가 도착하고 나서야 불이 붙었다고 기록하고 있습니다.

아난다에 얽힌 이야기 한 토막 더.

모든 비구니 스님은 아난다에게 많은 빚을 지고 있습니다. 붓다의 계모 마하빠자빠띠가 출가를 원했으나 붓다께서 모질게 반대하므로, 아난다가 총대(?)를 메고 세 번이나 간청한 끝에 겨우 허락을 받아냈기 때문입니다.

• '니르와나nirvāna'(불을 불어 끄다)의 음역.

불교 역사상 비구니 승적 제1호라고 할 수 있습니다. 그 밖에도 아난다는 출가, 재가를 가리지 않고 여성들의 교화에 노력을 기울인 분이니, 비구니 스님과 여성 신도들은 짬 날 때마다 감사드려야 마땅합니다. 아난다는 당시로는 보기 드문 '여성해방론자'가 아니었나 생각됩니다.

그런데 정작 제가 궁금한 건, 붓다의 또 다른 수제자이자 친아들인 라훌라인데, 그날 아버지의 임종도 안 지키고 도대체 어디 있었는지, 제가 본 어떤 책에도 라훌라에 대한 이야기가 없습니다. 여든의 아버지를 삼촌께 맡겨두고 도대체 어디 있었을까, 무척 궁금합니다. 흔히들 말하길, 노인네들께선 '밤새 안녕?'이라 했건마는….

그나저나 붓다의 제자들도 스승을 닮아 모두 만만치는 않았나 봅니다. 대단한 기록을 한둘씩은 다 갖고 있으니 말입니다. 아난다는 '비구니 제1호'를 만든 기록을 세웠고, 라훌라는 '최초의 사미沙彌[••]'였으며, 사리뿟따와 목갈라나는 붓다께서 당신이 만든 계율을 스스로 깨게끔 한 제자들입니다. 이는 붓다께서 깨달음을 얻은 후 법(?)을 어긴 처음이자 마지막 경우입니다.

지금도 그렇지만 불교에서는 지난날 속가에서 무엇을 했건 나이가 얼마건 안 따지고, 한 스승 밑에 출가한 순서대로 '형님, 아우' 하도록 정하고 있습니다. 이것은 붓다께서 손수 정한 규칙입니다. 그런데 사리뿟따와 목갈라나만은 예외적으로 먼저 '입대(?)'한 비구들보다 윗자리에 앉히는 바람에 고참 비구들의 불평이 엄청났고, 붓다께선 성난 고참들을 달래느라

•• 20세 미만의 출가자를 뜻하는 '사마네라sāmaṇera'의 음역.

한참 고생하셨다고 경전은 전하고 있습니다(군 생활을 해본 남성들은 이게 얼마나 군대의 질서를 무너뜨리는 일인지, 그리고 고참병을 얼마나 살맛 안 나게 하는 일인지 누구보다 잘 아실 거라 믿습니다). 붓다께서 과연 왜 그랬을까요? 당신이 정해놓은 규칙인데….

물론 짐작이 안 가는 건 아닙니다. 사리뿟따와 목갈라나가 지금까지 모셔오던 철학관의 스승 산자야Sanjaya에게 등 돌리고 붓다께로 이적할 때, 자신들을 졸졸 따르던 졸병(?) 200여 명까지 '떼거지'로 끌고 들어온 것이 붓다를 엄청나게 기쁘게 했을 겁니다. 그러나 이 사건은 그렇게만 볼 것이 아닙니다. (다른 고참 비구들은 절대로 인정하고 싶지 않겠지만) 두 사람의 자질과 재능이 얼마나 뛰어났고, 또 붓다께서 '지혜로운' 사람을 얼마나 귀하게 여겼는지를 보여주는 좋은 증거라고 저는 생각합니다.

한편 나중에 그 소식을 들은 산자야는 분을 못 참고, 입에서 피를 토했노라고 전해지고 있습니다.

다음은 수부띠입니다. 《금강경》에서 붓다와의 대화를 통해 '깨달음'의 세계로 이끄는 조연 역할을 맡아 우리에게 친숙한 이름입니다. 수부띠는 잠시 뒤 소개할 수닷따Sudatta(수달다須達多)라는 사람의 조카로 알려져 있습니다. 그리고 붓다께서 《금강경》 강의를 하셨던 '기원정사'는 수부띠의 큰아버지 수닷따가 엄청난 돈과 정성을 들여 붓다께 선물한 절입니다.

자! 이쯤 되면 세상의 모진 풍파에 찌들어 눈치 빠른 독자들께선, '아, 수부띠는 붓다와 그렇고 그런 관계로 특례 입학(?) 했구나' 하고 짐작하실 겁니다. 사실, 사람 사는 게 다 그런 것이니 붓다께서도 이 부분에선 자유롭지 못했을 가능성도 전혀 배제할 수는 없겠죠.

그런데 그렇게 입학한 애들이 대개 공부보다는 색다른(?) 방향으로 재능을 뽐내는 요즘과는 달리, 수부띠는 공부도 잘할 뿐만 아니라, 돈 많은 집 자손이라고 뻐기거나 누구와 다투는 일마저도 없었던지, 경전은 그를 '남과 일절 싸움질 안 하는 으뜸[무쟁제일無諍第一]!'이라고 기록하고 있습니다. 게다가 붓다께서 45년간 하신 말씀 중에, 가장 강조하신 말씀인 '반야般若•'의 핵심인 '공空'에 도통했다 하여 '공을 이해하는 데도 으뜸[해공제일解空第一]!'이라고도 불립니다.

그런데 솔직히 이것만은 믿을 수가 없는 것이, '공空'이라는 말은 붓다께서 돌아가시고 나서 훨씬 훗날 생긴 전문용어이기 때문입니다. 그 말이 생기기도 전에 수부띠가 '해공제일'이라 불렸다는 것은 아무래도 앞뒤가 안 맞는 것입니다. 그 증거로 수부띠가 조연으로 등장하는《금강경》에는 '공'이라는 말이 한 번도 안 나옵니다. 그럼에도 불구하고 수부띠가 매우 지혜롭고 성품이 훌륭한 분이었던 것은 틀림없는 사실 같습니다.

《금강경》을 읽다 보면, 수부띠가 잘 나가다가 가끔은 느닷없이 '사오정' 같은 질문을 해서 읽는 사람이 "이 양반, 정말 '해공제일' 맞아?"라며 고개를 갸우뚱거리게 하곤 하는데, 이는 수부띠의 모자람이나 실수가 아닙니다. 제가 수년간 분석해본 결과, 뒷날《금강경》을 편찬하거나 번역하는 과정에서 조연인 수부띠의 입장을 배려하지 않아 생긴 잘못이란 결론을 내렸습니다. 이 부분에 있어선 수부띠도 저에게 감사해야 합니다. 제가 이 책을 통해 당신이 천 년 넘게 받아온 억울한 오해를 늦게나마 풀어드릴 텐데, 그럴 만하지 않은가요?

• '빤냐paññā(지혜)'의 음역.

1,250명의 비구들

‘여시아문’에 이어《금강경》은 이렇게 계속됩니다.

> 一時 佛在사위國 기樹 給孤獨園,
>
> 與大비구衆 千二百五十人俱•
>
> 한때, 붓다께서 사위국에 있는 기수 급고독원에 머무셨는데,
>
> 비구 스님 1,250분과 함께 계셨습니다.

시작부터 1,250명에 달하는 단역extra이 등장해서 읽는 이들의 기를 꺾어 놓고 있습니다. 만약 영화 제작자나 다큐멘터리 PD가 이 첫 장면을 재연한다 치면, 단역에 들어가는 비용만도 만만치가 않습니다. 일당 5만 원씩 계산해도 하루 5천만 원이 넘고, 일주일은 찍어야 할 테니 그 비용만 해도 얼마입니까? 게다가 단역 모두가 스님 배역이라 머리를 ‘박박 밀’ 수밖에 없고, 그분들은 머리가 자랄 때까지 다른 작품엔 출연할 수 없으니 웃돈까지 줘야 합니다. 그런데 또《금강경》의 마지막에 가선, 첫 장면엔 안 보이던 비구니, 남녀 신도(우바새, 우바이), 천상계天上界, 아수라阿修羅••까지 느닷없이 등장하니…. 이 정도면 아무리 배포 큰 사람도 쉽게 제작할 엄두를 못 낼 것입니다. 여하간에 부처님께선 뭘 하나 해도 ‘스케일’이 엄청나게 크신지라, 이렇게 보통 사람들의 ‘야코’를 죽이십니다.

• 원문 중 뜻글자가 아닌, ‘사위’ ‘기’ ‘비구’처럼 발음의 음사 글자는 모두 한글로 표기한다.

•• 전쟁과 싸움을 일삼는 신들의 적 ‘아수라Asura’가 후에 불교에 편입되어 불법을 수호하는 팔부신중八部神衆 가운데 하나로 자리했다.

그런데 이렇게 엄청난 숫자의 단역들 말고도 윗글 속엔 꼭 소개하고 넘어가야 할 두 사람이 더 감춰져 있습니다.

祇樹 給孤獨園
기수 급고독원

우리말로 풀어드리면, '기타 태자가 소유한 숲[祇樹]에 급고독給孤獨 장자라는 사람이 지은 절[園]'이란 뜻이 됩니다. 이 절이 위치한 사위국舍衛國은, 붓다의 속가인 까삘라와스뚜가 속한 꼬살라국입니다. 한역《금강경》에서는 꼬살라국 서울의 빨리어 이름인 '사왓띠Sāvatti'를 '사위舍衛'로 음역한 뒤, 서울은 사위성, 나라는 사위국이라 부르고 있습니다. 그리고 이 나라 왕 아들의 이름이 '제따Jeta', 이를 한자음으로 바꾼 것이 기타祇陀입니다.

이제 겨우 기타 태자 한 사람을 소개했는데, 이해에 어려움이 없으십니까? 예전에《금강경》을 읽으셨거나 설명을 들었던 분들은 이미 아는 이야기이겠지만, 처음《금강경》을 만나는 분들을 위해 설명해드리는 것이니 지루해도 조금 참으시길….

또 한 사람은 수닷따인데, 이분은 별명이 조금 깁니다. 인도 말로 '아나타삔다다Anāthapiṇḍada', 우리말로 '돈 없고 외로운 사람들을 먹여주고 재워주는[給孤獨] 훌륭한 분[長者]'이라는 뜻입니다. 요즘 같으면 나라에서 책임져야 할 복지(이때야말로 'well-being'을 써야 옳습니다) 사업을 혼자 떠맡았으니, 이분은 마음씨가 아름다울 뿐 아니라 돈도 엄청나게 많았을 것입니다.

붓다의 가르침을 들은 급고독 장자가, 비 많이 오는 계절에 붓다와 제자들이 '비 맞은 중' 꼴이 안 되도록 편히 쉬면서 머물(인도에선 이를 우안거雨安

居라 합니다) 공간을 마련해드릴 계획을 세우고 적당한 땅을 찾던 중, 눈에 번쩍 띈 곳이 기타 태자가 소유한 숲이었습니다.

그런데 우리도 대충 눈치로 알다시피, 한 나라의 왕자가 챙긴 땅이니 얼마나 금싸라기 땅이었겠습니까? 그래서 둘이 옥신각신 흥정을 하다가 기타 태자도 뭐에 홀렸는지 엉겁결에 급고독 장자의 꼬드김(?)에 말려들어 결국 함께 기부하기로 합의하고, 믿을 만한 제자 사리뿟따를 공사 감독으로 임명해 절을 완성했습니다.

두 기부자의 고마운 뜻을 기리기 위해 절 이름에 두 사람의 이름을 넣되, 어떻게 하면 좀 더 짧게 지을 수 있을까 고민한 끝에 최종 결정된 이름이 '제따와나-아나타삔다다 위하라Jetavana-Anāthapiṇḍada Vihara(기수 급고독원 정사祇樹 給孤獨園 精舍)'입니다. 위하라vihara(정사精舍)는 원래 스님 혼자 수행하는 토굴을 뜻했으나, 나중에 '상가라마saṃghārāma•'와 함께 널리 쓰이면서 큰 규모의 절집을 일컫게 됩니다.

그런데 앞서 말씀드렸듯이 스님들은 뭐든지 '긴 것'은 딱 질색하는지라, 이렇게 긴 이름을 가만둘 리 없죠. 그래서 '기' 자와 '원' 자만 따서('급고독' 장자는 매우 섭섭하겠지만) '기원정사祇園精舍'라는 짧고 산뜻한 이름으로 오늘날 널리 불리고 있고, 이 이름은 서울 미아리나 여느 주택가 골목에 '지리산 도사'나 '계룡산 보살'들이 점집을 개업할 때 즐겨 쓰는 간판의 원조로 당당히 자리하게 되었습니다.

급고독 장자, 곧 수닷따가 《금강경》에서 붓다께서 쉴 틈 없이 불러대는 수부띠(수보리)의 큰아버지입니다. 그리고 수닷따와 기타 태자는 보시 한

• 상가saṃghā(승가 僧伽, 불교 교단)와 아라마ārāma(가람 伽藍, 모이는 곳)가 합쳐진 인도 말.

번 제대로 한 덕분에 2,500년 넘게 전 세계의 붓다를 따르는 사람들의 머릿속에 그 이름이 기억되고 있는 것입니다. 붓다께선 나중에 그렇게 될 걸 미리 다 알고 그러셨는지, 《금강경》 초반에 '보시 잘하는 법'에 대해 여러 차례 강조(?)하고 계십니다.

1863년 영국의 고적 발굴단이 사위성 밖 서남쪽으로 약 1킬로미터 되는 지점에서 기원정사의 유적을 찾아냈는데, 가로 230미터에 세로 350미터의 작지 않은 규모로 밝혀졌습니다. 붓다께서 돌아가시고 나서도 이 절은 계속 번창해서, 5세기 중국의 법현法顯 스님이 이곳을 찾았을 땐 기원정사 주위로 98개의 건물이 세워져 있었다고 합니다. 그러나 7세기 무렵 현장 스님이 이곳을 찾았을 땐 이미 허물어진 집이 많아 황폐하고, 다른 종교를 믿는 사람들이 많았다고 전해집니다.

붓다께서 《금강경》을 말씀하시던 그날, 기원정사엔 (썩 믿기진 않지만) 무려 1,250명에 달하는 비구 스님이 붓다를 모시고 열심히 수행하고 있었다고 합니다. 그런데 이쯤에서 또다시, 무엇이든 **의심**부터 하고 쓸데없는 일을 궁금해하는 저의 못된 버릇이 도지기 시작합니다. 그렇다면 1,250명에 달하는 그 많은 스님은 그 당시엔 무얼 하며 하루를 보냈을까요? 지금처럼 '불교'라는 종교의 체계가 잘 갖춰진 상태도 아니고, 붓다께서 바로 코앞에서 함께 생활하고 계시니 읽어볼 불경이 있을 리도 없고, 노느니 한다는(?) 염불도 없었을 테고, 불상이 있기도 훨씬 전인지라 아침저녁 예불이나 의식은 물론, 그 흔한 천도재遷度齋를 부탁하러 오는 보살이 있을 리도 없었을 테고, 게다가 붓다께선 하루에 한 끼만 드시는지라 스님들 역시 배고프고 힘들어도 할 수 없이 모두 따라 굶었을 것이고, 그나마도 아침나절에 간단히 빌어먹었으니[걸식乞食] 밥 지으랴 반찬 만들랴 부산 떨 일은 아예 없었고, 오늘은 그래도 붓다께서 《금강경》을 말씀하신다 하니 반나절은 쉽게 때운다(?) 치더라도, 도대체 그 긴긴 하루를 매일 뭐 하며 보냈을까요? 명상한다며 앉아서 조는(?) 것도 하루 이틀이지….

혹시 독자 여러분께선 그 당시 스님들이 뭘 하고 하루를 보냈을지 상상해보셨나요? 제가 그런 걸 궁금해하는 게 잘못인가요? 빨리어 《소부小部(쿳다까 니까야Khuddaka Nikāya)》 경전 중 하나인 《자설경自說經》에는 저의 궁금증을 풀어주는 소중한(?) 기록이 나옵니다.

스님들이 모여앉아 이야기꽃을 피웁니다.
"나는 속가 있을 때, 코끼리를 잘 다뤘지."
"나는 집에 있을 때, 말을 잘 탔었다고!"

어디 그뿐인가요? 소싯적에 동네에서 '한 싸움' 했었다, 또는 글씨를 잘 썼다, 노래를 끝내주게 했다는 등의 이야기가 오갑니다. 모두가 틈만 나면 눈빛을 반짝이며 옛 추억에 빠져들곤 했었나 봅니다. 스님들도 인간이니까요. 그렇게 정신없이 이야기를 나누다 보니, 지금 여기가 절이란 것도 깜빡하고 떠들썩하던 차에, 붓다께서 조용히 등장하십니다.

비구들이여, 너희가 모여 있을 때는
오직 두 가지 할 일이 있느니라.
진리를 이야기하든지, 아니면
성스러운 '침묵'을 지키는 것이 그것이다.

한마디로, 공부 안 할 거면 잡담 말고 조용히 입 꼭 다물고 있으란 말씀입니다. 이런 이야기가 경전에 전해지는 것으로 미루어, 아마 그때의 스님들도 요즘 사람 사는 것과 별반 다르지 않았나 싶습니다.

그런데 이쯤에서 저는 이 '1,250명'이란 숫자에 또 **의심**이 갑니다. 경전마다 '약방의 감초'처럼 자주 등장하는 이 숫자가 제겐 어째 현실성이 없어 보입니다. 약 1,000명 또는 1,200명도 아니고 왜 하필 1,250명인가?

지금도 그렇지만, 그 당시에 1,250명은 결코 적은 숫자가 아닙니다. 게다가 기존의 수구 꼴통(?) 바라문교에 맞서 새로운 의식개혁 운동을 벌이겠노라 새로 개업한 대형 '철학관'이 여섯이나 있고, 그들과 비교해 붓다께선 늦게 개업(?)한 후발주자에 속하는데도 1,250명이라?

제가 그동안 주워들은 상식으론 이슬람교를 일으킨 마호메트Mahomet도, 일종의 '깨달음'이라 할 수 있는 '신의 계시'를 받고 나서 처음 13년간 그의 말을 그나마 귀담아들어준 사람이 가족을 포함해 단 3명뿐이었다는데….

저는 이 숫자를 시비할 생각은 조금도 없지만, 아무리 붓다의 깨달음이 누구도 따라올 수 없는 절대적인 것일지라도 1,250명은 왠지 좀 믿기 그렇지 않나요? 더 믿음이 안 가는 것은, 경전마다 한결같이 1,250명이라는데, 사람이 살다 보면 아플 수도 있고 출장도 가고 그러는 건데, 어떻게 붓다께서 말씀하실 때마다 매번 꼭 그 숫자인지….

이건 저도 방송프로그램을 만들면서 몇 번 써먹어본 수법인데, 시청자들께선 '약 100명'이라고 하는 것보다 '98명'이라고 꼭 집어서 전달하면 제 프로그램을 더욱 믿어주는지라, 제 생각에 이 숫자는 누군가가 《금강경》을 읽는 사람들에게 좀 더 믿음을 주기 위해 꾸며낸 숫자일 가능성이 큽니다. 독자들께서는 행여 '왜 1,250명인가?'로 고민하거나, 너무 매달리지 말란 뜻에서 말씀드린 겁니다.

그런데 몇 해 전, 어느 불교학자 한 분이 기원정사에서 수행하던 스님들 만큼이나 무척 심심했던지, 불경에 나오는 붓다의 제자들을 일일이 합계 내어보았는데, 이에 따르면 비구 886명, 비구니 103명, 우바새優婆塞* 128명, 우바이優婆夷** 43명 등, 모두 1,160여 명으로 조사되었다고 합니다. 참으로 대단한 집중력을 지닌 분이라 여겨집니다.

어쨌거나 경전에 따르면, 수십 수백 명씩 한꺼번에 출가한 경우(사리뿟따와 깟사빠 3형제처럼)도 여러 차례 있는 것을 보면, 그 당시 붓다를 따르는 제자들의 숫자가 많기는 많았나 봅니다. 그런데 그분들이 그렇게 떼 지어 '입학'하게 된 원인은, 붓다의 '높은 가르침'도 가르침이지만, 붓다의 교육 방법이 학생들의 마음에 쏙 들기도 했기 때문입니다. 무슨 말씀이냐면, 다른 철학관에선 '정신 수행'과 함께 요가나 고행같이 자기 몸을 괴롭히는 육체 단련이 필수 과목이었거든요.

그런데 붓다께서 개설한 철학관에선 붓다 자신이 '고행'에 워낙 혼이 나셔서 그랬는지, 그런 것들은 선택 과목도 아니고 아예 교과목에서 빼버렸으니, 그 소문이 학생들에게 안 퍼졌겠습니까? 솔직히 말해, 일부러 자기 몸을 괴롭히는 걸 좋다 할 사람이 누가 있겠습니까? 그러니 학생들이 몰려올 밖에요. 이 이야기는 제가 약간 우스갯소리로 해서 그렇지, 외국 학자들도 그 당시 불교의 전도가 빨리 이루어질 수 있었던 주요 요인으로 인정하는 정통 학설이랍니다.

---

* 우빠사까upāsaka(남성 재가 신도)의 음역.

** 우빠시까upāsika(여성 재가 신도)의 음역.

그런데 또 다른 측면으로도 한 번쯤 살펴보아야 할 것이(이런 내용을 경전에서 읽어본 적 없고, 순전히 제 추측이지만), 붓다께선 모든 곳에서 환영만 받으신 건 아닐지도 모릅니다. 왜냐고요? 생각해보십시오. 붓다께서 전도를 위해 다니신 곳이라곤 뻔했을 것이고, 짧은 기간 안에 그토록 많은 사람이 붓다의 가르침을 좇아 출가를 했으니, 가는 곳마다 제자의 가족이 없는 곳이 있었겠습니까? 그리고 솔직히 말해서, 그 가족들에게 '깨달음'이니 중생구제 같은 말이 '씨'라도 먹혔겠습니까? 멀쩡한 남편, 멀쩡한 아들이 어느 날 갑자기 가족은 물론, 하던 일마저 다 팽개치고 '땡전 한 푼 없는' 붓다를 따라다니며 누더기 걸치고 밥 빌어먹는 모습을 보고, 어느 부모 어느 아낙네가 남의 집 불구경하듯 가만 보고만 있었겠습니까? 사위성 골목마다 붓다의 옷깃을 부여잡고 울며 외치는 1,250명 비구 가족의 목소리가 제 귀에 들리는 듯합니다.

"내 자식 돌려도!"

"내 남편 내놔요!"

"우리 아빠 뺏어가지 말아요!"

그때나 지금이나 출가해서 중생을 구제한다는 것이 이렇게 어려운가 봅니다. 그걸 다 이겨내시고 여든까지 사셨고, 2,500여 년이 지난 오늘날에도 수많은 사람의 마음속에 당신의 가르침을 심어놓으신 붓다께선 정말 대단한 분이십니다.

보살들

이 항목은《금강경》에 관심 있는 분들에겐 매우 중요합니다. 다시 말씀드리면 반드시 읽어야 할 항목입니다. 이 항목을 이해하고 공감하지 못한다면, 붓다의 깨달음은 물론《금강경》의 참뜻도 바르게 알 수 없기 때문입니다.

먼저 이 항목의 제목이 '보살들'인 데다가, 불교를 믿는 분들께서 평소 '보살'에 대해 매우 관심이 많고, 저 또한 **의심** 많은 성깔 때문에 이것저것 궁금한 것이 많은지라, 붓다를 가상 청문회장에 모셨습니다. '보살'에 관한 붓다의 솔직한 말씀을 들어보기 위해서입니다.

질문: 혹시 '관세음보살'이라는 이름을 들어보셨나요?

붓다: 못 들어봤소. 어떻게 생겼소?

질문: 아니, 그 유명한 보살을 모르신다고요? 여자 모습을 하고 가끔 물병이나 버들가지를 들고 있는데….

붓다: 혹시 '아나히따Anahita'를 말하는 거 아닌가? 내가 살아 있을 적에, 서쪽 나라 사람들이 믿던 여신인데, 자주 물병을 들고 있었지. 그곳에서는 그 여신이 인간들에게 물과 풍요를 준다고 믿는다고 하더구먼.

질문: 그렇다면 '미륵보살'은 아십니까?

붓다: '미륵'과 비슷한 이름은 알고 있소. 그걸 말하는 건가?

질문: 뭘 말씀하시는 건지….

붓다: 응, 내가 태어나기 전부터 서아시아에 '미트라Mithra'라는 종교가 있었는데, 그 '미트라'라는 신을, 나와 비슷한 때 태어난 차라투스트라라는 친구가

'미르Mihr'라는 이름으로 슬쩍 바꾸었지. 그런데 그 친구들은 미르가 나중에 세상에 내려와 자기들을 구제해준다고들 믿고 있더구먼. 그런데 그걸 누가 알겠어?

질문: 그렇다면 '문수보살'은 아시나요?

붓다: 그런 이름은 들어보지도 못했네. 피곤하니 그만 묻지.

질문: 한 가지만 더 여쭙고…. 그럼 알고 계신 '보살'이 하나도 없으신가요?

붓다: 왜 없어? 바로 자네들이 보살 아닌가.

질문: 무슨 말씀이신지?

붓다: 답답한 친구 같으니. 모르겠으면 내가 말한 《금강경》이나 읽어보게나. 거기에 분명히 설명해놓았으니. 이제 그만하세!

가상으로 꾸며본 청문회입니다.

하지만 붓다께서 하신 답변은 거의 틀림없는 사실입니다. 혹시 여러분은 붓다께서 관세음보살이나 미륵보살, 문수보살을 알고 계셨을 거라 믿으십니까? 만약 그러시다면 매우 죄송하지만 잘못 알고 계신 겁니다. 붓다가 살아 계실 동안은 그런 보살이 없었던 것만은 확실합니다. 그럼 어떻게 된 거냐고요? 붓다께서 돌아가신 뒤, 사람들이 여기저기서 빌려온 겁니다. 그렇다면 불교에서 말하는 보살은 모두 가짜냐고요?

그렇지 않습니다. 붓다께서 말씀하셨듯이 바로 여러분들이 '보살'이십니다. 독자들께서 청문회에 등장한 보살들의 존재를 믿건 안 믿건 여러분의 자유입니다. 또한 삶에 지치고 상처받은 마음들이 여러 보살을 믿고 의지함으로써 위로받고 힘을 얻는 모습을 주위에서 많이 볼 수 있는 것도 사실입니다.

그런데 저는 지금 그런 보살들이 '진짜냐, 가짜냐'를 따지자는 것이 아니라, 붓다께서 말씀하신 보살의 진실한 의미를 여러분께 사실대로 알려드리고자 하는 것입니다. 그리고 붓다께서 보살의 의미를 우리에게 가르쳐주기 위해 말씀하신 경전이《금강경》입니다. 그러니 보살이 무엇인지 알기 위해 우리 모두 서둘러《금강경》으로 달려가는 수밖에 없는 것입니다.

《금강경》은 다른 경전과 비교할 때 매우 단순한 구조로 되어 있습니다. 그러므로 붓다께서 말씀하신 내용과 결론도 지극히 간결합니다. 많은 사람이《금강경》은 어렵다고들 말하는데, 그것은 한문이라는 장벽과 많이 알고 있다는 분들의 어려운 해설 때문일 가능성이 매우 큽니다.

붓다의 가르침을 바르게 이해하는 가장 좋은 방법은 남의 설명이나 해설서에 의지하지 않고, 자신이 직접 그분의 말씀을 읽고 이해하는 것입니다. 그것이 가장 좋은 방법임에도 불구하고, 한문이나 전문용어에 대한 이해 부족으로 어려움을 느끼기에 여러분들께선 지금 이 책을 읽고 계신 겁니다.

그래서 저는 가능한 한, 여러분의 생각을 방해하지 않는 범위에서 논리적이고 합리적인 방향으로 여러분을 안내해드리고, 또 제가 조금 먼저 공부해서 알고 있는 주변 지식(결코 '지혜'가 아닙니다)을 전해드리고자 할 뿐입니다. 결국 마지막 판단은 독자 여러분께서 하시는 것입니다.

《금강경》은 매우 단순한 구조로 돼 있다고 말씀드렸습니다.《금강경》은 장로長老• 수부띠의 질문으로 시작해서 붓다의 대답으로 끝납니다. 그런데

• 아유스맛 āyusmat (덕망이 있고 나이가 많은 사람)의 한역. 기독교에서 말하는 '장로'의 원조.

무슨 이야기가 그렇게 기냐고요? 그건 붓다께서 우리가 좀 더 쉽게 이해할 수 있도록 이런저런 비유를 들어가며 거듭 설명하셨기 때문입니다. 아래 소개하는 수부띠의 첫 질문과 이에 대해 붓다께서 하신 말씀이 곧《금강경》의 핵심입니다.

> 정말 드문 분이신 세존이시여!
> 스승께선 모든 '보살'들을
> 잘 보살펴주시고, 믿어주시옵니다.
> 세존이시여!
> 선남자 선여인들이
> '위 없이 바른 깨달음'을 향한 마음을 내었다면
> 어떻게 살아야 하며,
> 어떻게 그 마음을 다스려야 하는지요?

수부띠의 질문을 이해하시겠습니까? 낯선 말들이 나와도 겁먹지 마시고 제 설명만 따라오시면 되는데, 위에 소개한 내용은 대부분 수부띠가 붓다께 예의를 갖춰 한 말이니 별로 신경 쓰실 것 없습니다.

"부모님 전 상서. 양춘가절에 부모님 옥체 일양만강하옵시며, 가내 두루 평안 어쩌고…." 하고 나서 한참 뒤에야, "다름이 아니오라 이번에 하숙비가 오른 관계로…."

지난날, 고향 떠나 도시로 유학 온 학생들이 부모님께 용돈을 더 올려달라고 편지 쓸 때, 고향에 계신 아버지께서도 한두 번 당해본 것이 아닌지라, 언제부턴가 아예 앞부분은 읽지도 않으셨다던 그 화려한(?) 인사말! 그

걸 제자 수부띠가 스승 붓다께 비슷하게 써먹은 것이니, 머리와 꼬리를 떼고 난 핵심은 바로 이것!

'위 없이 바른 깨달음'을 얻으려면,
저희들은 어떻게 마음을 다스리며 살아가야 하나요?

자! 질문 내용이 너무 간단하지 않습니까?

수부띠는 지금 다른 걸 묻는 것이 아니라 '깨달음을 얻는 방법'을 묻고 있는 것입니다. 이 단순하기까지 한 질문에 대한 붓다의 답변이 바로 여러분께서 알고 싶어 하는《금강경》의 주제입니다. 그래서 제가 이 책 앞부분에서 '깨달음'에 관심이 없는 분, 즉 "난 이대로 살다 갈껴!"라고 고집 피우는 분들은 이 책을 읽을 필요가 없다고 한 것입니다. 반대로, '깨달음'에 관심이 있고 또 깨닫고 싶은 분께서는 분명《금강경》에서 깨닫는 방법을 정확히 찾게 될 것입니다. 여러분께서 붓다께서 가르친 대로 행하고 안 하고는 그다음 문제입니다.

사실 불교란, 말 그대로 '깨달음을 얻는 가르침'입니다. 위 첫 질문에서 보셨듯이, 이후로도 수부띠는 '깨달음'과 관계없는 어떤 질문도 하지 않습니다. 다시 말해《금강경》은 혹시나 여러분이 기대하셨을지도 모를 소원성취, 무병장수, 사업번창, 복 받기, 운수대통, 업장소멸 같은 것을 묻고 답하는 내용이 결코 아닙니다.

여러분께선 이 책을 다 읽으실 때까지 이 점을 잊으시면 안 됩니다. 만약 잊으신다면, 그나마 애써 찾아가던 길마저도 잃게 되어, 흔히들 농담 삼아 이야기하듯, '도로徒勞(헛수고) 아미타불!'이 돼버릴 테니까요.

자! 수부띠의 첫 질문에 '보살'이라는, 우리의 귀엔 익으나 뜻은 아리송한 표현이 등장합니다. 보살은 《금강경》을 이해하기 위해선 정말 바르게 알아야 하는 매우 중요한 말입니다. 먼저 '보살'이라는 말은 한자와는 전혀 상관없는 말이니, 이 시간 이후로 한자는 머릿속에서 아예 지워버리시길! 가끔 한자가 우리의 생각을 방해하거나, 바른 이해를 그르치게 하는 경우가 있는데 보살이 바로 그런 경우입니다. 우리가 흔히 말하고 듣곤 하는 보살이라는 말은 본디 불교 용어가 아닙니다. 인도 말의 보통명사일 뿐 어떤 종교적인 의미도 없습니다.

보살의 본딧말인 보디삿뜨와bodhisattva는 '보디bodhi'(깨달음)와 '삿뜨와sattva'(살아 있는 것, 중생, 사람)가 합쳐진 표현으로 '깨달음을 구하는 사람'을 가리킵니다. 그 방법이 무엇이 됐든, 요가든 명상이든 고행이든 관계없이 '깨달음을 구하는 사람'은 모두 보디삿뜨와인 것입니다.

'보디삿뜨와'라는 인도 말이 서역을 통해 중국으로 전해지면서 중국 말로 바꿔 적어야겠기에, 비슷한 음을 가진 한자를 골라서 억지로 갖다 붙인 것이 '보살菩薩'입니다. 그러니 아무리 자전을 찾아봐도 '菩'와 '薩'에서 '깨달음을 구하는 사람'이라는 뜻은 찾을 수 없습니다.

'가진 돈이 있는데도, 남이 급히 쓰려고 빌린 돈을 또 빌려오는 행위'를 여러분께선 이해할 수 있습니까? 우리가 불교를 받아들이는 방법이 이와 꼭 같습니다. 불교를 처음 받아들일 때야 몰라서 그랬다 치고, 이젠 우리글도 있고 또 불교 용어가 생긴 과정을 다 알게 된 상황에, 보살을 한자로 계속 써야 할 어떤 이유가 있나요?

다시 말씀드리면, 한자는 중국 사람들의 글자이고, '보살菩薩'은 중국 사람들이 읽고 이해하려고 자기들끼리 '발음만 임시로 빌려온[가차假借]' 글자입니다. 세종대왕이라는 지혜로운 임금 덕분에 당당히 우리글을 가진 마당에, 중국 사람들이 인도 말을 발음하기 위해 '임시로 빌려' 쓴 한자를 아무 생각 없이 계속 '받아쓰기' 하는 태도는 철 지난 '사대주의'나 다름없습니다.

누군가가 'Coca Cola'를 '코카콜라'라고 쓰지 않고, 굳이 중국 사람들이 쓰는 '可口可樂(가구가락)'으로 쓰겠다고 고집한다면, 과연 그 사람이 제정신 박힌 사람일까요? 제 생각은, 그나마 오래전부터 그렇게 굳어져 모두에게 익숙해진 말(석가모니, 열반, 미륵…)일 경우, 쓰기 쉽고 읽기 편한 우리글로 쓰자는 것입니다. '釋迦牟尼' '涅槃' '彌勒'처럼 '뜻'도 없는 한자를 '받아쓰기'해서 여러 사람 눈에 쥐 나게 하지 말고!

혹시 여러분께선 제가 왜 어찌 보면 별것 아닌 걸 이토록 길게 말씀드리고 있는지 이해하십니까? 요즘 우리 사회는, 천 년 넘게 한자라는 큰 나라 말을 '섬기다[사대事大]'가, 이젠 방향만 살짝 바뀌 또다시 영어라는 큰 나라 말을 섬기는 모습이 지나칠 정도입니다. 반드시 그렇게 안 해도 되는 말은 우리말과 우리글을 쓸 필요가 있기에 드리는 말씀입니다. 그 말 중 하나가 바로 '보살'인 것입니다.

위에 소개한 《금강경》 구절의 한역 부분을 보셔서 아시겠지만, 저는 이 책의 뒷부분에서 구마라집이 번역한 《금강경》 한역본을 소개할 때, 중국 사람들이 '임시로 빌려 쓴[假借]' 한자는 모두 우리글로 썼습니다. 뜻글자가 아닌 한자는 모두 우리글로 썼다는 말씀입니다. 이는 이 책을 읽는 독자나 《금강경》을 공부하는 분들께서 뜻도 없는 한자를 알기 위해 하릴없이 자전을 찾는 '손 고생[手苦]'을 덜어드리려는, 독자 여러분에 대한 저의 '작지만 큰 배려'입니다. 한역 《금강경》에 익숙한 분들은 처음엔 조금 낯설어 보일지라도 조금만 읽다 보면, '그거 참 눈맛이 편한데!'라고 느끼실 겁니다. 분명히 말씀드리노니, 말과 글은 생각을 전달하는 수단일 뿐입니다. 그러므로 말과 글이 생각을 전달하는 데 잡음이 되거나, 알량한 지식을 뽐내는 도구로 쓰여서는 결코 안 된다고 생각합니다. 나중에 후손들 보기 부끄러우므로.

다시 보살 이야기로 돌아옵니다. 이제 여러분께선 보살의 정확한 뜻을 아셨습니다.

"보살, 즉 깨달음을 구하는 사람이 깨달음을 얻기 위해선 어떻게 마음을 다스려야 하는가?"라는 질문이 곧 《금강경》의 화두입니다. 스승께 받은 '화두'는 깨달을 때까지 놓지 않는 것이라고 스님들은 말합니다. 그와 마찬가지로 《금강경》을 알고자 하는 분은 수부띠의 '첫 질문'을 절대 잊으시면 안 됩니다.

그렇다면 우리 주변에서 과연 누가 보살인가? 간단합니다. '깨달음'을 아직 얻지 못한 사람은 모두 보살입니다. 즉 저도, 여러분도, 절에 불공드리러 오는 아주머니, 아저씨도, 수행하고 계신 스님까지, '깨달음'을 구하는 모든 사람이 보살입니다. 보살엔 남녀 구별이 있을 수 없습니다. 위에 소개한 《금강경》 구절에 나오는 선남자善男子, 선여인善女人도 보살의 또 다른 표현입니다. 여기서 '선남자 선여인'의 뜻은 말 그대로 '좋은 남자, 좋은 여자'입니다. 요즘 누군가 연설을 하거나 사회를 볼 때 별 뜻 없이 자주 쓰는 '신사 숙녀 여러분' 정도의 의미입니다. 《금강경》의 뒷부분에 느닷없이 등장해서 돈 없는 영화 제작자나 PD의 '간과 쓸개'를 써늘하게 하는 '우바새'나 '우바이' 역시 보살입니다.

그렇다면 '깨달음을 구하는 사람'은 모두가 '보살'이라고 불릴 수 있는 걸까요? 이날 기원정사에서 붓다의 강의를 듣는 사람 모두가 수부띠가 첫 질문에서 "스승께선 저희 보살들을 잘… 어쩌구"라고 말한 덕분에 졸지에 '보살'이 됐다고 뿌듯해하고 있을 때, 붓다께선 어김없이 '침 한 방'을 놓습니다.

> 수보리여! 만약 보살에게
> 아상我相이 있다면,
> 곧 '보살'이 아니니라!

갑자기 이게 웬 뚱딴지같은 말씀?
그리고 웬 '아상我相'? 아상이 뭐여?
웅성웅성….
비구들의 술렁임이 끊이질 않습니다.
'아상'이란, 말 그대로 '나[我]라는 생각[相]'입니다.
아니, '나'가 난데, '나'라는 생각을 하지 말라 하시니,
이게 도대체 말이 되는 거여?
'나'라는 생각을 안 하면 '나'가 '남'이란 말인가?
붓다께서 시방 뭔 말씀을 하시는 거여?

이날 붓다께선《금강경》강의를 끝내시고 아마 무척 후회하셨으리라 생각됩니다. 제가 앞에서도 말씀드렸죠? 붓다께서 깨치고 나서 하신 제일 큰 실수(?)가 당신의 깨달음을 인간들에게 가르치기로 결심하신 일이라고. 전

에 당신께서 하셨던 말씀, 제가 그대로 녹음해두었습니다.

> 세상 상식을 뒤엎는 그것,
> 깊고 미묘하니 어찌 알리오.
> 격정에 매이고 무명無明에 덮인 사람은
> 이 진리를 깨닫기 어려우리라.

자! 분명 붓다 자신은 알고 계셨습니다. 자신이 깨달은 진리가 세상 사람들의 생각과는 정반대라는 사실을! 그렇다면 당신만 알고 조용히 가실 일이지, 왜 번거롭게 사람들에게 그 말씀을 하기로 작정하셨느냐는 게 저의 **의문**입니다. '나'가 내가 아니라는데, 그걸 알아들을 사람이 어디 있다고…. 그런데 한참 뒤에 한 말씀을 더 하십니다.

> 수보리여! 만약 보살이
> 모든 것에 '나'가 없다는 진리에
> 막힘없이 환히 통한다면,
> 나는 말하노니, 이를 진실로 보살이라 부르니라.

갈수록? 아니, 나뿐만 아니라 세상 모든 것에 '나'가 없다고요?

《금강경》에서 붓다께서 보살의 자격 기준을 말씀하신 것은 이 두 구절뿐입니다. 그런데 숫자만 둘이지 결국 그 말이 그 말입니다. '아상'이 있으면 보살이 아닌 거나, '내가 없다'라는 진리를 알면 보살인 거나, 둘러치나 메어치나 그 말씀이 그 말씀. 결국 보살이란 '아상我相이 없는 사람'이라는 말씀입니다. 그렇다면 '아상'이란 도대체 뭘까요?

저 같은 것이 붓다의 말씀에 어찌 감히 '토'를 달겠습니까마는, 그저 제 깜냥엔 '아상'이라 함은, 평소 제가 잘 쓰는 말로, 우리가 틈만 있으면 하고 싶어 안달하는 '꼴값'이나 '티 내기'가 아닐까 막연히 짐작할 뿐입니다. 이에 대한 사유(결코 '생각'이 아닙니다!)와 판단은 독자 여러분의 몫입니다.

여러분은 보살이십니까?

3장

몸풀기

어떤 책이든 책 속엔
사람의 냄새가 배어 있습니다.
향기롭든 고약하든 간에
그 냄새를 제대로 맡아야
그 책이 담고 있는 여러 의미를 이해할 수 있을 것입니다.
이제 여러분께선 앞서 맡은 사람들의 냄새를 기억하며
《금강경》에 한 발 더 다가갑니다.
이 항목의 제목이 '몸풀기'이지만
사실은 '마음 풀기'가 맞습니다.
살아가며 자신도 모르게 지니게 된
선입견, 고정관념, 편견, 집착 등을
돌아보는 자리입니다.
붓다께서 말씀하셨듯이
모든 편견과 집착을 벗어버린다면,
《금강경》을 훨씬 쉽고 밝게 만나게 될 것입니다.

신묘장구대다라니

화려한 빛깔에 크고 잘 빠진 몸맵시, 게다가 남다른 재주까지 지녔으면서도 사람들의 입에 오를 땐 언제나 놀림감이 되곤 하는, 어찌 보면 무척 억울한 새가 있습니다.

앵무새입니다.

누군가 아무 생각 없이 남의 말을 따라 하거나 뜻도 모르고 지껄인다 싶을 때, 사람들은 곧바로 앵무새를 떠올립니다. 먹이 하나 더 얻어먹고, 사람 눈에 잘 보이려고 별로 내키지도 않는 말을 열심히 흉내 내어 사람들을 즐겁게 해주었건만, 인간끼리의 대화에서 남의 말이나 따라 하는 '생각 없는 사람'을 빗대는 말로 자신의 이름이 오르내리는 걸 알면, 앵무새 입장에선 썩 유쾌하지 않을 것입니다.

'신묘장구神妙章句'라는 큰[大] 다라니dhāraṇī가 있습니다. 《천수경千手經》이라는 책 속에 들어 있어 하루 세 차례 절집에서 예불을 올릴 때 빠짐없이 읽히는, 한국 불교와 매우 가까운 다라니입니다. 인도 말로 다라니는 '기억하여 간직하다'라는 뜻입니다. 그런데 많은 불교 신도들이 자신의 공덕과 소원성취를 기원하며 다라니를 열심히 읽고 외우고 간직하면서도, 정작 다라니가 지닌 뜻에 대해서는 잘 알지도 못하고 알려고 하지도 않는 것 같습니다. 그런 모습을 볼 때마다, 저는 앞서 말한 앵무새가 자꾸 떠오르곤 합니다. 뜻도 모르면서 그저 입만 따라 하는….

저는 다라니가 지닌 어떤 신비한 힘이나 효험에 대해 시비할 생각은 조금도 없습니다. 정확히 모르고 체험하지 못한 것을 이렇다 저렇다 말할 근거나 자격이 저에게는 없기 때문입니다. 다만 너무나 많은 분이 〈신묘장구대다라니〉를 즐겨 읽고 외우고 있기에, '요런' 것도 알고 나서 외운다면 더욱 의미가 있지 않을까 해서 말씀드리는 것입니다.

본디 다라니는 출생부터가 불교와는 동떨어져 있습니다. 이 다라니는 오늘날의 이란 지역에서 붓다와 비슷한 시기에 태어나고 비슷한 시기에 죽은 차라투스트라Zarathustra(B.C. 628~551)라는 사람이 창시한 종교에서 시작되었습니다.

차라투스트라교는 그리스 말로 조로아스터교로 불리고, 중국이나 한자 문화권에선 배화교拜火教로 알려져 있습니다. 그들이 빛과 불을 숭배하기 때문입니다. 경전에 기록된 붓다께서 제자들에게 하신 말씀, '보라! 모든 것이 불타고 있다'라든가, '불타는 집[화택火宅]의 비유' 등은 모두 차라투스트라교를 염두에 두고 하신 말씀입니다.

이들이 자신들의 경전 내용을 외우기 편하도록 간추려 '만뜨라mantra'라고 불렀고, 그들은 만뜨라의 뜻을 이해하든 못 하든 간에 '정확히 외우기만 하면' 신비한 힘을 발휘하는 것으로 굳게 믿었습니다. 이웃 나라 인도로 건너온 만뜨라는 힌두교(당시는 브라만교)의 여러 신의 이름이 추가되고 주술적 용도로 쓰이면서, 종교 의식에 없어서는 안 될 '약방의 감초'로 당당히 자리 잡게 됩니다.

뭔가 좋은 게 있다 하면 따라 하고 싶은 게 사람들의 심리인지라, 만뜨라는 불교에도 영향을 미쳤습니다. 긴 것[장구長句]은 '다라니'로, 몇 구절 안 되는 것은 '진언眞言'으로, 아주 짧은 것은 '주呪'로 진화해서 오늘까지 이어져 내려오고 있습니다.

〈신묘장구대다라니〉도 사실은 힌두교의 만뜨라였는데, 4세기경 불교의 또 다른 갈래인 밀교密教에 의해 자연스럽게 받아들여졌습니다. 중국으로 건너오는 과정에서 뜻도 잘 모르면서 비슷한 소리의 한자로 기록하다 보니 원래 발음에서 많이 멀어지게 되었고(만뜨라는 발음만은 정확히 해야 하는 거라고 앞서 말씀드렸습니다), 더욱이 한문은 띄어쓰기가 없는지라 잘못 쓰고 읽으며《천수경》에 자리 잡았습니다.

그렇게 〈신묘장구대다라니〉는 우리 곁에 있게 되었는데, '신묘'한 제목 때문인지 신비하고 깊은 뜻을 기대하는 많은 사람이 오늘도 정성 들여 〈신묘장구대다라니〉를 외우고 있습니다. 제가 만나본바 10만 번 넘게 읽은 분은 너무 많고, 20만~30만 번을 읽었다는 분도 꽤 되는지라, 남들이 좋다니까 '외우는 거라면 나도 좀 하지!'라는 자신감으로 저도 달려들어 이 다라니를 외우고 보니, 천성이 의심 많은 종자여서인지 슬슬 그 뜻이 궁금해지기 시작했습니다. 그래서 가까운 스님께 슬쩍 물어봤더니, 스님 왈,

"그건 뜻을 알려고 해선 안 되고, 그냥 외우기만 하면 돼!"

"글쎄, 이미 한 번 외우는 데 40초도 안 걸릴 정도로 잘 외운다니까요. 그러니까 뜻 좀 가르쳐주시면…."

한참을 머뭇거리다가 귀찮다는 듯 던진 스님의 답,

"나도 몰라!"

뭐 이런 일이 다 있나 싶어, 목마른 놈이 샘 판다고 어려운 인도 말 공부해가며 힘들여 알고 보니, 제가 외우던 〈신묘장구대다라니〉는 시쳇말로, '웃기는 짬뽕!'이었습니다.

인도 말 〈신묘장구대다라니〉는 잘 정리된 발원문입니다. 아직 내용을 잘 모르는 분들을 위해 제가 간단히 소개해드리면, 먼저 삼보三寶께 귀의하고, 그다음 관세음보살께 귀의한 뒤, 삶의 윤회를 끊기를 발원하고 나서, 자신의 욕심[탐貪]과 성깔[진嗔]과 어리석음[치痴]이 없어지길 기원하며, 이어서 많은 신(비록 힌두교의 신이긴 하지만)께 자신의 소망을 빌고, 마지막으로 다시 삼보와 관세음보살께 귀의하는 것으로 끝나는, 매우 짜임새 있는 발원문입니다.

그 뜻을 알고 난 제 느낌은 '야! 이거 멋진 기도문이구나'였습니다. 그런데 왜 아무도 뜻을 알려고도 않고 가르쳐주는 사람도 없는 거야? 모든 발원문에는 자신이 빌고 바라는 내용이 들어가 있고, 또 그 내용을 되새기며 기원함으로써 믿는 마음이 더욱 깊어지는 것인데, 왜 이 다라니는 뜻도 모르고 무조건 외워야 하는 거야?

저도 외우면서 느낀 점이지만, 뜻도 모르고 이 다라니를 외우는 데는 엄청난 집중력이 필요했습니다. 당연하지 않은가요? 여러분께서도 학창시절, 영어도 제대로 모르면서 서양 유행가를 배워보겠다고 영어 노랫말을 우리글로 소리 나는 대로 써가며 외워본 적이 한두 번쯤 있었을 겁니다. 자! 잘 안 돌아가는 혀를 구박하며 그럴듯하게 흉내 내서 겨우 따라 부르게 됐건만, 뜻을 잘 모르니 당최 뭔 감흥이 있던가요? '말'이라는 것이 사람의 생각과 감정을 전달하는 수단인데, 그 '말'에 생각과 감정이 빠져 있는데, 그게 앵무새의 장기자랑과 다를 바가 뭐 있나요? 많은 사람이 오늘도 기를 쓰고 외워대는 〈신묘장구대다라니〉도 이와 똑같지 않은가요?

제가 작심하고 몇 가지만 말씀드리겠습니다. 인도 말의 로마자를 함께 쓰는 것은 생략하겠습니다. 로마자로 〈신묘장구대다라니〉를 외울 분은 없을 테니까요. 〈신묘장구대다라니〉는 이렇게 시작됩니다.

> 나모라 다나다라 야야
>
> 나막 알약 바로기제 새바라야 모지 사다바야

우선 '나모라 다나다라 야야'입니다. 인도 말로는 '나모 라트나 트라야야'라고 읽어야 맞습니다. 벌써 첫 줄부터 띄어쓰기가 엉망인 것을 아시겠습니까?

뜻을 살펴보면, '나모'는 여러분들이 '나무아미타불' 할 때처럼 '…께 귀의합니다'입니다. '라트나'는 보석입니다. 그다음, '트라야'는 셋, 즉 숫자 3입니다. 혹시 영어의 'three'와 소리가 비슷하단 느낌이 안 드십니까? 인도 말과 영어는 본디 같은 핏줄인지라 아직도 비슷한 발음의 낱말이 양쪽 말에 많이 남아 있답니다. '나모' '라트나' '트라야야'를 합치면, 곧 '삼보께 귀의합니다'라는 뜻이 됩니다. 아니, 이 다라니의 시작이 거룩하신 삼보께 귀의하는 것인데, 입으로 이 말을 중얼대는 사람들이 그 말뜻조차 몰라 귀의하는 줄도 모르고 있다면 과연 올바른 귀의가 되겠습니까?

그다음 구절 '나막 알약 바로기제 새바라야 모지사다바야'에서 '나막'은 좀 전의 '나모'와 같은 말이고, '알약'은 인도 말 '아리야'로 '거룩한'이란 뜻입니다. 그다음 '바로기제새바라야'는 인도 말로 '관세음'을 뜻하는 '아발로끼떼스와라'를 힘겹게 한자로 옮긴 것이고, '모지사다바'는 이 책의 '보살'이란 항목에서 보셨던 보살의 인도 말 '보디삿뜨와'를 한자로 옮긴 것입니다. 연결해보면 '거룩한 관세음보살께 귀의합니다'가 됩니다. 그래서 첫 줄의 뜻은 이렇습니다.

삼보께 귀의합니다.
거룩한 관세음보살님께 귀의합니다.

자! 이래도 "뜻은 몰라도 돼!"인가요? 뜻을 알고 나니 더 마음에 와닿고 즐겁지 않은가요? 이것이 앵무새의 말이 아닌 '생각이 담긴 말'의 힘입니다.

처음 다라니를 만든 차라투스트라교 사람들도 '뜻은 몰라도 발음만은 정확히 하라'는 게 다라니인데, 우리가 외우고 있는 다라니는 발음마저 엉망이니, 과연 신비한 힘을 주실 절대자께서 이게 뭔 소린지 알아듣기나 하실까요?

마음만 먹으면 종이 두세 장에 잘 정리해서 신도들에게 나눠주어 모두가 〈신묘장구대다라니〉의 뜻을 새겨가며 바르게 외울 수도 있겠건만, 우리네 스님들은 뭔 일이 그리 바쁜지, 뜻을 알고 싶어 하는 가여운 중생들에게 오늘도 "그냥 외우면 돼!"라고 야단치듯 외치고 있습니다. 그것도 천 년 넘게 말입니다.

방송국 다큐멘터리 PD들이 프로그램을 제작하면서 출연자나 주인공의 말 습관 때문에 어려움을 느끼는 경우가 많습니다. 특히 인물 다큐멘터리를 제작할 때 그렇습니다. 시청자들에게 프로그램의 내용에 대한 믿음을 주려다 보니, 주인공과 관련된 많은 사건을 본인에게 직접 듣고 나서 프로그램의 틀을 짜고 촬영에 들어갑니다.

운 좋게도 주인공이 말을 조리 있게 잘하는 분일 경우 넉넉지 않은 제작 일정일지라도 시간에 쫓기지 않고 프로그램을 끝낼 수 있지만, 매번 그런 행운이 따르지는 않습니다. 때론 이 사람이 무슨 말을 하는 건지 알아먹기 힘든 경우를 맞닥뜨리기도 합니다. 그렇게 되면 제작 일정의 많은 부분을 주인공의 말을 자르고 붙이는 데 다 잡아먹고 시간에 쫓기게 됩니다.

경험이 쌓인 PD들은 처음 주인공을 만나 인사하고 나누는 대화 속에서 주인공의 성격, 생각, 습관, 지식 수준 등을 어느 정도 파악할 수 있고, 프로그램의 제작 일정까지도 얼추 계산해내기도 하는데, 나중에 보면 거의 틀림이 없습니다. 그런 걸 보면 '말' 속엔 그 말을 한 사람의 삶과 생각이 담긴 게 분명한 것 같습니다. 그래서 오늘도 사람들은 남에게 던지는 한마디 말에도 온갖 신경을 쓰며 살아가나 봅니다.

저도 이 '말'이란 것에 관해서는 참으로 할 '말'이 많은데, 제가 본디 돼먹길 그렇게 돼먹었는지 남의 말에는 이러쿵저러쿵 잘도 시비 걸면서, 제 말은 도통 정리가 안 되고, 게다가 안 해도 될 말을 꼭 해서 듣는 이로부터 미운털이 박히고, '성질 더럽다'라는 말을 들어가며 오늘까지 살아왔습니다. 그래서 어떤 날은 제가 봐도 그런 제가 미운지라 잠자리에서 베개를 움켜쥐고 '말조심해야지'라고 반성하며 잠이 들지만, 다음 날이면 언제 그랬냐는 듯 또 그놈의 '조동이'를 놀려대고 있는 자신을 발견합니다. 그러기를 무려 반세기, 도대체 말이란 왜 그리도 통제하기 어려울까요?

그런데 저만 어려운 게 아닌가 봅니다. 잘하는 게 말밖에 없는(?) 정치하신다는 양반들마저, 못난 제가 듣기에도 '아니, 저 말은 도대체 왜 하는 거야?' 싶은 말을 해서 다음 날 신문에 오르고 동네북이 되는 꼴을 여러 차례 봤으니까요.

그래서 말조심하란 속담이 우리말에는 수없이 많습니다. "말 한마디에 천 냥 빚 갚는다"라는 속담도 있긴 합니다마는, 그건 극히 일부일 거라고 저는 지금도 굳게 믿고 있습니다. 제 경우엔 한마디 말실수로 천 냥을 잃은 경험이 스님들이 '차 마시는 일[다반사茶飯事]'만큼 많았으니까요.

하지만 어디에나 예외는 있는지, 말솜씨 하나로 가족들 잘 먹여 살려가며 '룰루랄라' 사는 분들도 계십니다. 저는 그런 분들을 보면 그저 한없이 부럽습니다. 저는 도리 없이 자나 깨나 '말조심'입니다. 그것도 결국 말뿐이지만….

이런 조심스러운 저의 심정을 잘 표현한 시조 구절이 있으니, "말로써 말 많으니 말 말을까 하노라"입니다. 중국에도 같은 뜻의 말이 있는데, 태어날 때부터 얼마나 늙었으면 이름마저도 '늙은이'인 노자老子라는 사람이 썼다는 《도덕경道德經》 제56장에서 이르기를,

> 知者不言 言者不知
> 지자불언 언자부지

우리말로는 '아는 사람은 말하지 않고, 말하는 사람은 알지 못한다'입니다. 한마디로, '뭘 모르면 입 다물라!'란 뜻입니다.

어? 그런데 노자의 말이 맞는다면 문제가 심각해집니다. 왜냐고요? 인류 역사상 말한 기록이 가장 많이 남아 있는 분이 붓다이시니 말입니다.

제 말이 맞는다는 빼도 박도 못 할 증거가 오늘날까지 엄청난 양의 경전으로 고스란히 남아 있단 말씀입니다. 그것도 여러 나라 말로 번역까지 돼서 말입니다. 노자는 '말하는 사람은 뭘 개뿔(?)도 모르는 사람'이라 했거늘, 그리고 노자의 《도덕경》은 아직도 많은 이들이 삶의 나침반으로 삼고 있거늘…. 평생 말씀만 하다 가신 붓다와 말조심하라는 노자 둘 중 어느 한 분은 문제가 있는 게 아닐까요? 부디 말조심하라고 부모님이나 선생님들로부터 귀가 닳도록 들어온 학생들은 도대체 어느 장단에 맞춰 춤(?)을 춰야 하나요?

자! 그럼 노자의 말에 대해 붓다께서도 하실 말씀이 있을 텐데, 붓다 자신이 당신의 말에 대해 언급하신 기록이 있을까요? 다행히 남아 있습니다. 그것도《금강경》에 말입니다.

> 수보리여!
> 나는 '진실한 말'을 하고,
> '참된 말'을 하며
> '있는 그대로'를 말하고,
> '허황된 말'을 아니 하며
> '딴말'을 아니 하는 사람이니라!

간단히 줄이면, '나는 참된 말만 하고, 한 입으로 두말 안 한다'라는 말씀인데, 세상에 자신이 한 말에 대해서 이토록 자신 있게 말할 수 있는 사람이 또 있을까요? 제가 알기로는, 붓다께선 가르치실 때 여간해선 같은 말을 되풀이하지 않는 분인데, 이렇게 비슷한 말을 반복하신 걸 보면 혹시 이날

《금강경》 강의를 들었던 1,250분의 비구 스님께서 당신의 말씀을 잘못 알아듣거나, 안 믿는 것 같아 화가 나신 건 아닐까요?

이날의 강의 분위기를 그 장소에 없었던 제가 뭐라고 함부로 단정 지을 수는 없지만, 붓다께서 깨치신 이후 하신 말씀과 행동을 보면, '당신 말에 대해 말씀하신 이 말씀'이 정말이란 것에는 **의심** 많은 저를 포함해 누구도 토를 달 수 없으리라 봅니다. 그렇다면, 붓다께서 하신 수많은 말씀은 다 뭘 알고 하셨단 말씀인데, 그럼 '아는 사람은 말하지 않는다'라는 노자의 말이 틀린 것일까요?

붓다의 말씀을 계속 들어보시죠.

> 만약 누군가가
> '스승께서는 진리를 말씀하신다'라고 말한다면,
> 이는 곧 나를 비방하는 것이고,
> 내가 '말한 까닭'을 잘 이해하지 못한 것이니라.

이 말씀을 설명하기 위해 제가 '뱀의 다리'를 덧붙이자면,

"여기저기 돌아다니면서 내가 진리를 말하고, 또 가르치고 있다고 떠들고 다니지 말라! 그것이야말로 나를 비방하는 것이고, 내가 긴 세월 힘들여가며 이야기해온 '까닭'을 너희가 전혀 모르고 있음이니라"라는 말씀입니다.

놀라운 말씀입니다. 우리는 지금까지 붓다께서 당신이 깨달은 '진리'만을 말씀하시는 걸로 알았는데, 우리가 그런 말을 하는 것이 오히려 당신을 비방하는 좋지 않은 행동이라고 경고하고 계십니다. 다시 말해, 붓다께선

우리가 그토록 알고 싶은 '진리'는 정작 한 번도 말씀하지 않았다는 것입니다. 붓다 스스로 '헛말을 안 하는 사람'이라고 하셨으니, 이 말씀도 분명히 진실일 것입니다.

결국 '뭘 모르는 것들이 말이 많다'라는 노자의 말처럼, 붓다께서도 말씀은 많이 하셨지만 '진리를 말한 적이 없다'라고 하셨으니, 결국 두 사람의 말이 일치하고 있어 그나마 다행인데, 그래도 **의문**은 남습니다. 그렇다면 붓다께선 진리도 아닌 걸 뭘 그렇게 많이 말씀하셨답니까? 이것을 알기 위해서는 위 구절 중에 결코 놓치면 안 될 낱말 하나가 있습니다. '故' 자입니다. 천재 번역가 구마라집은 자기 모국어도 아닌 한자 한 글자로 우리가 품고 있는 **의문**을 시원하게 풀어주고 있습니다.

'까닭 고故.'

붓다께선 당신께서 우리에게 그토록 많은 말씀을 하신 '까닭'이 있다고 말씀하십니다. 그렇다면 우리가 듣길 원하는 진리나 깨달음의 말씀은 안 하시면서 그토록 많은 말씀을 하신 '까닭'이 도대체 뭘까요?

빨리 5부 경전 중《중부中部》107〈산수가목건련算數家目健漣 경〉은 붓다께서 사위성에 계실 때, 목갈라나Moggallāna(목건련目犍連)•라는 이름의 산수가(요즘말로 수학자)와 함께 나눈 대화 내용을 전하고 있습니다. '산수 어쩌구'는 저같이 머리 나쁜 사람들은 일단 뭔가 복잡해 보여서 골치부터 아파오는데, 아니나 다를까?

다른 직업도 아니고 수학자인지라 질문도 매우 논리적이고 계산적(?)이

• 붓다의 수제자 목갈라나와는 다른 사람이다.

었던지, 아니면 예상 질문지에 없던 질문을 했던지, 이 경전에 기록된 목갈라나의 질문은 짧은 반면, 인터뷰의 도사 붓다께서 하신 답변은 평소와 달리 매우 긴 것이 특징입니다. 꼬치꼬치 캐묻는 질문에 붓다께서 진땀을 빼시던 중, 인터뷰가 막바지에 이르자 찰거머리 수학자가 송곳 같은 질문을 던집니다. 독자 여러분의 이해를 돕기 위해, 경전의 내용을 좀 줄이고, 표현도 요즘 식으로 바꿨습니다.

목갈라나: 당신이 가르친 제자들은 모두 열반에 들게 되나요?

붓다: 그건 아니오.

목갈라나: 그것은 또 어째서인가요? 엄연히 열반이 존재하고, 당신은 거기에 이르는 길도 알고 있고, 또 당신이 그들의 스승인데 어째서 누구는 열반에 들고, 누구는 열반에 못 드는 거죠?

붓다: (약간 성질난 목소리로) 여보쇼. 당신에게 서울 가는 길을 묻는 사람이 있다 칩시다. 당신이 아무리 열심히 길을 가르쳐주었더라도 어떤 사람은 중간에 헤매는 경우도 생길 거요. 그건 왜 그렇소?

목갈라나: 그걸 어찌 알아요? 난 다만 길을 가르쳐줬을 뿐인걸.

붓다: 이 사람아. 당신 말대로 열반은 엄연히 존재하고, 거기에 이르는 길도 있고, 내가 그들의 스승인 것도 맞소. 그런데 내 제자 중에는 열반에 이르는 사람도 있고, 그렇지 못한 사람도 있소이다. 그걸 낸들 어쩌겠소? 나도 단지 길을 가르쳐주는 사람일 뿐인 것을!

참으로 충격적인 말씀입니다. '나는 단지 길을 가르쳐주는 사람일 뿐'이란 이 말씀! 여러분 어떻게 생각하십니까? 이제 여러분께선 붓다께서 평생 그토록 많은 말씀을 하신 '까닭'을 아시겠습니까? 붓다께선 분명히 고백하고 계십니다. 나는 내가 얻은 깨달음을 너희에게 알려주고, 너희가 실천해서 열반에 이르도록 가르치는 '안내자'일 뿐이지, 결코 너희의 '구세주'가 아니라고.

결국 깨달음에 이르는 길은 붓다께서 닦아주는 것이 아니라, 각자가 노력하기에 달렸다는 너무도 지당한 말씀을 하고 계신 것입니다. 누구도 나를 대신해 '숨'을 쉬어줄 수 없듯이 말입니다. 내가 노력해서 내가 눈을 뜨지 못한다면 결국 아무도 나를 대신해줄 수 없다는 분명한 사실을, 붓다께선 이 수학자와의 대화를 통해 우리에게 분명히 전하고 계십니다.

'나는 단지 안내자일 뿐!'이라는 말씀.

이것이 붓다께서 평생 하신 말씀이고, 가르침이고,

이것이 불교의 참모습인 것입니다.

《법구경法句經》 160에는 다음과 같은 시구[偈]가 있습니다.

> 자기가 의지할 곳은 자기뿐이니
> 저밖에 또 무엇을 의지하리오?
> 자기가 잘 제어되는 때,
> 얻기 힘든 의지처를 얻으리라.

결국 누구도 아닌 '자기밖에 없다'라는 말씀입니다. 브라만교의 성전《베다》를 무턱대고 읽고 외우는 사람들을 향해 붓다께서 하신 말씀,

"남의 소[牛]를 세는 것과 같다."

'남의 집 소를 아무리 열심히 세어본들 내 것이 되지 않는다'라는 이 비유의 말씀은 붓다의 가르침인 불경을 뜻도 모르고 읽고 외우는 사람들에게도 해당하지 않을까요?

붓다께서 또 말씀하십니다.

"내가 말한 진리[法]도 버려라!"

붓다께서는 깨치신 이후로 무려 장장 45년을 말씀하셨는데도 어떻게 단 한 차례의 말실수도 없으셨는지…. 정말 당신께선 불가사리, 아니 불가사의하신 분입니다. 아마도 누구나 깨치면 그렇게 되나 봅니다.

여러분도 저도!

유통분의 민낯

혹시 인도라는 나라에 대해 잘 알고 계십니까? 알고 계신 분도 있겠지만 잘 모르시는 분들을 위해 간단히(제가 간단히 설명하려 해도 도리 없이 길어질 수밖에 없는 나라가 인도인 줄 알면서도) 설명해드리면, 인도만큼 골 아프고 복잡한 나라는 흔치 않을 것입니다. 이 나라엔 정말 있을 건 다 있답니다.

세계에서 가장 높은 산을 품고 있는 지구의 지붕 히말라야산맥 기슭에 자리 잡고 앉아서, 우리처럼 삼면이 바다이고, 큰 사막에, 큰 고원에, 큰 평야에, 두 개의 큰 강에, 땅 면적으로는 세계 7위, 그 안에서 살아가는 사람도 무척 많아 약 14억의 인구로 세계 2위, 게다가 별의별 신을 다 모시는 다양한 종교까지…. 뭐든지 가졌다 하면 크고, 있다 하면 많은, 하여간 없는 게 없는, 드물게 '통이 큰' 나라입니다.

그래서인지는 몰라도 사람들의 허풍(?)도 엄청나게 셉니다. 세상에서 가장 크고, 또 가장 작은 숫자를 만든 이들도 인도 사람입니다. 우리가 아라비아 숫자로 알고 있는 '0'이라는 황당한(?) 숫자도 사실은 인도 사람의 발명품입니다. 옛날 아라비아 상인들이 물건을 사고팔러 인도를 들락날락거리다가 이 '0'을 써보니 장사하는 데 너무 편리한지라, 슬쩍 훔쳐(?) 가서 자의 반 타의 반 자기네 이름을 붙인 것입니다.

지금이야 모두가 이 '0'을 누가 발명했는가는 신경 쓰지 않고 너무도 당연하게 받아들여 쓰고 있지만, 그 옛날 '아무것도 없는 것'을 숫자로 표시한다는 걸 과연 누가 상상이나 했겠습니까? 없는 건 그냥 없는 거지….

같은 시기, 인도 서쪽에서 자기들끼리 가장 잘났다고 설쳐대던 로마 사람들에겐 이 '0'이란 개념이 머릿속에 아예 없었던지라, 예를 들어 '30'을 쓰려면 'XXX'처럼 'X(10)'를 세 번씩 그려가며 정말 불편하게 쓰고 있었는데('머리가 나쁘면 손이 고생한다'라는 말은 이걸 빗대어 나온 게 아닐까, 전 생각하고 있습니다), 인도 사람들은 "쟤들, 바보 아냐?"라며 간단히 '30'이라고 썼던 것입니다.

아마도 그렇게 잘난 조상을 둔 덕분인지, '0'과 '1'이라는 두 숫자의 조합만으로 인류의 삶에 혁명을 일으킨 디지털digital(digit는 원래 '손가락'이라는 뜻으로, 로마 애들(?)이 머리가 나빠 손가락을 꼽아가며 숫자를 헤아린 데서 '숫자'라는 뜻이 나왔습니다) 정보와 컴퓨터 분야에서도 누구도 함부로 무시하지 못하는 족속이 바로 인도 사람들입니다. 어디 그뿐인 줄 아십니까?

세상에서 가장 큰 숫자도 인도 사람들에겐 전혀 문제 될 것이 없습니다. 서양 사람들은 가장 큰 수를 표현할 길이 없어 '인피니티infinity'(무한대無限大, '한없이 크다'라는 뜻의 이 말은 '내 머리론 도저히 모르겠다'라며 꼬리 내리는 표현입니다)라는 말로 대충 넘기고 있지만, '대단한' 인도 사람들은 여기에서도 탁월한 '허풍'을 발휘해서, '1, 10, 100, 1000… 아유따ayuta, 나유따nayuta…' 이렇게 계속 나가다가 마지막 제일 큰 숫자에까지도 이름을 붙여주고 말았습니다. 가장 큰 숫자의 바로 앞 숫자 이름이 '아찐따acintya(불가사의不可思議)', 그리고 마지막 제일 큰 숫자가 불가사의의 억 배로, 이름하여 아미따amita(무량無量)'! 휴, 나무아미타불….

이쯤 되면 제가 "인도 사람들, 대단해요!"라고 한 것도 허풍은 아닌 셈이죠? 그런데 이쯤에서 끝날 인도 사람들이 아닙니다. 우리로선 도저히 상상하기에도 벅찬 것이 아직 남아 있으니, 인도 사람들은 정말 '말 많은' 민족이란 사실입니다. 제가 '말이 많다'라고 하니까, 대부분 수다나 허풍이 센 걸 말하는 줄 아시는데, 그게 아니고 말의 종류, 즉 언어의 수가 정말 많다는 말씀입니다.

2020년 기준 인도 전역에서 쓰고 있는 말의 수는 무려 456종에 이르는 걸로 알려져 있습니다. 독자 여러분, 상상이 가십니까? 인도라는 나라 안에서 살고 있는 백성들이 쓰고 있는 말이 456개랍니다. 우리는 사투리를 쓸지언정 서로 말은 통하는데, 이들은 의사소통이 전혀 안 되는 별종의 말이 4백 개가 넘는 것입니다. 이들이 과연 같은 나라에서 살아가는 한 국민 맞나요?

언어가 다르다는 것은 종족도 다름을 뜻하니, 정말 복잡한 사람들이 모여 사는 나라가 인도인 것입니다. 그래서 인도 정부가 강제로라도 말을 통일시켜보려고, 인도 사람 중 1억 명 이상이 쓰는 힌디어Hindi를 영어와 함께 '나라말'로 지정했으나, 다른 말 쓰는 사람들이 가만있었겠습니까?

수억 명이 '난리굿'을 하는 통에 정부도 그 계획을 포기하고, 할 수 없이 '헌법에 의해 특별히 발전시키고 보급해야 하는 말' 22개를 지정, 영어(인도는 350여 년간을 영국의 지배 아래 있었던 관계로, 인도 사람들 대부분이 영어를 잘합니다)까지 포함해 23개 언어를 공용어로 삼고 있습니다.

23개의 인도 말 가운데 꼴찌, 그러니까 가장 적은 수인 1만4천 명의 사람들이 모어로 쓰고 있는 말이 불경을 공부할 때 자주 등장하는 산스크리트어Sanskrit•입니다. 현재 이 말을 쓰고 있는 사람의 수로 봐서야 당장에라도 없어져야 할 말이지만, 인도 정부로부터 이렇게 특별대우를 받는 것은 인도에서 산스크리트어가 지닌 역사의 무게가 워낙 막중하기 때문입니다.

3,500여 년 전, 아리아인이 인도 땅에 첫발을 내디딘 후, 그들의 종교인 브라만교의 경전《베다》를 기록해온 말과 글이 바로 산스크리트어였던 것입니다. 말뜻에서 알 수 있듯이, 이 말은 최고 계급인 바라문들이 쓰는 지배층 언어였습니다. 일반 서민은 쁘라끄리뜨어Prakrit••라는 별도의 말을 써왔고, 붓다께서는 가르침을 펴실 때 언제나 서민의 말인 쁘라끄리뜨어로 하셨습니다. 주위 사람이나 제자들이 붓다의 권위를 높일 요량으로 몇 차례 산스크리트어로 말씀하실 것을 부탁했으나, 붓다께선 서민들이 쓰는 말로 말씀하시겠다는 뜻을 굽히지 않으셨다고 경전은 전하고 있습니다(요즘 공부 좀 했다는 분들이 한자와 영어를 즐겨 쓰는 것과 너무 비교됩니다).

'보통 사람들의 말로 전도하라'는 붓다의 가르침은 그 뒤로도 잘 지켜지며, 사람들의 입에서 입으로 전해 내려오다가, 붓다께서 돌아가시고 300년쯤 지난 뒤, 역시 서민들의 글인 빨리어Pāli•••로 정리되어 오늘까지 빨리 3장의 경전으로 전해지고 있습니다. 그중에서 경장經藏, 즉 붓다와 제자들의 대화를 모은 것이 바로《아함경》입니다.

• 상스끌따saṃskṛta(완전한 것, 순수한 것)라는 단어에서 유래한 이름이다.

•• 쁘라끌따prākṛta(속된 것)라는 단어에서 유래한 이름이다.

••• '성전聖典의 언어'라는 뜻이다.

구마라집의 한역본《금강반야바라밀경》에서 '반야'에 해당하는 인도 말은 산스크리트어로 '쁘라즈냐prajñā(지혜智慧)'인데, 이것이 중국 말로 번역되면서, 발음이 편해서 그랬는지 아니면 붓다의 서민 사랑의 뜻을 본받아 그랬는지는 확실치 않지만, '쁘라즈냐'를 버리고 빨리어 '빤냐paññā'에서 음을 취해 '반야般若'로 번역했고, 우리도 중국을 따라서 '반야'로 쓰고 있습니다.

빨리어로 기록된 경전은 요즘도 스리랑카 같은 남방불교를 믿는 나라들에서 쉽게 볼 수 있습니다. 뒷날 산스크리트어로 쓰인 경전과 비교해보았을 때, 글의 내용이나 형태가 매우 단순하고 쉽게 표현되어 있어, 읽는 이들이 '인간' 붓다의 향기를 훨씬 진하게 느낄 수 있는 것이 특징입니다.

그런데 붓다께서 돌아가시고 100년도 채 되지 않아 제자들 간에 의견 차이가 생기기 시작합니다. 붓다의 가르침은 하나이건만, 또 돌아가시면서까지 분별심分別心을 갖지 말고 자기 자신만을 의지하며 공부하라고 하셨건만…. 여러 갈래로 나뉘어 편 가르기를 하던 불교 종파•••• 중에서 만형 격인 최대 보수파 '상좌부上座部(테라와다Theravāda)'에 맞서, 혁신을 주장하는 승려들과 일반 신도들 사이에서 스스로를 대승大乘(마하야나Mahāyāna)•••••이라 부르는 불교 운동이 생기면서 예전에 기록한 빨리어 경전과 해석을 달리하는 경전들이 생겨납니다. 그런데 예나 지금이나 '폼' 재기를 좋아하는 게 인간인지라, 이 과정에서 붓다께선 생전에 쓰기를 거부하셨던 격조 있는(?) 말인 산스크리트어로 경전이 쓰이기 시작하

•••• 붓다 입멸 후 100년경에서 400년경까지 불교 교단이 분열된 시기를 부파불교部派佛教 시대라고 한다.

••••• 사람을 많이 태우는 '큰 수레'란 의미다.

고, 이 경전들이 서역을 거쳐 중국으로 전해지게 되었으니,《금강경》을 포함해 지금 우리가 읽고 있는 경전 대부분은 산스크리트어 경전을 중국 말로 번역한 것들입니다.

그런데 붓다의 말씀을 산스크리트어로 새롭게 기록하는 과정에서 심각한 문제가 생깁니다. 기존에 전승되어오던 빨리어 경전과는 달리, 산스크리트어 경전은 대승이라는 새로운 주장과 종교이념을 담아야 했고, 그러기 위해 예부터 전해 내려오던 붓다의 말씀에 끼워 넣기[첨가添加]와 비틀기[왜곡歪曲], 훔치기[표절剽竊]를 더하게 된 것입니다. 그런 '끼워 넣기' 중의 하나가, 학자나 불경 연구가들 사이에서 이른바 '유통분流通分'이라 불리는 내용입니다.

'유통분'이란, 말 그대로 이 경전을 '널리 퍼뜨려[流通] 많은 사람이 받아지니고 읽고 외우도록 하기 위해 편찬자가 추가한 부분[分]'입니다. 유통분은 대개 경전의 끝부분에 등장하는데, 내용인즉 '이 경전을 읽으면 이러저러한 복과 공덕을 쌓게 되니, 모두 잘 지니고 부지런히 읽고 외우라'는 권유가 대부분입니다. '만약 이 경의 내용을 믿지 않거나, 이 경을 훼손하면 무시무시한 벌을 받고, 지옥에 떨어지게 된다'라는 일종의 협박조도 간혹 눈에 띕니다.

그 옛날, 경전 편찬자의 입장에서야 애써 정리한 경전이 더 많은 사람에게 읽히고 오래도록 잘 보존되길 바라는 마음이 당연하므로, 경전의 뒷부분에 살짝 끼워 넣은 유통분쯤이야 애교로 봐주고 이해할 수도 있는 일일 것입니다. 그래서 경전 연구가 사이에서는 으레 유통분 이전까지만 주의 깊게 분석하고, 유통분에는 학문적으로 큰 비중을 두지 않는 것이 상례입니다.

그런데 이 유통분이라는 끼워 넣기 행위를 그리 예쁘게 봐줄 수만은 없는 것이, 때로는 그 끼워 넣기와 비틀기의 정도가 너무 심해, 붓다께서 하신 말씀의 흐름과 핵심마저도 심하게 비트는 버릇없는 경우도 있기 때문입니다. 그 대표적인 경우가 바로《금강경》입니다.

제가 분석한바,《금강경》에는 무려 열 군데가 넘는 유통분이 들어 있습니다. 아무리 경의 내용이 좋고, 많이 읽히길 바란다 할지라도 너무 심하다고 생각되지 않습니까? 붓다께서 하신 말씀과는 전혀 동떨어진 유통분이라는 '구름'에 가려,《금강경》을 읽고 연구하는 스님이나 학자들, 그리고 오늘도 열심히 수지독송 하는 보통 사람 대부분이《금강경》이라는 '햇빛'을 제대로 못 보고 있습니다.

독자 여러분께선 붓다께서 하신 깨달음의 말씀이 누군가에 의해 그가 의도하는 목적에 맞도록 멋대로 가공되어도 괜찮다고 생각하십니까? 그리고 그렇게 가공된 글에서 과연 진실한 가르침을 얻을 수 있을까요?

평범한 우리가 어떻게든 남들 눈에 '평범하지 않게' 보이려고 틈만 나면 발버둥 치는 것과는 정반대로, 가장 큰 깨달음을 얻고도 평생을 너무도 평범하게 살다 가셨기에 결국 신의 위치에까지 오른 붓다의 말씀에, 그분이 하지도 않은 말씀을 하셨노라고 그분의 이름까지 빌려가며 불필요한 말을 덧붙인 행위가 과연 용서받을 수 있는 걸까요?

'말'과 달리 '글'은 기록인지라, 오래도록 남을뿐더러 사람들에게 미치는 영향도 매우 큽니다. 게다가 무턱대고 믿기 좋아하는 사람들에게 글의 위력은 더욱 대단해서, 글로 쓰여 있다면 아무런 의심 없이 무조건 믿는 사람들을 주변에서 자주 볼 수 있습니다. 그것이 비록 장사꾼이 물건을 팔기 위해 약간의 과장까지 섞어가며 만든 상품 소개 전단지일 경우에도 말입니다.

이제 저는 제가 수년간《금강경》을 **의심**하고 분석한 내용 중에서 누군가가 붓다의 이름을 팔아가며 저지른, 끼워 넣기와 훔치기, 비틀기의 예를 한 가지씩 여러분께 소개해드리겠습니다. 다음 소개할 내용이 조금 어렵다고 느끼실 수도 있겠으나 조금만 마음을 쓰고 관찰하신다면, 그리고 제가 드리는 말씀을 편견 없이 따라오신다면, 그렇게 어렵지만도 않으리라 여겨집니다. 이제 저는《금강경》이라는 '빛'을 가리고 있는 '먹구름'을 한 가지씩 걷어내겠습니다.

《금강경》에서 드러나는 가장 큰 문제점은, 뭐니 뭐니 해도 내용상의 혼란이 너무 심하다는 것입니다. 깨친 분의 말씀은 누구나가 듣기만 해도 쉽게 이해하고 믿게끔 논리정연해야 함에도 불구하고, 그렇지 못한 경우가 너무 많은 것이《금강경》입니다. 서양 불교학자 에드워드 콘즈Edward Conze는 그나마 솔직한 편이라, 자신이 번역한 영문판《Diamond Sutra》에서 소명태자 기준 제13분 이후의 자기 번역을 이렇게 평했습니다.

> 도움이 안 되고, 납득하기 어렵고, 장황하고, 감동이 없고,
>
> Unhelpful, inconclusive, tedious, uninspiring
>
> 그리고 정말 헷갈리는
>
> and positively confusing

그는 왜 자기가 힘들여 해놓은 번역에 이렇게 악평을 하고 있을까요? 도대체《금강경》에 무슨 문제가 있는 걸까요?

먼저 '끼워 넣기'입니다. 다음 부분은 에드워드 콘즈마저 그나마 괜찮다

고 넘어간《금강경》의 앞부분입니다. 아래 소개하는 세 단락을 이어서 읽어보시길….

가. "스승께서 말씀하시는 진리는
모두 잡을 수도 없고, 말할 수도 없으며,
진리도 아니고, 진리가 아닌 것도 아니옵니다.
그런 까닭에 세상의 모든 현자와 성인들은
모두 이렇게 '함이 없는 존재'이므로 보통 사람들과 구별되옵니다."

나. "수보리여! 네 생각은 어떠하냐?"
만약 어떤 사람이 삼천대천세계를 칠보로 가득 채워 보시한다면,
이 사람이 얻는 복덕이 정녕 많다고 하겠느냐?
수보리가 답하길,
"매우 많습니다! 세존이시여. 왜냐하면 이 복덕은,
곧 복덕의 본성이 아니기 때문이옵니다.
그래서 스승께서는 '복덕이 많다'라고 말씀하시옵니다."
"또 다른 사람이 있어, 이 경 중에서 사구게만이라도 받아 지니고,
다른 사람을 위해 이야기한다면, 이 복은 앞서 말한 복보다 뛰어나리라."

다. "수보리여. 네 생각은 어떠하냐?
수다원이 '나는 수다원 과를 얻었다'라는 생각을 해도 되는 것이냐?"
수보리가 답하길,

"아니 되옵니다. 세존이시여. 왜냐하면, 수다원은 '입류入流'라는 뜻의 이름이지만, 어디에도 들어가는 바가 없습니다. 모양 · 소리 · 향기 · 맛 · 촉감 · 의식 어디에도 들어가지 않기 때문에 수다원이라 이름하는 것이옵니다."

이 세 단락은 기존의《금강경》에서는 제7, 8, 9분으로 나눠진 것인데, 저는 '가' '나' '다'로 분류하고 '나'의 경우 뒷부분을 조금 생략했습니다. 생략해도 제가 말씀드리는 내용을 이해하는 데는 큰 지장이 없기 때문입니다. 자! 여러분께선 위에 소개한 세 단락을 이어서 읽었을 때, 전체 내용이 무리 없이 잘 연결된다고 생각하십니까? 만약 그렇게 생각하신다면 제 생각은 여러분과 다릅니다.

'가'는 수보리가 한 이야기로, 붓다께서 말씀하신 진리란 "손으로 잡을 수도, 말로 표현할 수도 없고, 또 진리도, 진리가 아닌 것도 아니다"라고 말하고 있습니다. 다시 말해서, 붓다께서 깨달은 진리는 무언가를 '한다고 함[爲]이 없는[無]', 보통 사람들의 생각으로는 알기 어려운 묘한 것이란 설명입니다. 그러고 나서 수행이 깊은 현자와 성인[현성賢聖]들께서도, 붓다께서 깨치신 진리처럼 뭔가를 '함이 없는[無爲] 그런 존재[法]'이기에 보통 사람과 뚜렷이 구별되고 차이가 난다고 이야기하십니다.

그런데 이어지는 '나'에선 붓다께서 난데없이 복덕에 관한 이야기로 화제를 돌립니다. 아니, 당신께서 깨달은 진리에 대해 제자가 열심히 설명하고 있는데 갑자기 복덕이라니요? 붓다께서 정말 진리를 깨친 분이 맞나요? 요즘 말로 사오정(?) 아닌가요?

그리고 '다'에선 다시 처음 이야기로 돌아와 수다원, 사다함, 아나함, 아라한 등 평소 수행이 깊어 높은 경지에 오른 '함이 없는 분'들의 이야길 또 꺼내십니다.

이러니 《금강경》을 읽는 분들이 헷갈리게 되는 것입니다. 게다가 시중의 모든 해설서에서도 윗부분을 한 단락씩 따로따로 설명하고 있을 뿐, 중간에 왜 뜬금없이 '복덕' 이야기가 나오는지에 대해선 단 한마디의 설명도 없습니다. 또한 '가'에 나오는 '현성'이라는 표현을 제멋대로 상상해가며, 엉뚱한 사람들을 끌어들여 설명합니다.

제 생각엔, 만약 붓다께서 정말 이런 식으로 말씀하셨다면, 그분께선 45년이 아니라, 4년도 가르침을 펴기 힘드셨을 겁니다. 왜냐고요? 아니, 말씀에 이렇다 할 논리가 없는데 어느 누가 귀 기울여 듣겠습니까?

자! 이쯤 되면 뭔가 이상한 점을 눈치채셨나요? 이번엔 '나'를 빼고 '가'에서 '다'로 곧장 연결해서 읽어보십시오. 그러면 '가'에서 수보리가 언급한 현성이 '다'에 등장하는 수다원과 같은 수행자임을 금방 알게 됩니다. 붓다께선 우리가 '가'에 나오는 무위법無爲法, 즉 '함이 없는 존재'라는 말을 잘 이해 못 할까 봐 '다'에서 네 부류의 '함이 없는 현성'을 하나씩 예로 들어가며 친절히 설명하고 계신 것입니다. 그래서 '가'와 '다'는 아무런 걸림 없이 자연스럽게 '함이 없는 진리'에서 '함이 없는 존재' 이야기로 이어지게 되는 것입니다. 제 견해에 문제가 있나요?

그런데 더 기가 막힌 것은, 유통분을 포함해서 이렇게 붓다의 이름을 팔아가며 끼워 넣은 부분이 현재 우리가 읽고 있는 《금강경》 내용의 절반을 웃돈다는 데 있습니다. 도대체 누가, 언제, 어떤 목적으로 붓다의 말씀에 이런 못된 짓을 했을까요? 그러고도 붓다의 제자라고 할 수 있을까요?

다음은 '훔치기'의 예입니다. 우리 불교의 전문 강원의 교과목 중, 《금강경》과 함께 '사교四教' 과목의 하나로 채택된 《원각경圓覺經》의 한 부분을 소개해드리겠습니다. 《원각경》은 붓다께서 문수, 보현, 미륵, 원각, 현선수 등 열두 보살과의 문답을 통해 대원각大圓覺의 묘리妙理를 말씀하셨다는 내용인데, 그중 〈제12 현선수보살장〉의 한 구절.

> 선남자여, 가령 어떤 사람이 일곱 가지 보석을 써서 삼천대천세계에 가득 쌓아놓고 보시한다 하더라도, 또 어떤 사람이 이 경의 이름과 구절의 뜻을 듣는 것만 못하느니라.

다음은 《금강경》의 마지막 구절의 일부입니다.

> 수보리여. 만약 어떤 사람이 있어, 수없이 많은 아승기 세계를 일곱 가지 보석으로 가득 채워 보시한다고 하자. 또 보살의 마음을 낸 선남자 선여인이 이 경을 지니거나 사구게만이라도 수지독송 하고 사람들을 위해 쉽게 풀어 전해준다면 이 복은 먼저의 복보다 뛰어나리라.

어떻습니까? 윗글들의 내용과 표현이 너무 비슷하지 않은가요? 전혀 다른 두 경전이 어떻게 이토록 비슷할 수 있을까요? 붓다께서 매번 말씀하실 때마다 이런 말씀을 하셨을까요? 어느 경전이 어느 경전을 베꼈는지는 알 수도 알 필요도 없지만, 확실한 것은 둘 중의 하나는 분명 표절했다는 사실입니다. 이와 같은 예는 다른 경전에서도 자주 볼 수 있는데, 이는 그 옛날 누군가가 산스크리트어로 경전을 편집하면서 획일적으로 '유통분'을 끼워 넣고 훔쳐다 썼음을 말해주는 것입니다.

경전마다 붕어빵(?)처럼 들어가 있는 이 유통분을, 우리 주위의 많은 스님은 그 효험(?)을 강조하며 신도들에게 '읽고 외우라고' 권하는 현실에 더할 말이 없을 따름입니다. 붓다께서 결코 말씀한 적 없는 이런 말들이 붓다의 참된 가르침 속에 끼어들어 많은 사람을 감동(?)시키고 있습니다. 행하라는 말씀을 따르기보다, 허구한 날 '읽고 외우는' 데 더 열심인 '빗나간 믿음'의 책임은 누구에게 있을까요?

분명 말씀드리노니, 유통분은 부처님을 팔아 무언가를 공짜로 얻어보려는 한낱 망상분妄想分일 따름입니다. 아무리 좋은 스승의 훌륭한 가르침일지라도 제자들이 바르게 받아들이지 않는다면 아무짝에도 쓸모가 없습니다.

마지막으로 '비틀기'의 경우입니다. 시중에 나와 있는 독송용《금강경》중에는 책의 뒷부분에 정말 해괴한 글이《금강경》과 함께 버젓이 실려 있는 경우를 볼 수 있습니다. 이름하여 '금강반야바라밀경찬'!

얼핏 보기엔 찬양할 '찬讚' 자를 써서《금강경》의 가르침을 기리는 것으로 여겨지지만, 유심히 보면 '찬' 자가 모을 '찬纂'임을 알 수 있습니다. 도대체 뭘 '모았다'는 걸까요? 이 글의 내용은 이렇습니다.

'여시아문如是我聞'으로 시작해서 마치 제자 아난다가 붓다의 말씀을 듣고 기록한 진짜 불경인 것 같지만, 난데없이 당나라 때의 이야기가 나오는 걸로 봐서 가짜 경전[위경僞經]임을 금방 알 수 있습니다. 그런데 글의 내용은 더욱 황당해서, 당나라 때 열아홉 살 먹은 처녀가 죽어 저승에 가서 염라대왕을 만나 나누는 대화입니다.

염라대왕: 세상에서 네가 일생 동안 한 일이 있느냐?

소녀: 일생 동안 오로지 《금강경》만을 읽고 외웠습니다.

염라대왕: 어째서 '금강경찬'을 외우지 않았느냐?

소녀: 그런 경을 본 적이 없기 때문이옵니다.

염라대왕: 그렇다면 너를 다시 인간 세상으로 돌려보낼 테니, 이 '금강경찬'을 분명히 기억하도록 하여라.

그러면서 염라대왕이 읊는 내용인즉,

《금강경》은 모두 5,149자•인데, 그중에 '불佛'자가 69번 나오고, '세존世尊'이 51번, '수보리'가 138번… 그리고 마지막으로 '비구니'가 3번, '사구게'가 7번 나오느니라.

독자 여러분께선 이게 도대체 무슨 내용이라 생각되십니까? 이것은《금강경》 안에 열 번 넘게 끼워 넣어진 유통분의 내용이 '《금강경》을 열심히 읽고 외우면 엄청난 복을 얻는다'라는 것이라 부지런히 읽어 복을 받긴 해야겠는데, 처음부터 끝까지 읽고 외우려면 시간과 노력이 너무 많이 들어가니, '수보리'가 138번 나온다고 읽으면 '수보리'를 138번 읽은 것과 똑같다는 정말 황당한 내용인 것입니다. 게다가 그 정도로는 사람들의 마음을 잡아끌 수가 없다고 생각했는지, 이 글의 첫 부분엔 "'금강경찬'을 지니고 읽으면《금강경》을 30만 번 읽은 것과 같고, 여러 신이 모두 힘을 합해 도

• 구마라집본 《금강경》은 제목 제외 5,162자다. 이는 염라대왕이 지닌 《금강경》이 엉터리라는 증거다.

와준다"라고 허풍을 떨고 있습니다.

저는 인도 사람들이 붓다의 말씀에 제멋대로 끼워 넣은 유통분이 중국에 전해지면서 한 술 더 떠 이 지경까지 된 것을 탓할 생각은 조금도 없습니다. 또한 '금강경찬'과 같은 글이 있었던 걸로 미루어, 당나라 때《금강경》이 얼마나 많이 사랑받았는지를 알아볼 생각도 정녕 없습니다.

단지 21세기 대한민국의 절집에, 그것도 '모든 중생을 구제해주시는 위대한 영웅을 모시는 큰 집[대웅전大雄殿]' 안에 마련되어 있는《금강경》속에 이런 쓰레기 글이 버젓이 자리를 틀고 있다는 것이 기가 막히고, 붓다의 말씀을 펴내는 출판업자란 사람들이 이런 쓰레기를《금강경》뒤에 끼워 넣고도 책을 팔아먹는 배짱과 심보에 기가 막히며, 세상의 모진 풍파에 시달리다 마음의 위로를 받으러 절을 찾은 사람들에게 이런 쓰레기 글을 읽어보라고 준비해놓은 스님들의 '무지'에 기가 막힐 뿐입니다.

지금까지 저는,《금강경》이라는 귀한 말씀에 인도 사람이 글로써 저지른 잘못들, 즉 '유통분'을 끼워 넣어 조작한 '경전 비틀기'와, 그렇게 이미 비틀린 경전에 중국 사람들이 덧붙인 허풍이 어느 정도인지를 소개해드렸습니다.

다음 항목에선 인도 사람과 중국 사람이 작곡한 '비틀기 행진곡'이, 큰 나라말 섬기기를 여전히 좋아하는 '위대한[大] 한민족[韓民]이 세운 나라[國]'에서 어떻게 연주되고 있는지를 살펴보겠습니다.

이 항목을 끝내며 제 머리에 문득 떠오르는 말이 있습니다. 고려 때, 삼국시대의 역사(《삼국사기三國史記》)를 쓰신 분께서 그 책의 서문에 이르시길,

述而不作

술이부작

즉 '써 내려가되[述] 지어내지는[作] 말라'라고 했거늘….

일체유위법

외국 말로 쓰인 글을 읽을 때, 그 나라의 말을 모른다면 글을 쓴 사람의 생각을 이해하기는커녕 글씨를 읽어나가기조차 쉽지 않습니다. 그런 경우, 우리는 외국 말을 잘 알고 있는 사람이 우리말로 알기 쉽게 번역한 글을 읽음으로써 골치 아픈 언어 문제를 해결하곤 합니다.

우리가 모든 외국 말을 일일이 다 배우고 익힌다는 것이 현실적으로 불가능한지라, 외국과의 학문 교류나 기업 활동, 또는 각종 정보를 얻는 데 있어 번역의 중요성은 (영어식 표현으로) 아무리 강조해도 지나치지 않다고 할 수 있습니다. 그럼에도 불구하고 창작물과 비교했을 때, 번역에 대한 우리 사회의 인식은 그리 호의적이지만은 않은 것 같습니다. 번역에 대한 무관심이나 번역을 가볍게 여기는 사회 분위기의 실질적인 피해자가 외국 말을 잘 모르는 우리일지도 모르는데 말입니다.

그 좋은 예를 우리는《금강경》에서 찾을 수 있습니다. 여러분께서《금강경》이 어렵다고 느끼는 큰 이유 중 하나가 바로 이 '번역' 때문이라고 저는 확신합니다. 번역이란 단지 어느 나라 말을 잘한다고 해서 해낼 수 있는 일도 아니고, 또 어떤 특정 분야에 대한 전문지식이 있다고 해서 할 수 있는 일도 아닙니다. 번역 자체가 전문적인 기술과 고도로 숙달된 경험이 필요한 또 하나의 전문 분야입니다.

번역은 분명 또 하나의 '문학'입니다. 문학을 과연 아무나 할 수 있는 걸까요? 제가 살펴본바, 경전 번역자의 연령층이 전반적으로 젊어지고 있기는 하지만, 불교 경전 번역 분야는 여전히 전문적인 번역이 활성화되지 못한 상태이며, 번역에 대한 인식도 무르고 약합니다. 그 이유는 불경이나 불교 관련 서적이 대부분 한문으로 기록되어 있기 때문입니다. 체계적인 현대식 번역 교육을 받지 않은 상태에서 한문 경전 해석에 깊이가 있다는 이유만으로 불경 번역에 손을 댄 분들의 번역문은, 일상적으로 쓰는 우리말 표현과 거리감이 있는 경우가 많습니다. 다시 말해, 그분들의 번역은 옛글의 해석이지, 전문적인 번역이라 말하기엔 꽤 많은 문제점을 안고 있습니다.

그런 까닭에 우리말로 번역된 《금강경》을 읽어도 도대체 무슨 말을 하고 있는지를 여간해선 알 수가 없다고 하소연을 하는 분들을 종종 보게 됩니다. 저는 《금강경》 본문으로 여러분을 안내하기 전에, 번역에 대한 여러분의 인식을 한 번쯤 점검해볼 필요를 느꼈습니다. 우리말 《금강경》을 보여드리기에 앞서, 이제부터 몇 가지 사례를 통해 독자 여러분의 번역에 대한 안목을 좀 더 넓혀드리겠습니다. 그러기 위해 잠시 옛날 중학생 시절 영어 시간으로 시간여행을 떠나보심은 어떠실지….

어느 날, 영어 시험에 다음과 같은 문제가 나왔습니다.

[문제] 'Walls have Ears'를 우리말로 번역하시오.

학생들이 쓴 답은 다음과 같습니다.

학생1: Walls는 Ears를 have하고 있다.

학생2: 월은 이어를 해브하고 있다.

학생3: 벽들은 귀들을 가지고 있다.

학생4: 벽에도 귀가 있다.

학생5: 사람은 항상 말조심해야 한다.

자! 여러분이 선생님이라면 어떻게 평가하시겠습니까? 저라면 학생 1, 2는 점수고 뭐고 일단 혼쭐을 내주고(?) 보겠습니다. 학생 3은 어떨까요? 여러분이나 저나 후한 점수를 줄 수는 없을 것 같습니다. 우리말 표현에 맞지 않는 직역을 했으니까요.

그래도 학생 4는 'have(가지다)'란 말을 우리말답게 '있다'로 번역한 성의가 돋보입니다. "I have a book"을 우리말로는 "나는 한 권의 책을 가지고 있다"라고 하지 않고, "내겐 책이 한 권 있다"라고 하니까요.

그렇다면 학생 5에겐 몇 점을 주시겠습니까? 70점? 아니면 90점? 의외로 점수가 후하시네요? 저라면 60점 이상을 주기 어렵겠네요. 다시 말해,

낙제 점수란 말씀입니다. 왜냐고요? 제 평가 기준은 이렇습니다.

1. 원문이 속담이므로 번역도 그에 맞는 우리 속담으로 할 것.
2. 번역한 우리말을 다시 영어로 바꿔도 원래 글과 같을 것.
3. 원문의 글맛이 살아 있는 번역을 할 것.

학생 5는 제가 제시한 세 가지 기준을 단 하나도 지키지 못했습니다. 이 학생은 단지 영어를 이해하고 있을 뿐, '번역'이 뭔지는 모르고 있는 것입니다. 그렇다면 제가 제시하는 정답은, '낮말은 새가 듣고 밤말은 쥐가 듣는다'입니다. 그런데 만약 이 문제를 군인 아저씨들에게 냈다면 정답은 또 달라집니다. 그때는 군대용어로, '통신보안'이라 해야 옳습니다. 번역은 이런 것입니다.

그리고 번역에는 직역과 의역이 있는 것이 아니고, '좋은 번역'과 '좋지 않은 번역'이 있을 뿐입니다. 영어를 좀 할 줄 안다고 영어 소설을 번역해 보겠다고 달려드는 사람들이 제법 많습니다. 이런 사람은 '나는 우리말을 잘하니, 우리말 소설을 써보겠노라' 나서는 것과 다를 바가 없다는 것이 제 생각입니다.

이제 저는 여러분께, 왜 제가 뜬금없이 영어 시험문제까지 내가며 수선을 떠는지를 말씀드려야 할 것 같습니다.

一切有爲法

일체유위법

매우 낯선, 그리고 어려운 한자 말입니다. 이 말은《금강경》끝부분에서 붓다께서 하신 말씀인데,《금강경》을 이해하기 위해선 반드시 알아야 하는 매우 중요한 말입니다. 어떤 글을 번역할 때, 번역가들은 마지막 부분에 신경을 많이 쓰게 되는데, 이는 책의 끝부분에 결론이 들어 있기 때문입니다. '일체유위법'은 번역의 천재 구마라집께서 산스크리트어《금강경》의 'saṃskṛtam'(완벽하게 만들어진 것)을 한문으로 번역한 말인데, 낱말의 뜻을 하나씩 풀어보면 다음과 같습니다.

◆ 일체一切

우리가 가끔 목이 컬컬하면 들르곤 하는 대폿집에서 흔히 볼 수 있는 '안주 일체'에서의 '일체'와 뜻이 똑같습니다. 다시 말해, '모든'이라는 뜻입니다.

◆ 유위有爲

'뭔가를 하고, 움직임[爲]이 있는[有]', 즉 '살아 움직이는' '살아 있는'이라는 뜻입니다.

◆ 법法

《금강경》에는 '법法'이라는 말이 73번 나옵니다. 그렇기에《금강경》을 이해하기 위해선 반드시 알아야 할 말입니다.

'法'에 해당하는 인도 말은 '다르마Dharma'(우주 또는 인간의 진리)입니다. 원래 뜻은 '보존하는 것' 또는 '인간의 행위를 보존하는 것'이었다고 합니다. 수맥水脈을 차단하는 효과가 있다는 소문을 믿고 너도나도 집에 걸어놓기 좋아하는 초상화의 주인공인 달마 대사의 '달마'도 똑같은 'Dharma'입니다. 인도에서 '다르마'의 의미는 너무 다양해서 행위의 규범, 습관, 풍습, 사회질서, 착한 것, 진리, 종교의 특징, 본질 등 헤아리기 힘들 정도입니다. 여하튼 '막 사는 것'의 반대라고 생각하시면 틀림없습니다.

불교도 원래 고향이 인도인지라, 이 '다르마'라는 말에서 자유로울 수가 없었고, 붓다께서 깨달은 진리도 당연히 '다르마'라는 말로 표현되었습니다. 불교가 중국으로 건너오면서 다르마엔 새로운 뜻이 덧붙여집니다. 그래서 불교에서 말하는 '법'(다르마)이란,

1. 진실한 이치, 진리
2. 바른 일, 착한 행동
3. 붓다의 가르침, 3보三寶의 하나
4. 본성
5. 존재, 사물
6. 마음의 작용

등을 들 수 있는데, 가장 근본적이고 중요한 뜻은 '진리'이지만, 여기에서는 '존재'를 뜻합니다. 그래서 '一切有爲法'은 '세상의 모든 살아 있는 존재들' 또는 '세상에 살아 있는 모든 것들'로 번역할 수 있습니다.

'一切有爲法'은 산스크리트어 'saṃskṛtam'의 의미를 중국 사람들이 이해하기 쉽도록 옮긴, 구마라집의 번역 솜씨가 돋보이는 중국 말입니다. 참고로 서구의 불교학 권위자인 에드워드 콘즈는 'what is conditioned'라고 영역했는데, 우리말로 바꾼다면 '그렇게 돼먹은 것들' 즉 '자신의 뜻

과 상관없이 태어나 살아가야 하는 존재들'이라고나 할까요?

자! 이 중국 말 '일체유위법'을 한국의 불교학자나 스님들께선《금강경》을 알고 싶어 하는 우리를 위해 어떻게 번역했을까요? 아마도 여러분께선 다음에 소개하는 '일체유위법'을 우리말로 옮긴 스물세 분의 번역 글에서, 앞서 영어 시험에서 저라면 '혼쭐을 내주고' 싶었던 학생 1, 2의 답안지와 똑같은 모습의 번역을 만나게 될 것입니다.

분명히 '一切'와 '有爲'와 '法'은 우리말이 아닌, 구마라집께서 중국 사람들을 위해 한문으로 번역한 '중국 말'입니다. 그래서 우리말로 번역을 할 때 '一切'와 '有爲'와 '法'을 우리가 평소 쓰는 말로 바꾸지 않는다면, 아까 영어 시험에서 "Walls는 Ears를 have하고 있다"라고 번역한 학생이나, "월은 이어를 해브하고 있다"라고 번역한 학생과 조금도 다를 바가 없는 것입니다. 결국 이런 우리말 번역으로는 누구도 붓다께서 하신 말씀을 바르게 이해할 수 없을 것입니다. 그리고 아래의 글을 유심히 비교해보시면 그나마도 서로 훔치고 베낀 흔적도 확연히 드러납니다.

분명히 말씀드리노니, 이런 희한한, 그리고 '글자만 한글로 쓴' 번역 글들은, 정말 불교를 알고 싶어 하고 붓다의 깨달음에 목마른 사람들에겐 도리어 훼방꾼일 따름입니다. 독자 여러분께선 아래 번역 글에서 아까의 영어 시험에서 그나마 뭘 조금은 알고 있고, 번역에 얼마간이라도 성의를 보인 학생 3의 수준이라도 되는 우리말 번역이 있는지 찾아보시길….

구마라집 한역《금강반야바라밀경》에서

'일체유위법一切有爲法'의 우리말 번역 모음

1. 세조본世祖本	‘일체의 행함이 있는 법’
2. 용성龍城	‘일체 하염 있는 법’
3. 경허鏡虛	‘있고 없는 모든 법’
4. 신소천申韶天	‘일체 함이 있는 법’
5. 권상로權相老	‘일체 하염이 있는 법’
6. 명봉明峰	‘일체 함이 있는 법’
7. 기산 綺山	‘유위적인 모든 법’
8. 해안海眼	‘일체 함이 있는 법’
9. 청담靑潭	‘일체 함이 있는 법’
10. 탄허呑虛	‘일체 유위의 법’
11. 광덕光德	‘일체 함이 있는 모든 것’
12. 월운月雲	‘온갖 유위의 법’
13. 무비無比	‘일체의 함이 있는 법’
14. 석진오釋眞悟	‘일체의 유위법’
15. 홍정식洪庭植	‘일체의 유위법’
16. 김기추金基秋	‘온갖 하염이 있는 법’
17. 이기영李箕永	‘일체의 유위법’
18. 송찬우宋燦禹	‘일체의 유위법, 즉 중생계 내의 생로병사와 빈부귀천’
19. 김용옥金容沃	‘모든 지은 법’
20. 조현춘	‘있다고 보여지는 일체의 모든 것’
21. 백성욱白性郁	‘일체의 모든 조작이 있는 것들’
22. 김운학金雲學	‘일체의 유위법’
23. 오진탁	‘중생이 하는 모든 행위’

어떤 느낌을 받으셨습니까? 위의 우리말 번역을 읽고 무슨 뜻인지 이해가 되십니까? 냉정하게 말해서 위에 소개한 번역 글들은 번역이 아니고, '一切有爲法'이라는 중국 말을 음만 따서 우리글로 옮긴 것이라고밖에 볼 수 없습니다. 즉 우리글로 썼지만 우리말이 아닌 것입니다.

《금강경》을 중국 말로 번역한 구마라집은 언어에 관한 한 천재였습니다. 그분은 자신의 천재성을 중국 사람들이 붓다의 말씀을 이해하도록 돕는 데 모두 썼습니다. 그리고 중국 사람들은 이방인 구마라집이 자기들 말로 번역한 글을 읽고, 붓다의 말씀을 이해하고 계속 발전시켜나갔습니다. 그런데 우리는 1,600여 년 전 구마라집이 중국 사람들을 위해 번역한 글을 그대로 받아들여 음만 취해서 오늘도 열심히 읽고 외우고 있습니다.

"일시불재사위국기수급고독원…."

이런 식으로 말입니다. 여러분은 이 글을 읽고 무슨 뜻인지 알 수 있나요? 만약 이 말을 처음 듣고도 뜻을 아는 사람이 있다면 이 사람은 '불가사의'한 분입니다. 쉽게 말해, 미쳤거나 천재라는 말씀입니다. 자! 그래서 우리는 또 한 차례 손을 보아야 합니다.

"한때, 붓다께서는 사위국에 있는 기수 급고독원에 머무셨는데…"라고 말입니다.

구마라집은 한 번의 번역으로 중국 사람들이 모두 이해할 수 있는《금강경》을 만들었건만, 우리는 한자로 번역된 글을 읽고 외우고 나서, 또다시 우리말로 바꿔야 하는 실정입니다.

구마라집의 한역《금강경》은 그 분야의 전문가들만 보면 되는 글입니다.

우리네 보통 사람들은 땅 파먹고 살기 바빠서 그렇게 어려운 한자를 애써 들여다볼 시간조차 없으니, 전문가라는 사람들이 정성 들여 만든 우리말 《금강경》을 읽고 나서, 붓다의 가르침을 이해하고[解] 믿고[信] 실천하면[行] 그만입니다. 중국 사람들이 구마라집의 글을 읽고 그랬듯이 말입니다.

그런데 불행하게도 우리에겐 제대로 된 우리말 《금강경》이 아직 없습니다. 많은 학자와 스님께서 그토록 수많은 논문과 해설서를 써왔음에도 불구하고 말입니다. 제가 읽어본 《금강경》 관련 책만도 50권이 넘습니다. 그런데도 아직 제대로 된 우리말 《금강경》을 못 찾았으니, 이걸 어떻게 이해해야 할까요?

세종이라는 '똑소리 나는' 임금이 우리글을 만든 지 500년이 넘었건만, 그리고 "그 아버님에 그 아드님"이고 "피는 못 속인다"고(《금강경》에 한해서만), 한글이 만들어지자마자 불교를 '사문난적斯文亂賊'으로 몰아붙이는 유학자인 신하들의 눈치를 봐가며 세조가 서둘러 펴낸 책이 《금강경언해金剛經諺解》였건만…. 그 후 500년 넘게 누구도 제대로 검증된, 그래서 붓다의 말씀을 제대로 전하는 우리말 《금강경》 한 권 내놓지 못했다는 사실은 불교를 떠나서 우리 학문의 수치 아닌가요?

오늘도 사람들은 《금강경》을 읽고 외웁니다.

"여시아문하사오니 일시에 불이 재사위국기수급고독원하사…."

여러분께 묻습니다. 21세기 현재, 세계 어느 나라 어떤 종교가 자기들 믿음의 근본인 경전을 이런 식으로 가르치고 배우고 있는지?

그토록 많은 현대식 절이 세워지고, 그렇게 많은 불상이 만들어지고 있건만, 아직 통일된 우리말《금강경》 하나 없는 현실을 '그럴 수도 있노라' 라고 이해할 수 있는 일인지? 모두가《금강경》은 붓다의 최고의 가르침이라고 말하면서….

또한 일부 전문가란 분들이《금강경》을 우리말로 번역했다고 내놓은 '꼴'을 보면 정말 하품밖에 안 나옵니다. 번역이 뭔지도 모르면서, 번역에 대한 기본적인 지식이나 소양도 없으면서, 한자를 남보다 조금 더 안다고, 또 불교에 대해서 좀 안다고 달려든 용기는 참으로 착하고 귀여우나, 드러난 결과는 '알량한 꼴값'이요, '무식이 용맹'이니!

분명 말씀드립니다. 미국 말을 원어민 못지않게 잘하는 한국 사람일지라도, 그 사람이 지닌 우리말 이해력과 표현력이 초등학교 4학년 수준이라면, 그 사람이 번역한 책은 초등학교 4학년 아이가 쓴 잡문의 경지를 절대 벗어날 수 없음을! 그래서 번역은 두 나라 말 모두에 폭넓고 다양한 지식이 없다면 절대로 손을 대서도 넘봐서도 안 되는, 고도의 기술과 숙련이 필요한 또 하나의 창작 활동임을! 천부적 소질을 갖췄으면서도 수십 년을 몸으로 때우며 익힌 대번역가 구마라집을 본받아야 함을!

앞에서 보시지 않았나요? 내로라하는 '눈 시퍼렇게 뜬' 도전자 다섯이 '이미 죽어 재가 된' 구마라집에게 속절없이 KO패 당하는 처참한 모습을! 또 보시지 않았나요? 소명 태자가 겁도 없이《금강경》에 손을 댔다가 개망신(?) 당하는 현장을!

끝으로 저는, 평소 한문에 익숙지 않고 얼마간 두려움마저 느끼고 있을지도 모를 몇몇 독자 여러분께, 한역《금강경》의 한 부분을 우리말로 번역하는 과정을 보여드림으로써 번역의 조심스러움을 전해드리고자 합니다. 이는 제 번역이 가장 올바르다는 주장을 펴고자 함이 결코 아닙니다. 단지 누군가가 번역을 하겠다고 마음먹었다면, 그 글을 읽는 분들을 위해 이 정도는 배려해야 한다는 예를 보여드리고자 함이니 오해 없으시길.

다음에 소개하는 글은 앞서 '보살들' 항목에서 이미 한차례 나왔던, 제자 수부띠가 붓다께 드리는 첫 질문입니다. 번역 공부인지라 구마라집의 한역 원문을 그대로 소개합니다. 긴장하지 마시고 차근차근 제 설명을 따라오시면, 어렵게만 느껴지던 한문의 글맛도 새로이 느끼실 수 있으리라 봅니다. 밑줄친 부분만 번역하겠습니다.

希有 世尊! 如來 善護念 諸보살, 善付囑 諸보살.

世尊! 善男子 善女人 發'아누다라삼먁삼보리'心,

應云何住, 云何 降伏其心?"

정말 드문 분이신 세존이시여. 스승께선 모든 보살을 잘 보살펴주시고, 믿어주시옵니다. 세존이시여. 저희 남녀보살들이 '위 없이 바른 깨달음'을 향한 마음을 내었다면 어떻게 살아야 하고, 어떻게 그 마음을 다스려야 하는지요?

◆ 희유 稀有

많은 분이 '희유하시옵니다' 또는 '드문 일입니다' 등으로 번역합니다. 인도 말 《금강경》에선 '앗짜람āścaryam(훌륭하신)'이란 표현이 세 번이나 반복되는데, 구마라집은 간단히 '稀有' 한마디로 압축했습니다. '稀有'는 분명 중국 말이고, 나중에 우리말로 받아들인 외래어입니다. 우리말에는 중국에서 들여온 외래어가 60% 정도 됩니다. 그래서 다들 별생각 없이 쓰고 있지만, 아직도 그런 외래어가 불편한 분들이 무척 많습니다. 그렇기에 바꿀 수 있다면 쉬운 우리말로 바꾸는 것이 당연합니다. 우리말 사전에도 '희유'를 '흔하지 않고 드물게 있음'이라 풀었으니, 이 뜻을 살려 '정말 드문 분이신' 정도의, 세존을 꾸며주는 말로 옮기는 것이 좋습니다.

◆ 여래如來

많은 이들이 《금강경》 안에서 붓다를 표현하는 말들(세존世尊, 여래如來, 불佛, 아我 등)을 우리말로 적절히 옮기지 못합니다. 구마라집은 중국 사람을 위해 이런 표현들을 절묘하게 잘 나눠 쓰고 있는데도 말입니다. 옛 중국 글은 직접 화법을 표현할 수 있는 장치가 하나도 없었습니다. 문장부호도 띄어쓰기도 없었고, 게다가 세로쓰기까지 해야 했으니, 붓다께서 말씀하신 부분을 대화체 문장으로 표현하기가 난감했을 것입니다.

예를 들어, 그날 붓다께선 이렇게 말씀하셨을 것입니다.

"수보리여! 결코 그런 말을 하지 마라. 내가 죽고 나서 500년이 지난 뒤에도…."

이 말이 인도사람들의 입에서 입으로 전해질 때는 별문제가 없었는데, 훗날 글로 옮기려다 보니, 붓다께서 하신 '내가'라는 표현을 어떻게 옮겨야 할지 고민됐을 겁니다. '붓다'를 글에서 '내가'라고 표현하긴 왠지 예의가 없게 느껴졌을 테니까요. 그래서 '내가'에 해당하는 표현을 '스승' '세존' 또는 '여래如來(따타가따Tathāgata)'로 높여 기록하게 되었고, 이것이 중국으로 건너와 스승이란 말은 없어지고 '世尊' '如來'로 표현되었던 것입니다.

'여래'란 붓다를 표현하는 많은 표현 중의 하나로, '따타tathā'(如, 그렇게)와 '아가따āgata'(來, 오신)가 합쳐진 말입니다. 즉 '진리의 모습 그대로 우리에게 오신 분'이라는 말씀입니다. 그래서 구마라집은 '내가'를 "須菩提! 莫作是說. 如來滅後 後五百歲(수보리 막작시설 여래멸후 후오백세)"에서처럼 '如來'로 옮겼습니다.

그런데 아무리 붓다이실지라도 그날 제자와의 대화 도중에 당신께서 자신을 '여래'라고 표현하셨을까요? 우리가 《금강경》을 우리말로 옮길 땐, 대화할 때의 느낌을 살려 옮겨야 읽는 사람들이 마치 현장에서 듣는 것처럼 실감 나게 느낄 수 있을 것입니다. 그래서 우리말로는 그날의 대화 느낌 그대로, "내가 죽은 뒤 오백 년 후에"라고 옮겨야 하는 것입니다. 여래를 '내가'라고 번역한 것은 결코 불경스럽지 않을뿐더러, 읽는 사람들의 혼란을 막아주는 '훨씬 좋은 번역'입니다. 또한 수부띠의 말에 나오는 '여래'는 인도 말《금강경》에서 쓰는 표현인 '스승'으로 번역하는 것이 적절합니다. 사실《금강경》은 스승과 제자 사이의 대화이니까요.

◆ 선善

《금강경》에는 '善'이라는 말이 자주 등장합니다. "선남자 선여인" "선호념제보살" "선재 선재" "선법" 등등…. 우리는 대개 '善'을 '착할 선'으로 알고 있습니다. 그런데 이 뜻은 훨씬 뒤에 생긴 것이고, 원래는 '좋은, 잘'이라는 뜻입니다. 그러므로 '선남자'는 '좋은 남자[신사信士]', '선여인'은 '좋은 여자[숙녀淑女]'를 뜻하고, 그런 사람들이 곧 보살(깨달음을 구하는 사람)인 것입니다.

또 "善護念 諸보살(선호념 제보살)"에서 '호념'은 우리말 사전에 '보호保護'와 같은 뜻이라고 풀고 있고, '제諸'는 '모든, 여러'의 뜻인지라, 옛날 학창 시절 교장 선생님께서도 이 '諸' 자를 써서, '제군諸君들' 즉 '여러분'이라는 표현을 입에 달고 다니셨습니다. 그래서 이 말은 "모든 보살들을 잘 보살펴주시고'라고 번역합니다.

'선재善哉, 선재'는 《금강경》에서 붓다께서 기분이 좋으실 때 쓰시는 표현으로, 구마라집이 인도 말 《금강경》을 한문으로 충실히 옮긴 말입니다. '哉'는 중국 사람들이 '글이 끝났다'라는 표시로 아무 의미 없이 붙이는 글자, 문장부호 '마침표'라고 보시면 됩니다. 옛 중국 사람들은 글을 쓸 때, 문장부호도 없이 세로로 쓰다 보니 물음표나 마침표 같은 문장부호마저도 글자로 만들어 사용한, 아주 골치 아픈 사람들입니다(그런데 이렇게 불편한 중국 글의 전통을 이어받아, 오늘날 우리 스님들이 공부하는 경전도 여전히 세로로 쓰여 있습니다. 제 생각이지만, 요즘 신세대 젊은이들은 세로로 인쇄된 경전이 낯설어서라도 앞으로 '출가'하길 꺼릴지도 모르겠습니다).

어쨌거나 '선재 선재'는 '좋고, 좋구나'라는 뜻입니다. 그런데 여기서 독자 여러분께서 알아두셔도 나쁘지 않을 것이, 인도 사람들은 요상한 언어 습관을 지녔는데, 어린아이고 어른이고 말할 때 같은 말을 자주 반복한다는 것입니다. 그래서 로마자로 된 인도 말 《금강경》을 읽다 보면 글맛도 없는 것이, 같은 말을 꼭 두 번씩 반복하는 통에 더욱 정나미가 떨어지곤 한답니다. 마치 우리네 열 살 아래 아이들의 말 습관처럼 말입니다. 우리 아이들이 자주 그러죠? "엄마 엄마" "좋아 좋아" "싫어 싫어"라고. 어른들은 아무리 좋아도 "좋아 좋아"라고 말하지는 않고, 조금은 점잖게 "아주 좋아" "매우 싫어"라고 표현합니다. 그래서 '선재 선재'도 우리말로 번역할 때는 붓다께서도 어른이니까 '매우 좋구나' 또는 '정말 훌륭하구나'라고 번역해야 하는 것입니다. 그런데 이 말을 다른 해설서는 어떻게 번역해 놓았나 독자 여러분께서 언제 시간 나시면 한번 확인해보시길…. 번역이란 그 나라의 언어 습관, 민족성, 역사, 지리까지 알고 덤비는 것이라 말했거늘….

다음으로 '선법善法'이라는 말인데, 이는 '좋은 진리'란 뜻입니다. 앞서 말씀드렸듯이, 본디 중국 말에서 이 '法'이라는 낱말의 의미가 매우 추상적인 데다가, 인도 말 'Dharma'의 뜻까지 함께 섞여 있는 터라, 바르게 이해하기가 매우 어렵습니다. '善法'에서 '法'은 '진리'라고 번역합니다. 그런데 여러분께서 혹시 의아해하실는지 모르겠습니다. '아니, 진리는 다 좋은[善] 거지, 나쁜 진리도 있나?'라고 말입니다. 그렇습니다. 분명 '나쁜 진리'는 없습니다. '좋은[善]'의 반대는 '나쁜[惡]'이 아니고 '좋지 않은[非善]'입니다. 그래서 선법의 반대말은 악법惡法이 아니고, 비선법非善法, 즉 '좋지 않은 진리'인 것입니다. 나쁜 사람[惡人]이 좋은 사람[善人] 되기는 어렵겠지만, 좋지 않은 사람[非善人]은 언젠가는 '非' 자만 떼어내면 누구라도 좋은 사람[善人]이 될 수 있으니, 붓다의 가르침은 늘 이런 식입니다. 좋은 사람과 나쁜 사람이 따로 있는 게 아니란 말씀입니다. 사실 선악을 칼로 가르듯 둘로 나누지 말고, '선'을 '비선'과 한데 묶어, 앞으로 '좋게' 바뀔 가능성을 남겨놓는 것이 더 옳지 않을까요?

그러니 여러분도 자제들에게 혹 야단칠 일이 있더라도 행여 '나쁜 녀석'이라는 희망 없는 말은 하지 마시고, 그 대신 '좋지 않은 녀석'이라고 말하시는 게 어떨지요. 누가 압니까? 혹시 나중에 '좋아'질지…. 우리 모두 하루 이틀 살고 말 것도 아니지 않습니까?

이 책의 뒷부분에 제가 번역한 우리말《금강경》을 읽으신 뒤 다른 해설서와 비교해보시면, 제가 왜 이렇게 번역에 대해 길게 말씀드리는지 알게 되시리라 믿습니다. 제가 이렇게 건방을 떨고도 큰 죄를 짓는 느낌이 안 드는 것은, 저 자신이 전문 번역가는 아니지만, 우리말《금강경》을 쓰면서 구마라집의 번역의 맛을 최대한 살려가며 올바른 우리말로 바꾸려 애썼기 때문입니다. 결국 판단은 독자 여러분께서 하실 일입니다.

마지막으로 어느 대학교의 영문과 교수라는 분이 번역한 책에서 감명 깊게(?) 본 낱말 하나를 소개해드리겠습니다.

영어 원문은 'end', 우리말로 '끝내다'입니다. 그런데 이 대학교 선생님이라는 양반께서 하신 'end'의 우리말 번역은 '종언終焉을 고告하다'였습니다. 이 양반, 앞으로 계속 선생질(?)해도 되는 걸까요?

가령, 붓다께선 이렇게 말씀하셨을 겁니다.

"컵이 떨어지면 깨진다."

이 말을 우리는 다음과 같이 번역하고 있습니다.

"물을 담는 용기容器가 추락墜落하면 파괴破壞된다."

참 대단한 우리입니다.

사이비《금강경》

질문 하나 드리겠습니다. 여러분께선 목수에게 꼭 필요한 연모가 뭐라고 생각하십니까? 이 질문을 예전에 제가 가르치던 대학생들에게 했더니, 백이면 백, 학생들의 대답은 톱, 대패, 끌, 칼, 망치…, 뭐 이런 것들이었습니다. 제 학생들이 젊고 활동적인 세대라 그런지는 몰라도, 먼저 목수의 바쁜 손놀림을 머리에 떠올렸던 거죠.

물론 좋은 톱, 잘 드는 대패도 중요하겠죠. 그런데 과연 이런 것들뿐일까요? 제가 알기로는 아무리 좋은 톱과 대패를 지녔다 해도, 이것들이 제 몫을 하기 위해선, 먼저 목수에게 없어선 안 될 연모가 있답니다. 바로 '규구준승規矩準繩'입니다. 글자에서 보시다시피 네 가지 물건입니다. 하나씩 풀어 설명해드리면,

◆ **규**規

컴퍼스compass, 즉 동그라미를 그리는 도구입니다. 정확하고 똑바른 동그라

미를 그리기 위해선 규가 꼭 필요합니다.

◆ 구矩

'직각자'입니다. 여러분도 목수가 지니고 다니는 'ㄱ'자 모양으로 굽은 쇠로 만든 자를 보셨을 겁니다.

◆ 준準

수평기입니다. 목수들의 연장 가방을 살짝 훔쳐보면 어김없이 투명하고 긴 호스가 눈에 띕니다. 이 호스에 물을 채워 양쪽에서 끝을 잡고 물 높이를 관찰하면 물이 들어 있는 양쪽의 끝부분이 바닥의 평평한 기준이 되는 것입니다.

◆ 승繩

요즘 건축에선 잘 안 쓰지만, 아직도 절을 지을 때나 낡은 전통가옥을 고치는 현장에선 어렵잖게 볼 수 있는 물건이 있습니다. 까만 먹물을 담은, 도르래가 달린 고무신처럼 생긴 물건. 바로 '먹통'입니다. 이 녀석의 쓰임새도 참 대견해서, 대들보같이 긴 나무를 곧게 자르기 위해선 좀 전에 소개한 직각자 '구' 갖곤 어림도 없습니다. 제까짓 게 길어야 세 자(약 90센티미터)를 넘지 못하니까요. 그럴 때 등장하는 것이 바로 승이 담긴 먹통입니다.

먹통 안의 도르래에 감겨 있는 승에는 먹물이 적당히 묻어 있을 테고, 긴 나무의 양쪽 끝에 먹줄을 잡고 서서 한 사람이 줄을 튕기면 나무 위에 까만 금이 선명히 그려집니다. 그 금을 따르면 아무리 긴 나무도 곧고 바르게 톱질에 대패질까지 할 수 있는 것입니다.

이렇게 집주인이 보면 애들 장난 같은(움직임이 크지 않으니까) '규구준승' 네 연모의 움직임이 없다면, 그 이후로 벌어지는 톱질이나 대패질 같은 활동적인(그래서 집주인 눈에는 뭔가 열심히 하는 것 같은) 일들은, 말 그대로 '도로 아미타불'이 될 가능성이 매우 큽니다.

이런 까닭에 목수가 옛날에 양반집 자손이건 아니건 따질 것 없이, 집주인의 입에선 '목수 양반!'이라는 아양 섞인 호칭이 절로 나오게 됩니다. 이렇게 집을 짓는 동안 네 가지 연모를 써서 정확한 기준을 잡아주기에 그다음 작업들이 이어지고, 목수 양반의 어깨엔 절로 힘이 들어가는 것입니다.

《금강경》 이야기를 하겠다고 해놓고선 뜬금없이 웬 목수 타령이냐고요? 우리가 사회생활을 하건, 종교를 믿건, 학문을 하건, 정치를 하건 간에 이 네 가지 연모가, 다시 말해 '기준을 잡아주는 조용한 움직임'이 꼭 필요하다고 여기기 때문입니다. 규구준승이 바로 서 있지 않은 행위를 흔히 '사이비似而非'라고 말합니다. 그런 종교를 '사이비 종교'라 부르며, 그런 언론인을 '사이비 기자'라고 부릅니다.

우리는 '사이비'라는 말을 매우 부정적으로 느끼는데, 본디 사이비란 '비슷하지만 진짜가 아닌' 것을 뜻합니다. 그러니까 진짜는 아니지만 '비슷하긴' 한 겁니다. 그 비슷함 때문에 사람들은 사이비에 곧잘 속아 넘어가곤 하는데, 사이비에 이끌려 부나비처럼 무작정 달려들고 나서 나중에 겪는 아픔과 고통은, 저 자신은 물론이고 우리 사회도 겪을 만큼 겪지 않았나요?

그래서 이 책에서만큼은, 독자 여러분께서 제가 《금강경》 공부를 하면서 경험했던 시행착오를 겪지 않게 해드리려고 평소 저의 급한 성깔마저 죽여가며 이렇게 너스레를 떨고 있는 것입니다.

여느 책과는 달리,《금강경》은 한자만 잘 안다고 이해되는 그런 책이 아닙니다. 다시 말해,《금강경》은 한자 공부를 하는 책이 아니고, 깨달음에 이르는 가르침을 배우는 책입니다. 제가 '책머리에'에서《금강경》을 한자 공부 책인 줄 알고 선불리 대들었다가 몇 개월이면 끝낼 수 있으리라는 예상이 몇 년으로 바뀐, 참담한 실패의 경험을 숨김없이 전해드린 것도, 그런 실수가 저 하나만으로 끝나길 바라는 마음 때문입니다. 만약 이 책을 정성껏 읽은 독자께서도 저와 똑같은 실수를 하신다면, 이는 변명의 여지 없이 몽땅 제 잘못이기에 더욱 조심스럽습니다. 그래서 여러분께《금강경》을 이해하는 데 꼭 필요한 기준[規矩準繩]을 전해드리려 목수 이야기를 예로 든 것입니다.

혹시 독자 여러분께서는 독송용《금강경》을 갖고 계십니까? 만약 갖고 계시다면 여러분께서 가지고 있는 독송용《금강경》은 대부분 '사이비'《금강경》입니다. '비슷하지만 진짜가 아닌'《금강경》이란 말씀입니다. 진짜《금강경》으로도 붓다의 말씀을 제대로 알기 힘든 판에, 사이비《금강경》을 갖고 깨달음을 얻어 보겠다는 것은 '나무 위에 올라 물고기를 잡겠다[연목구어緣木求魚]' 하는 것과 다를 바 없습니다. 그럼 어떤 것이 진짜《금강경》이냐고요?

그것은 뒤에 자세히 말씀드리기로 하고, 우선 급한 대로 사이비《금강경》을 가려내는 방법을 알려드리겠습니다. 여러분이 갖고 계신《금강경》을 펴보시길.

먼저, 소명 태자가 나눈 방법으로 아홉째 단락, "수보리言 不也 世尊 何以故 아나함名爲不來 而實無來 是故名아나함(수보리언 불야 세존 하이고 아나함명위불래 이실무래 시고명아나함)"이라는 구절에서 '而實無來'가 '而實

無不來'로 적혀 있다면, 더 볼 것도 없이 사이비《금강경》입니다.

붓다께서 제자 수부띠에게 묻습니다.

> 수보리여, 아나함이 '나는 아나함의 경지에 이르렀다'라는 생각을 해도 되는 것이냐?

이 질문에 대한 수부띠의 답이 방금 소개한 내용입니다. 이 부분을 우리말로 옮기면 이렇습니다.

> 수보리가 답하길, "아니 되옵니다. 세존이시여. 왜냐하면, '아나함'은 이 세상에 '다시는 오지 않는다[不來]'라고 해서 붙여진 이름이지만, 실제로 (아나함에게는) '온다, 안 온다 함'마저 없기[無來]' 때문이옵니다. 그런 까닭에 '아나함'이라 이름하는 것이옵니다.

이 구절의 내용을 이해하시려면 먼저 '아나함'이란 말을 아셔야 할 것 같습니다.

붓다께서 말씀하신 진리의 첫째가 '세상 모든 것은 다 괴로움이다[일체개고一切皆苦]'입니다. 왜 괴로움인가? 모든 것이 자기 생각대로 잘 안 되기 때문입니다. 우리의 뜻대로 안 되는 첫째가, '이 세상에 태어나는 것'입니다. 혹시 여러분은 자신의 의지로 태어난 사람을 만나보신 적이 있으십니까? 붓다께선 '모두가 자기의 뜻과 상관없이 태어나면서부터 모든 괴로움은 시작된다'라고 말씀하고 계십니다.

요즘 사람들이야 생일만 되면 "생일 축하합니다~"라고 노래까지 불러가며 '자기 뜻과 상관없이 태어난 걸' 기뻐하지만, 붓다께선 그렇게 태어나는 것이 전혀 기뻐할 일이 아니라고 가르치고 계십니다. 태어나지 않았다면 그 뒤로 살아가며 겪어야 하는 수많은 괴로움도 아예 없었을 테니까요.

그래서 붓다의 가르침을 좇아 열심히 공부하던 제자 중에는, 어느 날 공부가 깊어져 '이 세상에 다시는 오지 않는[不來]' 경지까지 도달할 수도 있었는데, 인도에선 이런 경지에 오른 사람을 '아나함'이라 불렀습니다.

그런데 윗글에서 수보리는, 만약 그런 아나함이 '내가 아나함이다'라는 생각을 갖고 있다면 아나함 자격이 없다고 대답하고 있습니다. 아나함의 머릿속에 이 세상에 '온다, 안 온다'라는 생각마저도 없어야[無來] 진실로 아나함이라 할 수 있다는 말씀입니다.

그런데 제가 사이비 《금강경》이라고 지적한 책에는 '無來'가 '無不來'로 되어 있습니다. 이는 '오지[來] 않음[不]이 없다[無]', 즉 결국 '온다[來]'는 뜻이 되어 제가 말씀드린 내용과 정반대의 뜻이 됩니다. 부정의 부정은 곧 긍정이니까요. 그래서 사이비 《금강경》을 우리말로 옮기면,

"아나함은 오지 않기 때문에 붙여진 이름인데, 사실은 오기 때문이옵니다. 그래서 아나함이라 이름하는 것입니다"가 됩니다.

여러분께선 이게 말이 된다고 생각하십니까? 학자나 스님들은 대부분 "그까짓 '不' 자 하나 더 들어갔다고 당장에 큰일 나는 것도 아닌데 뭔 난리여"라며 못마땅해하십니다. 이것이 한국 불교의 현주소입니다. 제가 난리를 피우는 건지 아닌지는 독자께서 판단하실 일!

사이비 《금강경》을 가려내는 둘째 방법입니다. 소명 태자가 분류한 열셋

째 단락에서 "佛說, 반야바라밀 則非般若波羅蜜(불설, 반야바라밀 즉비반야바라밀)"이라는 말 뒤에 "是名반야바라밀"이라는 말이 붙어 있으면 100% 사이비 《금강경》입니다. 이 부분을 설명해드리자면 말이 또 한참 길어질 테니, 일단 이 두 군데 중 어느 한 곳이라도 문제가 있다면 지금 당장 쓰레기통 속에 처넣으시길!

그래도 왠지 아깝다는 분들께 묻습니다. 몸의 때를 안 벗기고 놔두면 살이 되나요? 개 꼬리 3년 묵혀두면 여우 목도리 된답니까? 이 밖에도 서른 군데가 넘는 '사이비' 판별법이 있지만, 방금 소개한 두 가지만 아셔도 여러분께서도 100% 정확히 감별하실 수 있을 겁니다.《금강경》 공부의 시작은 제대로 된 진짜《금강경》을 지니는 것에서부터 시작됩니다.

다시 규구준승 이야기로 돌아옵니다.

이렇게 목수의 고달픈 삶의 가방 속에 오순도순 모여 살던 네 형제가 어느 날부터인가 가방 밖으로 나와 제각각 분가를 시작합니다. 넷이 함께 모여 있기엔 세상 돌아가는 꼬락서니(?)가 너무하다 싶었는지, 뭐든지 빨리 해야 잘하는 거라고 가르치는 세상 속으로 걸어 나옵니다. 그러고는 가정, 사회, 정치, 종교, 학문 등 기준과 원칙이 필요한 곳이라면 어디든지 찾아가 네 형제가 지닌 의미를 전달하고, 톱질과 대패질을 하기 전에 '아무리 바빠도 먼저 꼭 해야만 할' 작업이 있노라고 우리에게 알려줍니다.

어느 집안이나 그렇듯이 살림 난 형제가 모두 잘될 수는 없는 일! 그래도 이 집안은 성적이 꽤 좋은 편입니다. 차남 '구'를 빼고는 요즘도 이 땅에서 활약이 대단하니까 말입니다.

장남 '규'는 요즘 우리가 쓰고 있는 말 가운데 어떤 기준이나 원칙에 해당하는 말엔 어김없이 끼어들어 '그냥 대충 살다 가고 싶은' 우리네 마음을 무척 불편하게 합니다. '규칙' '규격' '규범' '규정' '규제' '법규' 등, '규'만 없어도 세상살이는 훨씬 수월하겠건만….

차남 '구'는 자랄 때부터 맏형 '규'에 치여 살아서 그런지, 살림 나고도 겨우 우리말 '잣대'로 이름 바꿔 살다가 도저히 못 살겠는지 서양으로 이민 가서 미국식으로 '룰rule'이라고 이름을 바꾸고 나서, 여기서 살 때보다 훨씬 씩씩하게 잘 살고 있습니다.

셋째 '준'의 활약도 큰형 못지않습니다. 학교 조회시간에 학생들이 줄 설 때면, 어김없이 '기준基準!'이 등장하고, 우리 후손들 교육을 다루는 공무원 양반들의 입에 밴 '교육 평준화平準化'란 말에도 수십 년째 버티고 앉아 수많은 학부모의 애간장을 끓게 만들고 있고, 또 이른바 '학자'라는 분들이 수준 낮은 사람들 야코 죽일 때면 어김없이 등장하는 '준거準據'라는 격조 높은 말에서도 기를 펴고 있고…. 이쯤 되면 이 형제들이 살림 나서 성공했다는 데에 대해 누구도 이의가 없을 것입니다.

마지막으로, 막내 '승'은 어려서부터 철없고 버릇없이 자라서 그런지, 아니면 태생이 먹물과 한통속이라서 그런지, 활약은 대단한데 좋은 쪽이 아닌 것이 어째 마음에 걸립니다. 막내가 주로 등장하는 곳이 TV에서 자주 보듯이 죄지은 사람을 묶는 오라[포승捕繩]나 교도소에서 사형수의 목에 거는 목줄인지라 다른 형제들의 가슴을 아프게 합니다. 그런데 못나고 버릇없는 막내 '승'도 딱 한 군데에서만은 얼굴 들고 행세하니, 바로 부처님의 제자들이 공부하며 살아가는 절집에서입니다.

스님은 수행하는 방법에 따라 크게 둘로 나뉩니다. 하나는 '이판理判'이요,

또 하나는 '사판事判'이라 부릅니다. 이판은 '깨달을 이理' 자에서 알 수 있듯이 '어떤 사물의 이치를 깨닫는 일'이라는 뜻으로, 다른 잡다한 일에 눈 돌리지 않고 오로지 깨침을 향해 달려나가는 스님들을 말합니다. 대개 '집도 절도 없는' 스님들이 이판승理判僧에 속합니다.

반면, 사판은 한자 '일 사事' 자에서 알 수 있듯이, 이런저런 절집 일을 도맡아서 하는 스님을 일컫습니다. 모든 스님이 깨닫겠노라고 산속에 틀어박혀 나오지 않는다면, 그 많은 불교 신도는 어디 가서 아들의 합격 발원 기도를 하고, 남들에겐 쉬이 말 못 할 남편 흉(?)을 속 시원하게 볼 수 있을까요? 바로 이런 중요한 일을 맡기 위해서 깨침도 잠시 뒤로 미루고 절에 머물며 절을 유지, 관리해나가는 일을 맡은 스님들을 사판승事判僧이라 합니다. 어느 절에나 가면 계시는 주지 스님이 대표적인 사판승입니다.

그런데 어떤 분들은 '주지'란 말을 '절의 주인[主持]'으로 잘못 알고 계신데, 주지는 한자로 '住持', 즉 '절에 머물면서[住] 절을 유지[持]'하는 일을 맡은 스님을 말합니다. 결코 '주인'이 아니고 '머무는' 분인 것입니다. 절에서 사판승이 하는 일이란 것이 해도 해도 끝이 없는데, 그중에서도 가장 중요한 일이 '이판승'들의 공부 뒷바라지를 잘하는 것입니다.

만약 여러분이라면 둘 중 어떤 스님이 되길 원하십니까? 저라면 볼 것도 없이 이판승을 찍겠는데…. 세상 이치는 저같이 생각 짧은 것들의 짐작보다 훨씬 더 깊고 오묘한지, 깨달음으로 가는 것도 잠시 접어두고, 때론 있는 꼴값(?) 다 떠는 보살들의 비위까지 맞춰가며, 그 귀찮고 번거로운 절 살림을 맡는 것이 무에 좋다고…. 가끔 TV에서 스님들끼리 편 갈라가며 서로 '주지住持'를 맡겠노라 다투는 광경을 보면, 모든 것을 버리고 마음까지 비운 스님들은 보통 사람과는 뭐가 달라도 다르단 느낌이 들곤 합니다.

덧붙여, 우리가 흔히 쓰는 '이판사판'이라는 표현이 바로 여기서 나온 말입니다. 공자의 말씀만 최고로 치던 조선 시대엔 스님들의 지위가 천민보다도 못했던지라, 중이 돼서 '이판'을 하든지 '사판'을 하든지 결국 '도토리 키 재기'라는 체념 섞인 표현이 오늘까지 쓰이고 있는 것입니다.

다시 막내 '승' 이야기로 돌아옵니다.

이판승들은 집도 절도 없는지라 구름처럼 강물처럼 발길 닿는 대로 거지처럼 떠돌다가, 비 많이 오고 무더운 여름과 춥고 배고픈 한겨울엔 사판승이 '머물고' 있는 절[선방禪房]에 가서 석 달씩 몸을 맡기고 공부를 하게 되는데, 한곳에서 대략 20~30명씩 함께 생활하게 됩니다.

떠돌아다니던 스님들이 한데 모였으니 함께 지내려면 각자 한 가지씩 단체생활에 필요한 일을 맡게 되고, 이때 맡은 일은 석 달 뒤 헤어질 때까지 어김없이 해내야 합니다. 그런데 때론 '그런 일을 맡은 적이 없다'라고 오리발(?) 내미는 스님도 있었는지, 언제부턴가 각자의 이름과 맡은 일을 신문지만 한 큰 종이에 써서 누구도 잊어버리거나 오리발 내밀지 못하게 벽에 붙여놓게 되었습니다. 그 종이 앞부분에 네 형제 중 막내 '승'의 이름이 떡하니 자리 잡고 있으니, 이름하여, '입승立繩'.

그 말뜻을 눈치껏 때려잡으면, '먹줄[繩]을 튕기려고 손가락으로 잡고[立] 있다' 정도의 뜻일 것 같은데, 맡은 일이 뭔지 이름만 봐선 상상이 안 됩니다. 이 '입승'의 임무를 알기 위해선 우리말 속담 한 수가 필요합니다.

"벼룩 두 마리를 한쪽으로 몰고 가긴 쉬워도, 중 둘을 한 방향으로 데려가긴 어렵다."

퍼뜩 뭔 말인지 이해되십니까? 혹시 여러분 중에 벼룩 두 마리를 한 방향으로 몰고 갈 수 있는 분 계십니까? 사방팔방으로 제멋대로 튀어 오르는 벼룩을요? 그런데 두 스님을 한 방향으로 가도록 하는 것이 벼룩보다 더 어렵다? 그럴 수가! 아니 왜요? 왜 이런 속담이 생겼는지는 제가 중이 돼보지 않아 잘은 모르겠지만, 그간 살아오며 계발해온 눈치로 짐작해보면 이렇습니다.

부모 형제 다 버리고 출가를 결심한 스님들에게 최고 목표는 오직 '깨달음'입니다. 그 깨달음을 못 이룬다면 "인간 못 된 게 중 된다"라는 말의 두 가지 뜻 중 앞의 것이 되는 것입니다. 깨달음을 얻고 못 얻고에 따라 스님의 신세가 하늘과 땅 차이가 된다는 말씀입니다.

그렇다 보니, 깨달음을 얻기 위해 스님마다 수행하며 갈고닦은, 비밀스러운 '노하우'가 있을 겁니다. 그런데 혼자 지낼 때는 자기 방식대로 살아도 전혀 문제 될 것이 없지만, 이렇게 일 년에 두 차례 모여 살다 보면 이 '노하우'끼리 부딪히기도 하고, 격렬한 토론이 벌어질 수도 있고, 그 과정에서 예상치 못한 충돌이 생기지 말란 법도 없는 것입니다. 우리 중생들의 눈엔 '뭘 그런 걸 갖고 아득바득 다투나?' 싶지만, 스님들 사이에선 그것이 곧 자신의 존재 의미와 연결된, 좀 심하게 표현하면 '생사가 걸린' 문제인지라, '벼룩 튀는' 건 댈 것도 아닌 겁니다. 그런 경우, 당사자인 스님끼리는 좀처럼 의견 차이를 좁힐 수 없기에 이런 속담까지 생기게 된 게 아닌가 짐작해봅니다. 그래서 그런 일이 있을 때면 누군가가 중간에 나서서 조정을 해야 하는데, 그 임무를 맡은 고참급 스님의 직책이 바로 '입승'입니다.

즉 스님들 사이에 의견 충돌이나 다툼이 있을 때면, 입승 스님은 마음속 '먹줄[繩]을 세워[立]' 튕겨 생기는 금에 따라 옳고 그름을 판단하게 되는 것입니다. 선방에선 그렇게 먹줄을 튕겨 생긴 금이 곧 '법法'입니다. 그러니 입승 스님의 경험과 판단은 나머지 스님들이 군말 없이 믿고 따를 정도의 것이어야 하고, 그 결정에는 한껏 무게가 실립니다. 목수가 쓰는 하찮은(?) 연모에서, 잘잘못을 가리는 매우 준엄한 직책인 '입승'이라는 이름을 따다 쓴 옛 스님들의 생각과 언어 감각이 무척 돋보입니다.

사람이 사노라면 싫든 좋든 어쩔 수 없이 규구준승이 필요합니다. 규구준승 없이 지은 집이 온전하길 기대할 수 없습니다. 우리 사회 각 분야에서 규구준승이 바로 서지 않았을 때 나타나는 현상은 잘못 지은 집의 모습과 크게 다르지 않을 것입니다.

제가 이 책에서 강조하고자 하는 것 또한 붓다의 가르침, 즉 불교를 믿고 바른 깨달음을 얻기 위해선 무엇보다 먼저 붓다의 가르침이 뭔지를 아는 올바른 잣대, 즉 믿음에 대한 규구준승이 바로 서 있어야 한다는 점입니다.

붓다의 가르침은 하나인데, 깨달음을 말씀하신 분은 한 분인데, 우리 멋대로 그린 자[尺] 눈금에 맞춰 편리한 대로 해석하고 상상하고 주장하고 있는 건 아닐까요? 과연 '믿음'에 관한 당신의 '자 눈금'은 정확하다고 믿으십니까? 혹시 남들이 그러니까 나도 따라가노라 하며, 한 번뿐인 소중한 삶을 남들의 잣대에 내맡기고 있는 건 아닐까요?

지금까지 제가 드린 말씀이, 무엇이든 무턱대고 믿거나 대충 믿는 분들께는 매우 지루한 이야기였을지도 모르겠습니다. 그러나 자신의 참모습을 찾으려 하고, 종교가 무엇인지를 고민하고, 진정 깨달음에 목말라하는 분들께는 이 항목이 그동안 자신이 걸어온 길을 한 번쯤 되돌아보는 기회가 됐을 거라 여기며, 지루하고 길기만 했던 '몸풀기', 아니 '마음 풀기'를 마칠까 합니다.

지금까지 저는 여러분들께서 《금강경》 본문을 만나기 전에, 혹시 지니고 있을지도 모를 선입견, 고정관념, 편견, 집착 등 '마음의 먼지'를 털어드리려고 제 딴에는 용을 썼습니다. 조금이라도 도움이 됐는지 모르겠습니다. 어쨌거나 이제 곧 우리는 이 책의 본론인 '《금강경》 속으로' 들어가게 됩니다. 이후로도 이 점은 부디 잊지 마시길! 붓다께서 우리에게 주신 가르침은 뭔가를 '믿고 의지해서 복 받으라'는 것이 결코 아니고, '우리 스스로 알아내고, 안 것을 꼭 행하라'는 것임을….

《금강경》에 이런 구절이 있습니다.

> "선남자 선여인이 이 경을 '받아 지니고 읽고 외우는'데도 불구하고 다른 사람들이 깔보고 업신여긴다면, 이 사람은 전생에 지은 죄업으로 마땅히 지옥에 떨어져야 할 것이지만, 이번 생에 사람들로부터 업신여김을 받는 것으로 전생의 죄업이 모두 사라지게 되고, 당연히 '위 없이 바른 깨달음'을 얻게 될 것이니라."

여러분은 이 구절을 읽고 어떤 느낌이 드십니까? 이 말을 과연 붓다께서 하셨다고 믿으십니까? 아니라고요? 만약 그러시다면, 지금까지 저는 여러분께 안 드려도 될 말을 괜히 지껄인 셈입니다. 여러분께선 《금강경》에 관한 한, 저와 같은 '규구준승'을 갖고 계시기 때문입니다.

그런데 갖고 계신 '사이비' 《금강경》은 쓰레기통에 버리셨나요?

4장

《금강경》 속으로

당신께서 깨치신

손에 쥘 수도 없고[불가취不可取]

말로 할 수도 없는[불가설不可說] 그것을,

어쩔 수 없이 말로 전하려 애쓰시는

붓다의 사랑이 절절히 담긴 말씀이

《금강경》입니다.

이제부터 저는

가능한 한 제 목소리, 제 색깔로

《금강경》의 가르침을 전해드리겠습니다.

누가 뭐라 하더라도,

아닌 건 아니기 때문입니다.

여러분께서도

모든 편견과 집착을 벗어버리고

어떤 스승이나 대가의 권위에도 의지함 없이

크레용으로 하늘을 칠하는

어린아이의 마음과 눈으로 다가선다면

《금강경》의 참모습을 보고

붓다께서 하신 참말씀을 듣게 될 것입니다.

고려 사람들

제가 여러분과 함께 이야기할 《금강경》은 인도 말 《금강경》이 아닙니다. 《금강경》은 본디 붓다께서 인도 말로 말씀하신 것이지만, 우리가 천 년 넘게 읽고 외워온 《금강경》은 구마라집이 중국 말로 번역한 한역본이기에, 산스크리트어본은 참고만 하고 구마라집의 한역본을 바탕으로 말씀드리겠습니다. 많은 분께서 지금 가지고 계신 《금강경》은, 사이비라서 그렇지, 대부분 구마라집본입니다.

그렇다면 어떤 구마라집본이 진짜일까요? 경상남도 합천군 가야산 홍류동 계곡 깊숙이 위치한 천년 사찰 해인사海印寺에 보관되어 있는 목판본, 고려국대장도감高麗國大藏都監에서 1238년 만든 속칭 '팔만대장경판'본(이하 '해인사 소장본')에 담겨 있는 것이 가장 정확한 구마라집본입니다. 세계 학계에서 가장 믿을 만한 판본으로 인정받는 일본의 《다이쇼신수대장경大正新修大藏經》도 우리의 해인사 소장본을 저본으로 활자 인쇄한 것입니다. 그런데 제가 조사한바 믿을 만하다는 다이쇼본도 활자를 골라 심어[식자植字] 인쇄하다 보니 세 군데나 잘못된 부분이 있습니다. 소명 태자의 분절 기준 여덟째 단락의 "卽非福德性(즉비복덕성)"에서 '福'이 '復'으로, 열한째 단락의 "所有沙數(소유사수)"에서 '所有'가 '所所'로, 스물일곱째 단락의 "汝若作是念(여약작시념)"에서 '汝'가 빠지는 등의 잘못이 그것입니다.

그런데 800여 년 전 우리 선조들께서 한 글자씩 일일이 끌로 새겨 만든 해인사 소장본에는 단 한 자의 잘못도 없습니다. 학생들이 배우는 교과서에 결코 잘못이 있어서는 안 되듯이, '판본'은 학문 연구의 기본이 되는 매우 중요한 것입니다.《금강경》에 관한 한, 전 세계 학자들이 가장 믿을 만하다고 평가하는 일본의 다이쇼본보다 정확한 판본을 우리가 갖고 있는데, 정작 우리는 중국 명나라와 청나라 때 사람들이 손으로 베껴 쓴 엉터리 필사본을 읽고 외우고 연구하고 있습니다. 이 현실을 도대체 어떻게 이해해야 할까요?

시중의《금강경》해설서들은 대부분 해인사 소장본과 비교했을 때 서른 군데 넘게(정확히 32군데) 차이가 나는, 학술적으로 존재 가치가 의심스러운 조잡한 '사이비' 필사본을 기초로 합니다. 잘못된 교과서를 보고 만든 학습참고서가 아무런 가치가 없듯, 잘못된 판본을 근거로 쓰인 해설서도 아무런 가치가 없지 않을까요?

1999년, 제가 처음 손에 잡은《금강경》해설서 역시 사이비《금강경》을 저본으로 한 것이었습니다. 처음엔 그것도 모르고 2년 가까이 이 책 저 책 닥치는 대로 사서 열심히 옥편을 찾아가며 헤매다가, 결국 그 책에 드러나는 여러 잘못을 보니 도저히 믿음이 가질 않아 책상에 머리 박고 고민하고 있던 차에, TV에 자주 나오는 철학자께서 쓴 해설서를 보고 나서야 해인사 소장본의 가치에 눈뜨게 되었고, 그 길로 국립중앙도서관으로 달려가서 해인사 소장본을 사진 찍어[영인影印] 만든 책을 펼쳤을 때 엄청난 충격을 받았습니다.

조잡스러운 인쇄에, 책장을 넘길 때마다 눈에 띄는 잘못에, 또 지은이 자신도 무슨 말을 했는지 모르게 풀어놓은 해설까지 겹쳐 몸과 마음이 지칠 대로 지친 저에게, 그 책은 마치 하늘에서 내려준 보물처럼 다가왔고, 그날 제가 받은 충격이 얼마나 컸던지, 그 이후로 《금강경》만은 꼭 해인사 소장본을 보고 있습니다.

물론, 세로쓰기에 띄어쓰기도 안 되어 있고, 글자 간격도 너무 좁고, 읽기에 불편한 점이 한둘이 아니지만, 그런 불편을 모두 달게 받아들일 수 있을 만큼, 해인사 소장본이 제게 주는 감동은 오늘까지 조금도 사그라짐이 없이 계속되고 있습니다.

《금강경》은 해인사에 보관된 경판으로는 17면에 걸쳐 새겨져 있는데, 제가 복사한 책은 한 페이지에 경판 3면을 세로로 배열해놓았습니다. 경판 한 면은 23줄이고 한 줄엔 14자씩 새겨져 있습니다(이 책의 '부록'을 참조하실 것).

해인사 소장본이 지닌 학술적 가치는 앞서 말씀드린 바와 같고, 그것에 덧붙여 면마다 가지런히 새겨진 단정하고 우아하고 차분한 느낌의 서체에 '이게 과연 사람의 솜씨인가?' 하는 감탄이 절로 납니다. 그러니 이 예술작품이 '세계기록문화유산'으로 지정된 것은 너무 당연한 일이고, 제가 조금 부풀려 표현하면, 우리가 세계에 내세울 수 있는 문화예술품 중에 '으뜸'이라고까지 말씀드리고 싶습니다.

그런데 제가 해인사 소장본을 만나고 난 뒤부터, 속에서부터 치밀어

오르는 분노 또한 감동만큼 크다는 점도 숨길 수 없는 사실입니다. 외모로 보나 내용으로 보나 어디 한 군데 흠잡을 데 없는 이런 훌륭한《금강경》을 가야산 홍류동 계곡 깊숙한 곳에 있는 창고 속에 처박아두고, 품격이라고는 겨자씨만큼도 찾아볼 수 없는 오류투성이의 사이비《금강경》으로 오늘도 열심히 공부하고 연구하고 계신 우리 스님과 학자님들은 도대체 머릿속에 뭘 생각하고 계실까 생각하면, 제 머릿속은 또다시 아득해질 뿐입니다.

잇속 있는 일엔 누구보다 약삭빠른 일본 사람들이 우리나라를 강점하고 있던 지난날, 그들은 해인사 소장본의 가치를 일찌감치 알아채고, 이를 저본 삼아 국가사업으로 1922년부터 10년에 걸친 불경 편찬 작업을 한 끝에, '종합 대장경' 격인《다이쇼신수대장경》을 만든 뒤, 세계를 향해 어깨를 으쓱대고 있건만, 우린 지금까지 어디서 왔는지 족보도 불분명한 사이비《금강경》을 가지고 양다리 꼬고 앉아 연구하고 번역하고 해설하고 가르치고 권하고 법문하고 인쇄하고 출판하고 받아 지니고 읽고 외우고 베껴 쓰고 있으니….

그 옛날 경판 제작에 강제 동원돼, 깊은 산속에서 나무 베고 험한 바닷길로 옮기고 톱질하고 붓질하고 끌로 쪼며 고된 삶을 살다 가신 고려 때 우리 선조들을 생각하면 정말 낯을 들 수가 없을 따름입니다.

그런데 해인사 소장본을 생각하면, 제 정신이 아득해지는 또 하나의 이유가 있습니다. 어디 한 군데 서둘러 대충 만들었다는 느낌을 찾을 수 없는 기막힌 예술품인 해인사 소장본 제작을 전후해서 250여 년간 펼쳐진 고려라는 나라의 역사를 생각해보면, 그 한심한 상황에서 어떻게 이런 작품이 나올 수 있었는지, 제 아둔한 머리로는 도무지 상상조차 할 수 없기 때문입니다. 여러분께서도 제 설명을 듣고 나면, 제 정신이 왜 아득해지는지 공감하시리라 믿습니다.

우리 모두 정신이 아득해지기 위해선, 잠시 저와 함께 역사여행을 떠날 필요가 있습니다. 그 당시 고려가 처한 상황을 이해하기 위해선, 먼저 고려가 깍듯이 모시던 중국 송나라의 꼬락서니(?)부터 살펴보는 게 순서입니다. 고려는 송나라 꼬락서니의 쌍둥이 축소판이기 때문입니다.

자신이 낳은 딸까지 죽여가며 대제국 당나라를 치마폭에 넣고 흔든, 자칭 '미륵보살'이자 중국 최초의 여성 황제 측천무후의 뒤를 이어, 40년 가까이 임금 노릇을 잘한다는 칭찬을 듣다가, 어느 날 양씨 성을 가진 여성을 둘째 부인[양귀비楊貴妃]으로 맞아들이고부터 잘 나가던 나라를 몽땅 말아먹은 현종玄宗 임금 이후로 당나라는 역사의 뒤안길로 사라지고….

중국 전체가 난장판이 된 5대 10국 시대의 틈바구니에서, 전날 마신 술이 덜 깬 채로 부하들에게 등 떠밀려 엉겁결에 송나라 태조가 된 후주後周의 장군 조광윤趙匡胤은, 자기 부하들이 머리는 무척 단순하고 힘은 굉장히 센 것을 누구보다 잘 아는지라, '과거科擧'라 이름하는 공무원 임용고시를 새로 만들어 어제의 귀족과 군인들로 하여금 힘을 쓰지 못하게 했는데, 이것이 개국 초부터 송나라의 꼴을 우습게 만드는 씨앗이 되었으니….

앞서 5호 16국을 설명할 때 말씀드렸듯이, 북쪽에 사는 족속들을 '오랑캐[胡]'라고 약 올리는 말버릇을 그 뒤로도 못 고치고 계속 입 놀리다가, 나라가 망하는 날까지 300여 년간에 걸쳐 오랑캐들에게 돈으로 그 대가를 톡톡히 지불한 나라가 송입니다.

그런 송이라는 무대 위에서 펼쳐지는 '오랑캐 침략 버라이어티쇼'의 첫

주인공은, 선비족 계통의 유목민 '거란契丹'(916년에 요遼를 건국)입니다. 나라를 세우자마자 우선 '몸풀기'로 우리와 같은 핏줄이 세운 발해를 간단히 접수하고(926년), 그 일을 영 못마땅해하는 고려도 한 방 먹인 뒤(996년), 싸움에 어지간히 자신이 붙었던지 덩치가 워낙 커서 평소 조금은 겁먹고 있던 송나라로 쳐들어가(1004년) 흠씬 두들겨 패고 나서, 송에게 형제 관계를 맺는 계약서에 도장을 찍으라고 해서 송이 마지못해 도장을 찍었는데….

이상하게도(저는 아직도 이 계약이 잘 이해되지 않습니다) '형'인 송은 계약서에 도장을 찍은 그해부터 120년간, 매년 은 10만 냥과 비단 20만 필을 어김없이 '동생'인 요에게 바치게 됩니다. '형' 송은 그 돈을 마련하느라 점점 나라꼴이 엉망이 되어갔지만, 그래도 명색이 형인지라 한번 한 약속은 끝까지 지킬 생각이었습니다.

그런데 때마침 만주에 살고 있던 사냥꾼 족속 여진족이 금金이라는 나라를 세웠다는 소식이 들려오자(1115년), 송으로부터 굴러 들어오는 '눈먼 은'에 재미를 붙인 요는, '이건 또 웬 떡이냐' 싶어 이번엔 금나라에게 '금金'을 내놓으라고(나라 이름이 金이니까 정말 금이 많은 줄 알고) 집적대다 도리어 한방 되게 얻어맞고 맥없이 망하게 됩니다.

한데 또 이번엔 금나라가 남송南宋(역사가들은 '요'나라의 형(?)이었던 송을 북송北宋이라 부르고, 북송이 오랑캐 동생의 생활비를 대주다가 거덜 나서 남쪽으로 쫓겨가서 다시 세운 나라를 남송南宋이라 부릅니다)에게 난데없이 '주인[주군主君] 노릇'을 하겠다고 으름장을 놓으니, 주눅이 든 남송은 끽소리 한번 못하고 오랑캐 금의 신하가 되어(1142년), 또다시 매년 은 25만 냥에 비단 25만 필을 나라가 망할 때까지 꼬박꼬박 금나라에게 바치는 처량한 신세가 됩니다.

이런 사정으로 평소 남을 깔보며 잘난 척하던 한족漢族의 입에서 다시는 '오랑캐 호胡' 자를 들을 수 없게 되었고, 중화中華고 뭐고 더 이상 입도 뻥긋 못 하고, 대농업제국 송은 북방 유목민과 사냥꾼들에게 완전히 무릎을 꿇게 됩니다. 그런데 송의 굴욕은 이것으로 끝이 아닙니다.

중국의 서쪽 풀밭에서 양이나 키우며 살아가던 몽골이라는 오랑캐 가운데 '칭기즈'('빛의 정기精氣'란 뜻, 본명은 테무진)라는 젊은 '칸[王]'이 별안간 나타나, 남송의 주인 나라인 금을 단번에 쓰러뜨리니(1215년), 신하 나라 남송이야 더 말할 것 있나요? 결국 남송은, 술 취한 채로 엉겁결에 왕이 된 태조 이후로 나라 구실 한번 제대로 못 하고 오랑캐를 '형 같은 동생' 또는 '주인어른'으로 모시다가, 또 다른 오랑캐 몽골족이 세운 원元에게 모든 것을 넘기고 역사 속으로 사라집니다.

그런데 이런 한심한 송나라도 남다른 재주 하나가 있었습니다. 당나라 때엔 백성 모두가 반드시 지켜야 했던 '야간 통행 금지'를 개국 초부터 없애서 밤새 놀고 싶어 안달하던 보통 사람들의 갈증을 풀어주며 서민 경제를 일으키더니, 서울 개봉開封을 중심으로 하는 물길[운하運河]을 이용해 지역경제를 활성화시키고, 베트남에서 새 볍씨를 들여와 2모작 논농사를 해서 모두 배불리 먹게 하고, 나침반과 대형 '정크junk'(바닥이 평평한 중국 돛배)를 이용해 해상 무역로를 개척하여 남인도, 동남아, 일본 등지로 엄청난 양의 동전을 만들어 팔았습니다.

도자기 장사도 엄청나게 잘돼서(세련되고 정교한 고급 도자기를 어찌나 많이 외국에 팔았던지 영어로 도자기를 'china'라고 부르게 될 정도), 그 당시 송은 말마따나 '가진 게 돈밖에 없는' 나라였습니다. 세계 최초로 종이돈을 만들어 쓴 것도 송이었습니다. 힘은 없어도 돈은 많은지라, 임금부터 시작해서 상류층의 고급문화(사대부士大夫라는 말도 이때 처음 생겼습니다)에서 서민문화까지, 멋 부리는 데는 둘째가라면 서러웠던 시절이 송나라 때였습니다.

석탄을 연료로 쓰기 시작하면서 종이 제조 기술과 인쇄술도 빠르게 발달해, 당나라 때까지 번역된 수많은 불경과 역사서, 과학서적 등을 목판으로 인쇄함으로써 출판문화 또한 급성장하게 됩니다. 우리가 자랑하는 '팔만대장경판'의 밑바탕이 된, 목판본 《송개보칙판대장경宋開寶勅版大藏經》도 이때 만들어집니다.

제가 이렇게 중국 이야기를 길게 하는 까닭은, 당시 고려는 중국이 기침하면 감기에 걸릴 정도로 중국과 밀접한 관계를 맺고 있었기 때문입니다. 고려청자와 세계 최초의 금속활자 인쇄가 가능했던 것도, 가진 게 돈밖에 없던 송나라와 친한 덕을 본 것이니까요. 그러면 송나라가 오랑캐들한테 그렇게 당하고 있을 때, 고려는 어땠을까요?

918년, 왕건王建이 자신의 이름값(?)을 하며 우리 민족을 재통일해 고려를 건국하고 나라의 기틀을 겨우 잡아갈 무렵, 우리와 같은 핏줄이 세운 나라 발해를 벌써 접수한 요가 새로 생긴 고려와 친하게 지내자며 사신 편에 낙타 50마리를 보냈건만, 고려 사람들은 무슨 생각에서였는지 낙타는 모조리 굶겨 죽이고 사신은 유배시켜버리니, 요 입장에선 기분이 썩 좋지 않았을 것은 당연한 일! 이 일로, 고려는 993년을 시작으로 1010년, 1018년 세 차례에 걸쳐 요에게 시달립니다. 낙타 몇 마리 굶겨 죽인 대가로 1010년엔 서울인 개경까지 함락되어 임금이 나주로 피란 가는 등, '살아있는 것을 죽이지 말라'라는 부처님의 가르침을 따르지 않은 죗값을 호되게 치르게 되는데…, 고려 사람들, 늦게나마 뉘우치고 제정신이 들었는지, 그 난리 통에도 부처님 말씀을 나무판에 새길 계획을 세워 다음 해인 1011년부터 장장 77년간에 걸쳐 당나라 현장 스님의 대표작《대반야경》을 비롯해《화엄경》《묘법연화경》 등 6천 여 권을 담은 목판《초조대장경初彫大藏經》을 완성합니다.

그런데 여러분들께선 이게 이해되십니까? 아무리 종교의 힘이 막강하다고들 하지만, 지금 당장 나라가 거덜 나는 판인데, 수많은 사람이 창과 칼 대신 톱과 끌과 붓을 들고 앉아서 나무판에 글자를 쪼고 있었다는 이 사실을 맨정신으로 이해하실 수 있습니까? 게다가 그렇게 혼이 나고도 계속 송나라하고만 놀겠다고 고집을 피우니, 무척 짜증 난 요나라가 이번엔 정말 끝장을 내버리겠다며 또 쳐들어왔고(1018년), 그나마 강감찬 장군이라는 위인이 안 계셨더라면 정말 나라가 절단 나는 아찔한 상황이었는데도, 아랑곳없이 계속 나무판에 끌질을 하고 있던 그 놀라운 배짱!

그런데 어디 나무판에 글자만 새겼는지 아십니까? 세 번에 걸친 요나라의 침략이 무섭긴 했던지, 1033년부터 11년간 압록강 어귀에서 시작해서 동쪽으로 천 리가 넘는 산성도 쌓았으니, 우리 고려 선조들, 그 당시 성 쌓으랴 나무판에 글자 새기랴 무척 바빴으리라 여겨집니다.

그 뒤로도 100여 년간, 요나라를 접수한 여진족의 금나라가 형제처럼 친하게 지내보자고 해도 끝까지 고집 피우고 말 안 듣다가 금으로부터 수시로 괴롭힘을 당했고, 나라 안에서는 맨날 문관들로부터 '무식하다'라고 구박만 받던 군인 아저씨들이 문관의 어린 자식한테 수염을 뽑혀가면서까지 살 수는 없다며 들고일어나(정중부의 난, 1170년), 63년 동안 최씨 성을 가진 군인 가족이 4대(최충헌, 최우, 최항, 최의)에 걸쳐 임금도 제멋대로 바꿔가면서 권력을 휘두르는, 역사에 보기 드문 모습('무신정권武臣政權)을 연출하고 있던 나라가 고려왕조입니다.

그런데 어디 그뿐입니까? 칭기즈 칸의 후손들이 고려는 가만 놔두었겠습니까? 지난번 낙타 몇 마리를 죽여 요에게 그렇게 당하고도, 몽골족이 보낸 사신을 죽임으로써 또다시 화를 불러들인 고려 사람들. 한 번 실수야 그런대로 봐줄 수 있다고 하지만, 정말 겁이 없는 건지 철이 없는 건지….

그 일로 인해, 서기 1231년 첫 번째 몽골의 침략을 받고 나서, 다음 해에 다시 쳐들어오자 이번엔 서울인 개경마저 버리고 강화도로 피란을 떠났고, 이후로도 무려 다섯 차례(1235, 1251, 1254, 1255, 1257년)에 걸쳐 시도 때도 없이 침략을 받았으니…. 밥 먹고 심심하면 쳐들어온 몽골족도 몽골족이지만, 그렇게 당하고도 30여 년을 버틴 고려 사람들이 이젠 자랑스럽기까지 합니다. 결국 1259년 몽골에 무릎을 꿇었지만, 그것도 싸움에 져서가 아니고, 고려 내부에서 '쿠데타'가 일어나 무신정권의 마지막 주자 최의가 살해당하면서 어쩔 수 없이 항복한 것이니, 세계역사에 이렇게 끈질긴 민족은 다시 없다 하겠습니다.

그런데 몽골족이 침략하면서, 지난번 거란족이 쳐들어왔을 때 애써 만들었던 대장경을 불쏘시개로 써버리자, 몽골 사신을 죽여가며 부처님의 불살생不殺生의 가르침을 어긴 잘못을 또다시 깊이 뉘우치고 새롭게 불심으로 무장한 고려 사람들은, 1236년 강화도에서 초라한 피란살이를 하면서도 두 번째 '대장경' 만들기에 손을 댑니다. 아! 고려 사람들….

서둘러 대장도감大藏都監을 설치하고, 지리산에서 나무를 캐서 그 먼 바닷길을 돌아 강화도까지 운반한 뒤, 행여 나중에라도 나무가 뒤틀릴세라 바닷물에 몇 년씩 담그며 나무판을 만들고 붓으로 쓰고 끌로 파서, 16년에 걸쳐 8만 1,258장의 나무판 앞뒷면에 빼곡히 글자를 새겨 넣어 6,700권이 넘는 불교 경전을 온전히 담아내, 세계 불교 역사에 길이 남을 예술 작품을 만들었던 것입니다. 1011년, 처음 대장경을 만든 해로부터 무려 240여 년에 걸친 대역사大役事가 드디어 끝난 것입니다.

지금까지 독자 여러분께 과거 수백 년간 벌어졌던 일을 중국과 한반도를 오가며 설명해드리느라 제 숨이 차오른 까닭도 있지만, 이 순간 저는 고려 사람들이 그 당시 겪었던 일을 시대순으로 정리해드리는 것 외에 따로 덧붙일 말이 없습니다. 사실 이런 대단한 고려 사람들에 대해서 저 같은 글쟁이가 무슨 말을 더 할 수 있겠습니까?

이렇게 만들어진 대장경은 처음엔 강화도 선원사禪源寺에 보관되었다가, 고려가 망하고 조선이 들어서자 태조 7년 서울 서대문 밖 지천사支天寺로 옮겨졌고, 지금은 가야산 해인사에 고이고이 잘 모셔져 있습니다. 800여 년이 지난 지금까지 어디 한 군데 썩거나 상처 난 곳 없이 말입니다.

이제 와 생각해보면, 불교를 억압하던 조선조에서 강화도에 잘 보관 중이던 대장경을 굳이 옮기려 한 것은, 혹시 우리 선조들께서 500여 년 뒤에 강화도에서 벌어질 두 번에 걸친 서양 오랑캐들의 분탕질을 미리 예견하셨던 것인지도 모르겠단 생각이 듭니다. 만약 그때 옮기지 않았던들, 수많은 고려 사람들이 오랜 기간 죽음을 무릅쓰고 만든 '팔만대장경판'은 이미 잿더미가 되어 흔적도 없을 테니까요. 이래저래 붓다께서 말씀하신 오묘한 인연법에 머리털과 뼈마디가 쭈뼛해질 따름입니다.

가야산에 있는 해인사를 흔히 '법보종찰法寶宗刹'이라 부릅니다. 법보종찰이라 함은 불교의 세 가지 보배[三寶] 중에 붓다께서 하신 진리의 말씀

[法]을 간직하고 있는 종갓집이라는 뜻인데, 이는 해인사에서 고려 사람들이 만든 '팔만대장경판'을 소중히 보관하고 있기에 붙여진 이름입니다.

그런데 제가 이 기회에 꼭 말씀드리고 싶은 것이 있습니다. 해인사 스님뿐 아니라 많은 스님이 '팔만대장경판'을 말할 때, 언제나 '판板' 자를 떼고, '팔만대장경'이라고들 합니다. 이는 듣는 이로 하여금 마치 붓다께서 하신 말씀을 기록한 경의 숫자가 8만 권인 것으로 잘못 알게 하기 쉬운데, 나무판이 8만 1,258장인 것이지 책 권수로는 7천 권이 조금 못 됩니다. 이렇게 분명한 사실을 애매모호하게 부풀림으로써 불교에 대한 불필요한 오해가 생기는 것은 아닐는지 한 번쯤 생각해볼 일입니다.

어쨌거나 그 옛날 우리의 고려 선조들께서 피와 땀으로 만든 '팔만대장경판'은 오늘을 사는 후손들에게 세계 어디에 내놓아도 자랑스러운 문화유산으로 남아 있건만, 그 속에 담긴 진짜 구마라집본《금강경》은, 지구 곳곳에서 붓다의 가르침이 갈수록 빛을 발하는 오늘날까지도 가야산 해인사 창고 안에 고이고이 잠자고 있습니다. 이런 현실을 어떻게 설명해야 할까요?

그 옛날, 경판 만드는 고된 일에 강제로 참여했던 성도 이름도 모르는 고려 선조들께, 못난 후손인 저는 그저 머리 숙여 용서를 빌 뿐입니다. 아! 고려 사람들….

금강반야바라밀

우리의 《금강경》에 대한 이해는 제목에서부터 문제가 있습니다. 제가 이 책을 쓸 수밖에 없었던 이유 중 하나도 '금강반야바라밀'에 대한 잘못된 해석을 바로잡기 위함입니다. 제목의 뜻도 잘못 알고 있으면서 본문을 올바르게 이해할 순 없을 테니까요.

우리가 읽고 외우고 있는 구마라집본 《금강경》의 원제목은 '금강반야바라밀경'입니다. 구마라집이 이런 제목을 붙인 까닭을 알기 위해선, 먼저 인도 말 제목에 대한 이해가 있어야 할 것입니다. 《금강경》의 인도 말 제목은 '와즈라체디까 쁘라즈냐빠라미따Vajracchedikā Prajñāpāramita'입니다.

먼저, '와즈라Vajra'는 우리말로 벼락입니다. 청천벽력靑天霹靂, 즉 "맑은 하늘에 날벼락"이라고 할 때 그 벼락입니다.

다음으로 '체디까cchedikā'는 '자르다'입니다. 그래서 현장이나 달마급다, 의정 스님이 번역한 《금강경》 제목에는 모두 '능단能斷'(잘 자르다)이라는 말을 제목에 넣었습니다.

'쁘라즈냐prajñā'는 '지혜智慧'를 뜻하는 산스크리트어입니다. 이것을 중국 사람들이 한자로 바꾸면서, 같은 뜻의 인도 서민들의 말(빨리어)인 '빤냐paññā'에서 음을 따 '반야般若'라 했고, 한국 불교도 중국을 따라 '지혜'를 말할 때는 '반야'라고 쓰고 있습니다.

'빠라미따pāramitā'는 '저편 언덕으로 건너다'란 뜻의 산스크리트어입니다. 이 말을 중국에서 번역할 때는 음을 따서 '바라밀波羅密', 또 뜻을 옮겨 '도피안度彼岸'이라고 합니다.

마지막으로 '수뜨라sūtra'는 경전을 뜻하는 인도 말입니다.

자! 이쯤 되면 이 경전의 제목이 뜻하는 바가 머릿속에 들어와야 할 텐데, 어찌 된 일인지 이 제목의 뜻만큼은 2천여 년이 지나도록 사람들의 머릿속에 쏙 들어오질 않나 봅니다. 아직 저는 이 제목을 제대로 풀이한 책이나 스님의 말씀을 단 한 번도 보고 들은 적이 없습니다. 그동안 제가 보아온 《금강경》 제목에 대한 해설은, 사람마다 낱말의 차이가 조금 있을 뿐, 뜻은 하나같이 다음과 같습니다.

> 《금강반야바라밀경》이란, 다이아몬드처럼 견고하며 날카롭고 빛나는 깨달음의 지혜로 모든 번뇌와 고통이 사라진, 완전한 평화와 행복이 가득한 저 언덕에 이르는 가르침의 경전

독자 여러분, 뭔가 좀 이상하지 않습니까? 인도 말로는 채 한 줄도 안 되는 제목을 풀이하고 나니 세 줄이나 된다? 그리고 인도 말 제목에는 다이아몬드는 물론, 번뇌, 고통, 평화나 행복이라는 말을 눈을 씻고 봐도 찾을 수 없

거늘, 왜 해설하는 과정에서 이런 말들이 끼어 들어가 있는 걸까요? 제가 더욱 의아한 점은, 지난 2천여 년간 우리나라는 물론이고 중국, 일본, 서양의 누구도 위에 소개한 해석에서 한 치도 벗어나지 않았다는 사실입니다. 스승이 그랬고, 그 제자가 그랬고, 또 그 제자의 제자가 그렇게 해석하면서 오늘까지 모두가 그것을 당연한 듯이 받아들이고, 또 전하고 있습니다. 다시 말해, 구마라집이《금강반야바라밀경》이라고 번역한 이래로, 위와 같은 제목의 해석을 한 사람도 의심하려 들지 않았던 것입니다.

누군가가 '이렇다'라고 말하니, 모두가 앵무새처럼 노래하고 나그네쥐처럼 좇았던 것입니다. 즉《금강경》의 어느 구절에도 '반야바라밀로 해탈에 이르라'라는 말씀이 없는데도, 우리 모두《금강경》은 '반야를 통해 해탈의 저편 언덕에 도달하는 가르침'이라고 읽고 외우고 가르치고 배워왔던 것입니다.

고백하건대, 저도《금강경》을 공부하던 처음 몇 년 동안은 이런 해석의 울타리에서 벗어나지 못했었습니다. 공부가 깊은 스님과 학자 모두가 한 목소리로 "그렇다!"라고 하는데, 저 같은 하찮은 인간이 "그게 아니고…"라고 떠들 용기도, 지식도 없었기 때문입니다. 그렇게 헛되이 보내길 4년. 지난 2003년 어느 날, '이상한 체험'을 하고 난 뒤, 저는 알았습니다.

非! 그게 아님을!

제목의 뜻을 바르게 알고 나니, 놀랍게도 그동안《금강경》에 관해 제가 **의심**했던 모든 것이 하나둘 풀리기 시작했습니다. 그렇게 풀린 내용을 또 다시 되씹고 **의심**하길 몇 해. 이제 제겐 더 이상 **의심**할 것이 없기에, 이 책을 쓰고 있는 것입니다.《금강반야바라밀경》은 '금강반야바라밀'의 뜻을 바르게 알지 않고서는 결코 이해할 수 없습니다. 제목을 바로 알아야 본문을 제대로 이해할 수 있다는 너무 당연한 이 사실!

사실 너무 당연한 것 아닌가요?

◆ 와즈라 vajra

붓다께서 살아계실 때, 인도 사람들이 믿던 종교는 '브라만교Brahmanism'였습니다. 브라만교는 기원전 15세기에서 12세기 사이에 인도에 침입한 아리아인들의 종교의식으로부터 출발해, 그 후로 인도의 토속신들과 결합하면서 별의별 신을 다 모시는, 신들의 천국 '힌두교Hinduism'로 자리 잡게 됩니다.

아리아인들은 본디 자연현상을 의인화한 신을 믿고 있었는데, 그들이 믿고 있던 신들 중에 가장 힘이 강력한 신이 '벼락'을 상징하는 인드라Indra입니다. 그래서인지 인드라는 악마를 무찌르거나 누군가를 벌할 때면, 무엇이든 부수고 자르는 위력을 지닌 '와즈라vajra(벼락)'를 즐겨 썼습니다.

이 인드라는 나중에 이란 지역에서 생긴 종교인 조로아스터교에서도 '인탈Intar' 또는 '인다라Indara'라는 이름의 전쟁의 신으로 등장합니다. 또한 그리스 최고의 신인 제우스Zeus가 즐겨 쓰는 무기도 '벼락'인데, 제우스의 어원이 다른 그리스 신들과는 달리 산스크리트어란 점에서, 인도와 그리스, 또 인드라와 제우스의 종교적·문화적 연관성을 짐작해볼 수 있습니다.

브라만교의 인드라가 나중에 불교의 신으로 편입되면서 제석천帝釋天이란 이름으로 바뀌었고, 인드라가 쓰는 무기인 와즈라 또한 '금강저金剛杵'라는 중국식 새 이름을 얻게 됩니다. 금강저는 '제일 강한 쇠[金剛] 방망이[杵]'라는 뜻으로, 이름만 바뀌었지 벼락과 쓰임새는 같습니다. 이렇게 해서 인도 말 와즈라가 구마라집의 중국 말 번역에서 '저杵'는 빠지고 '금강

金剛’으로 자리하게 된 것입니다. 그런데 구마라집은 무슨 이유에선지 바로 뒤에 오는 말인 ‘체디까cchedikā’는 중국 말로 번역하지 않았고, 그 뒤의 다른 세 번역자는 구마라집의 실수(?)를 보완하는 뜻으로 ‘능단能斷’이란 말을 덧붙인 것입니다. 그래서 ‘와즈라체디까Vajracchedikā’는 ‘벼락으로 자르다’란 뜻으로 번역됩니다.

영어나 인도 말이나 먼 조상은 모두 ‘인도·유럽어족’으로 뿌리가 같은 한 집안인지라 문법구조나 낱말도 비슷한 예를 많이 볼 수 있는데, ‘와즈라체디까’의 뒤에 목적어만 붙으면 영어의 가장 기본적인 제3형식(주어+동사+목적어) 문장이 됩니다. 물론 목적어는 ‘쁘라즈냐빠라미따’입니다. 그래서 전체 뜻은 ‘벼락으로 반야바라밀을 자르다’가 되는 것입니다. 형태도 단순하고, 뜻도 명료합니다.

대부분의 《금강경》 해설서에서는 이 ‘금강’을 비슷한 이름의 보석인 ‘금강석金剛石’(diamond)으로 풀이하고 있는데, 구마라집이 《금강경》을 번역할 당시엔 다이아몬드라는 보석의 존재가 지구상에 알려지지도 않았던 점을 생각한다면, 저승에 계신 구마라집께서도 배를 잡고 웃을 일입니다.

또 산스크리트어를 공부하는 학자나 스님들은 산스크리트 문법을 장황하게 내세우며, ‘체디까cchedikā’가 반야바라밀을 꾸며주는 말이라고 주장하고 있기도 하지만, 이는 《금강경》의 깊은 뜻을 바르게 이해하지 못한 데서 오는 잘못입니다.

그렇다면 깨달음과 해탈의 필요충분조건인 반야바라밀을, 붓다께선 어째서 ‘벼락’으로 내리쳐 자르라고 하시는가? 이것을 알기 위해선 먼저 ‘반야’에 대한 정확한 이해가 필요합니다.

◆ 빤냐paññа

'빤냐'는 불교만의 특수 용어가 아닙니다. 요가를 비롯해 인도에서 행해지는 여러 수행 과정에서 '지혜'라는 뜻으로 자주 등장하는 말입니다. 다시 말해 지혜를 뜻하는 보통명사일 뿐입니다.

이 지혜라는 말이 불교에서 더욱 강조되는 까닭은 불교의 교조인 붓다께서 깨달으신 지혜가 인류 최고의 지혜이기 때문입니다. 그렇다면 붓다께서 깨달은 그 지혜란 도대체 무엇을 가리킬까요?

저는 이 '지혜'를 여러분께 설명드리기가 조금 망설여집니다. 그 이유는 붓다께서 6년 고행을 접고 명상을 통해 깨달음을 얻고 나서 망설이셨던 느낌과 같은 것일 수도 있기 때문입니다. 제가 이 책의 '가우따마 싯다르타' 항목에서 설명드렸듯이, 붓다께선 깨달음을 얻고 나서 그 깨달음을 사람들에게 전하기를 망설이셨음을, 독자들께선 기억하고 계실 것입니다.

고생 끝에 겨우 얻은 이것을
어이 또 남들에게 말해야 되랴.
오, 탐욕과 노여움에 불타는 사람들에게
이 진리를 알리기는 쉽지 않아라.

세상의 상식을 뒤엎는 이것
깊고 미묘하니 어찌 알리오.
격정에 매이고 무명에 덮인 사람은
이 진리를 깨닫기 어려우리라.

《상응부》 6:1 〈권청 경〉

이 말씀 속에 붓다께서 깨달은 진리, 즉 '반야'의 핵심이 모두 들어 있습니다. 이전까지 누구도 알지 못했던 사실을 붓다께서 깨달아 아셨던 것입니다. 그러고는 너무도 놀라워서 하신 말씀이 위에 소개한 내용입니다. '세상 사람들의 상식을 뒤엎은 이것'이 과연 뭘까요? 왜 붓다께선 당신께서 깨달은 '그것'을 우리는 깨닫기가 어려울 거라 생각하셨을까요?

붓다께서도 설명할 엄두가 나지 않았던 '그것'을, 제가 감히 주제넘게 설명해보겠습니다. 어떤 분들은 다음의 제 설명을 말장난이라 여기실지도 모르겠는데, 분명히 말씀드리지만, 이것은 결코 말장난이 아닙니다. 궤변이 아니란 말씀입니다.

다음에 제가 설명해드리는 방법은 그리스 철학자 소크라테스가 동네 청년들과 말싸움을 할 때 즐겨 써먹던 수법(산파술産婆術, 그의 어머니 직업이 산파였습니다)이기도 한데, 한 줄 한 줄 곰곰이 생각하며 읽다 보면 산모가 산파의 도움으로 아이를 낳듯이, 마지막에 가선 같은 결론에 다다르게 됩니다.

세상에 살아 있는 모든 것은

태어나서 늙고 병들어 죽어간다[제행무상諸行無常]. (맞습니까?)

이렇게 변해가는 것은 나의 뜻과 무관하다. (맞습니까?)

내 뜻대로 안 되기 때문에 '괴로움[苦]'이 있다. (맞습니까?)

'괴로운 것'은 내가 바라는 바가 아니다. (맞습니까?)

즉 '괴로워하는 나'는 '내가 바라는 나'가 아니다. (맞습니까?)

'내가 바라는 내가 아닌 나'는 곧 '나'가 아니다. (맞습니까?)

'그러한 나'는 결국 '내가 아닌 것[비아非我]'이다.

무슨 말씀인지 이해가 가십니까? '아직도…'라고요?

그렇다면, 좀 더 풀어 설명해보겠습니다. 붓다께선 지금 여러분이 분명히 존재하고 있는데, 그 존재하는 것이 여러분이 아니라고 말씀하고 계십니다. 아마도 이 사실을 깨닫고는 붓다 자신도 꽤 놀라셨을 겁니다. 왜냐하면, 붓다 자신이 어려서부터 서른다섯 살이 되도록 믿었던 브라만교에서건, 또 다른 가르침을 주는 어떤 스승이건 간에 '내가, 내가 아니다'라는 말을 한 적도 없고, 붓다께서도 '나의 괴로움에서 벗어나보겠다' '내가 깨닫겠다'라는 목적으로 6년간 고행을 하셨으니까요. 그래서 '내가' 깨닫기만 하면 '내가' 죽음의 공포에서도 벗어나고, '내겐' 무한한 행복이 있으리라 확신하고 계셨을 테니까요. 다시 말해, '내가' 있고 나서야 모든 게 있는 것입니다.

그런데 깨달음을 얻고 나니, 그 모든 생각이 틀렸더라는 것입니다. 붓다께서 깨달은 첫째 진리는 '살아 있는 모든 존재는 괴로움에서 벗어날 수 없다[일체개고一切皆苦]'라는 사실이었습니다. 왜 '괴로움[苦]'에서 못 벗어나는가? 가끔 우리는 행복이라는 것도 맛보고 기뻐하지 않는가? 그런 의문에 대해 붓다께서 하신 답은 "모든 괴로움은 '내 뜻대로 되지 않기 때문에' 생긴다"였습니다.

사실 저 자신도 제 의지로 태어나지 않았고, 여러분도 마찬가지일 겁니다. 내 뜻대로 할 수 없는 것은, 그것이 잠깐의 즐거움일지라도 계속되지 않기에[無常] 결국 '괴로움[苦]'인 것입니다. 아마 청년 싯다르타도 가출을 한 뒤 엄청나게 괴로웠을 것입니다. 가족들에게 정말 무책임한 행동을 했고, 주위의 눈총도 눈총이려니와 자기가 저지른 행동에 대한 회의도 매우 컸을 것이고, 그래서 '고행'을 통해서라도 어서 빨리 괴로움에서 벗어나길

갈망했을 것입니다. 그리고 어느 날 명상에 들어 깨치고 보니, 지난날 깨달음을 구하고 괴로움에서 벗어나려 했던 자신이 '자기의 실체', 즉 '참 자기가 아니였다[非我]'라는 사실을 깨닫게 된 것입니다.

붓다께서 깨달은 내용이 아직 아리송한 독자께선, 제가 이 책의 앞부분에서 소개한 크리슈나무르티라는 분이 경험한 '이상한 체험'을 한 번 더 읽어보시길….

불경에선 '제법무아諸法無我', 즉 '모든 존재하는 것[諸法]에는 나[我]라고 할 것이 없다'라고 전하고 있지만, 실제 붓다께서 가르치신 내용은 '내가 없다[無我]'가 아니라 '내가 아니다[非我]'였습니다. 정작 붓다께서는 '내가 있냐, 없냐'에 대해선 끝까지 침묵하셨던 것입니다. 왜냐고요?

우리 인간들이 누굽니까? 만약 붓다께서 '나[我]라고 하는 것이 있다, 없다'라고 말씀하셨더라면, 우리 인간들은 틀림없이 거기에 죽을 둥 살 둥 집착할 테니까요. 여러분께서 이해하든 못 하든, 이것이 붓다께서 깨달은 '진리'의 핵심입니다. 붓다께선 이 깨달음을 모두가 알아듣기 쉽게 45년간 그토록 많은 말씀을 하셨고, 그 말씀을 기록한 책이 불경입니다. 또한 그 많은 불경 중에도 붓다께서 깨달은 '나는 내가 아니다[非我]'라는 '반야'를 가장 핵심적으로 요약해서 우리를 깨달음의 세계로 안내하려 하신 말씀이 바로《금강반야바라밀경》인 것입니다.

《금강경》에서 이야기하고 있는 지혜, 즉 '반야'라는 것은 우리가 그토록 '있다'고 믿고 있는 '자기 자신'이, '실제 자기 자신이 아니다'라는 사실을 깨닫는 지혜를 말하는 것입니다. '내가, 내가 아니다'라는 사실을 깨닫고 살아간다면, 머지않아 '해탈'의 세계로 들어가게 되고(반야바라밀), 그렇게 해서 얻는 것이 바로 '위 없이 바른 깨달음(아누다라삼막삼보리)'이라는 말씀입니다.

여기서 '아누다라삼먁삼보리'라 함은 인도 말 '아눗따라삼약 상보디anuttarā samyak-sambodhi'를 음역한 말로, '아눗따라anuttarā'는 '더 높은 것이 없는[무상無上]', '삼약samyak'은 '바르게 여겨지는[정등正等]', '상보디sambodhi'는 '바른 깨달음[정각正覺]'을 뜻합니다. 전부 합치면, '위 없이 바른 깨달음[무상정등정각無上正等正覺]'이 되고, 이는 곧 붓다께서 얻으신 최고의 깨달음을 일컫습니다.

◆ 빠라미따pāramita

마지막으로 '빠라미따'는 앞서 말씀드렸듯이 '저편 언덕으로 건너가다'라는 뜻의 인도 말입니다. 구마라집은 인도 말 '빠라미따'를 줄여서 '바라밀婆羅蜜'이라 옮겼으나, 200년 뒤 현장 스님은 '바라밀다婆羅蜜多'라고 본토 발음에 더 가깝게 번역했습니다. 그래서 현장 스님이 번역한, 여러분들께서 즐겨 외우는《반야심경》도 원래 제목은《반야바라밀다심경》입니다.

'빠라미따'라는 말 역시 특별한 불교 용어가 아니고, 붓다께서 전도 여행을 하셨던 갠지스강(간가Gaṅgā, 항하恒河) 주변에 있는 마을 이름이었습니다. 여행 중 많은 시간을 갠지스강 가에서 제자들과 대화하고 쉬고 하셨을 테니, 빠라미따도 그냥 '갠지스강 저편 언덕을 향해 건너다'라는 말입니다.

갠지스강은 독자 여러분께서 상상하는 것보다 훨씬 큰 강이어서, 건너편의 강 언덕이 희미하게 보일 정도로 강폭이 넓은 곳도 많습니다. 붓다께선 우리가 살고 있는 '사바娑婆•'세계의 저편, 즉 해탈과 열반의 세계를 설명하

• 사하sahā(참다)의 음역. 이 세상에 태어났으면 무조건 '참으며 살다 가야 한다'라는 뜻.

실 때는 저 멀리에 가물거리는 강 언덕을 가리키며 설명하셨던 것입니다.

《금강경》에 나오는 붓다의 유명한 가르침인 '뗏목의 비유'도 갠지스강가에서 저편 강 언덕을 바라보며, 뗏목을 물에 띄우고 노 젓는 뱃사공을 보고 말씀하신 내용입니다. 결국 '반야바라밀'은 "'내가, 내가 아니다'라는 지혜(반야)로 깨달음을 얻어 저편 강 언덕, 즉 해탈의 세계로 건너가다(바라밀)"란 뜻이 되는 것입니다. 그래서 인도 말 《금강경》의 제목을 우리말로 바꾸면, '벼락으로 반야바라밀을 자르는 가르침'입니다. 그런데 붓다께선 그 많은 말씀에서 '반야'를 그토록 강조하셨는데, 《금강경》에선 왜 또 '반야바라밀을 벼락으로 내리쳐 자르라'고 말씀하신 걸까요?

바로 여기에 붓다께서 우리에게 주신 가르침의 위대함과 《금강경》의 소중함이 있는 것입니다.

殺佛殺祖

살불살조

부처를 죽이고, 스승도 죽여라.

시중의 《금강경》 해설서에서 《금강경》 제목을 잘못 풀이한 것을 볼 때마다, 저는 절집에서 들을 수 있는 이 짧은 말이 생각나곤 합니다. '죽이라'라는 말이 두 번씩 들어가 있는 것이, 살생을 금하는 붓다의 가르침을 따르는 절집에서 나온 표현이라고 보기엔 어쩐지 섬뜩합니다. 왜 이런 말이 나왔고, 또 지금도 스님들의 입에 오르내릴까요? 그것도 하늘처럼 믿고 따르는 부처와 스승만을 '골라서' 죽이라고 말입니다.

때론 어떤 사실을 설명하기 위해선 우리말보다 외국 말이 더 적합할 때가 종종 있습니다. 어떤 경우엔 우리말에는 개념 자체가 없는 말이 외국말에는 있기 때문입니다.

예를 들어, 우리말에는 '믿음'을 나타내는 말이 '믿음' 하나밖에 없지만 영어권에서는 믿음도 의미에 따라 세 가지로 나누어 표현되고 있습니다. 즉 무언가를 무조건 믿는 경우에는 'faith(맹신盲信)', 과학적이고 논리적인 근거 아래 믿는 것은 'belief(신조信條)', 종교적인 믿음은 'religion(신앙信仰)' 등으로 말입니다.

위에 소개한 '살불살조殺佛殺祖'라는 말의 의미를 쉽게 설명하기 위해선 우리말보다 영어의 도움이 필요합니다. 우선 '죽인다'라는 말을 이해하기 위해 다음 말의 뜻을 생각해보시길.

> 살길 바라는가? 그러면 죽기 전에 죽어라!

무슨 말인지 이해되십니까?

이는 "우리 모두 몸이 죽음을 맞기 전에, 마음속의 '아상我相'을 먼저 죽인다면 영원히 죽지 않고 매일 새로 태어난다"라는 말입니다. 여기서 마음속의 '아상我相'은 영어로 'ego'입니다. 철학이나 심리학에서 말하는 '자만심을 지닌 자기', 즉 '자기라는 집착이나 욕심을 지닌, 겉으로 드러나는 자기'를 뜻합니다.

대부분의 사람은 'ego'를 '자기自己'이고 '자신自身'이라고 굳게 믿고 있습니다. 반면, 영어권에는 또 하나의 '자기自己'를 뜻하는 말이 있는데, 많은 음식점의 벽에 붙어 있는 "물은 셀프입니다(?)"라는 말 덕분에 우리에게 익숙한 'self'입니다. 영어권 사람들은 'self'를 'ego'와 달리, '자기의 본성 그 자체' '자기의 실체'란 뜻으로 쓰고 있습니다.

'살불살조殺佛殺祖'라는 말의 뜻을 이 영어 낱말을 써서 설명해드리면, '나[我]'가 부처가 되고 싶고 스승이 되고 싶다면(즉, 그런 ego가 마음속에 있다면), 부처나 스승의 말씀에 의지하지 말고(그 ego를 버리고), '자기의 목소리, 자기의 깨달음(self)'을 찾으라는 뜻입니다. 다시 말해, 누군가에게 의지해봐야 결국 그 사람을 뛰어넘지 못하고, 또 무언가 되고 싶다는 생각을 가져봐야, 결국 그 '무언가'를 흉내 내는 앵무새일 뿐이니, 부처와 조사에 의지하는 마음을 죽이라는 가르침인 동시에, 결국엔 자신의 'ego'마저도 죽이라는 가르침인 것입니다.

제 경험이긴 합니다만, 세상에서 가장 죽이기 어려운 것이 '자기 자신'이 아닐까 생각합니다. 지난밤, 건방짐과 욕심으로 가득한 저 자신을 죽이겠노라 그토록 다짐했건만, 다음날이면 어김없이 살아나 있는 '욕심투성이'의 저를 발견하곤 부끄러움에 고개 숙인 경우가 너무도 많았기 때문입니다.

이런 경험은 저뿐만이 아니라, 정도의 차이는 있을지언정 수행하는 스님들께도 있을 거라 여겨집니다. 그래서 옛 스님들께서 하신 이 '살불살조'라는 말씀 속엔, '자신(ego)을 죽이기는 정말 어려우니, 먼저 지금 믿고 의지하는 붓다와 스승의 말씀으로부터 벗어나도록 끊임없이 노력하다 보면, 나중엔 자기(ego)도 죽일 수 있다'라는 가르침이 들어 있는 것입니다.

부부 사이의 불화나, 친구나 직장동료와의 갈등도 대개는 각자가 지닌 자기(ego)끼리의 부딪힘인 것을 생각하면, 살불살조는 보통 사람들의 삶에서도 유효한 진리일 것입니다.

지난 2천여 년 동안 우리는 모두 이렇게 말해왔습니다.

"《금강경》은 모든 것을 잘라내는 다이아몬드와도 같은 지혜로 번뇌를 없애고 행복 가득한 피안에 이르게 하는 경"이라고. 그러나 오늘 저는 말합니다. "그게 아니고…"라고. 즉 "《금강반야바라밀경》이라는 제목에는 붓다께서 이 가르침을 펼 당시 지구상에 존재 자체가 알려지지도 않았던, 그리고 구마라집이 본 적도 없는, 다이아몬드라는 보석이 낄 틈이 없고, 번뇌도 업도 복도 끼어들 자리가 없다!"라고. 《금강반야바라밀경》이 의미하는 바는, 한마디로 "우리의 마음 깊숙이 자리 잡고 있는 '반야바라밀'이라는 집착마저도 벼락으로 잘라버리라는 가르침"인 것입니다.

《금강경》이 위대할 수 있는 까닭은, 오랜 세월 붓다께서 제자들에게 '반야'의 중요함을 강조하시다 보니 모두의 머릿속에 '반야바라밀'을 이루겠다는 'ego'가 꽉 차 있을 것을 염려한 나머지, 마지막으로 '반야바라밀이라는 생각마저 끊고 버리고 잊으라'라고 가르치는 경전이기 때문입니다.

붓다께선, 당신 자신은 진리도 말한 적이 없고 '위 없이 바른 깨달음'마저도 얻은 적이 없다고 부정하고 계십니다. 그 말씀의 뜻은 그런 무엇인가를 얻겠다는 집착과 욕심이 있는 한, 결국 아무것도 얻을 수 없고, 얻었다 한들 진짜가 아니라는[似而非] 말씀입니다. 그래서 《금강경》엔 '非'란 말이 무려 46번이나 나오고 있습니다. 《금강경》 이해의 핵심은 바로 이 '아닐 비非' 자에 있습니다. 《금강경》은 사람들이 알고 있듯이 '반야바라밀'을 긍정하는 가르침이 아니라, 최고의 바라밀인 '반야바라밀'마저도 부정하는 큰 가르침입니다. '반야바라밀'을 긍정하는 가르침이라면 붓다의 깨침 역시 한낱 '사이비'일 뿐이고, 《금강경》은 결코 위대한 가르침일 수가 없습니다. 그래서 붓다께서 말씀하십니다.

나는 말하노니,

반야바라밀은 곧 반야바라밀이 아니니라.

그런데 혹시 아직도《금강반야바라밀》에 대한 저의 해석이 못마땅한 분이 계시다면 질문을 하나 더 드리겠습니다.

《금강경》은 제자 수부띠의 첫 질문, "깨달음을 구하는 사람은 마음을 어떻게 다스려야 하나요?"에 대해 붓다께서 하신 답변을 기록한 책입니다. 어떤 책이든 책 제목에는 그 책의 주제와 핵심이 압축되어 있습니다.《금강경》도 예외는 아닐 것입니다. 그렇다면 수부띠의 이 질문에 붓다께서 하신 답은 어느 것일까요?

답1: "다이아몬드와 같은 지혜로 해탈을 이루거라."

답2: "반야바라밀을 얻겠다는 생각마저도 자르거라."

답1을 고르신 분은《금강경》이고 뭐고 일단 이 책을 덮고, 초등학교 4학년 국어책부터 다시 공부하심이 어떨지…. 욕심 많은 우리 인간들에게 있어,

《금강경》은

첫 단추부터 잘못 꿰져 있는 것입니다.

군말이 필요 없습니다.

한마디로,

아닌 건 아닌 것입니다[非是非]!

《금강경》 코드

지금까지 독자 여러분께선 길고 먼 길을 걸어오셨습니다. 《금강경》과 연관된 인물들을 만나보는 것에서 시작해서, 뒤이어 《금강경》을 이해하는 데 걸림돌이 될 수도 있는 선입견과 편견을 점검해보고, 《금강경》의 원제목인 '금강반야바라밀경'이 의미하는 바를 새롭게 살펴보는, 어찌 보면 지루했을 수도 있는 나들이였습니다. 그런데 죄송하게도, 붓다께서 하신 '참말씀'을 만나기 위해선 거쳐야 할 과정이 하나 더 남아 있습니다. 그것은 다름 아닌, 《금강경》이라는 '진리의 밭'에 2천여 년 전 이름도 알 수 없는 누군가에 의해 씨 뿌려진 뒤 오늘까지 끈질기게 살아남아 있는 '잡초'를 솎아내는 일입니다. 농사에 비유하자면 《금강경》 '김매기'입니다.

이 항목의 제목에 '코드code'라는 외래어를 썼습니다. 서양 사람이 쓴 책 《다빈치 코드The Da Vinci Code》에도 등장하는 말입니다. '코드'라는 말에는 '법전' '우리가 지켜야 할 규칙' '약속된 기호나 암호' 등 여러 뜻이 있습니다. 제가 여기서 '코드'라는 말을 쓴 까닭은 2천여 년 전 《금강경》이 처음 글로 기록된 이후 오늘까지 전 세계 누구도 한 적 없고, 하려고 하지도 않았던 '불편한 진실'을 밝혀내는 작업이, 전쟁에서 상대편의 암호를 해독하거나 은행 금고를 열 수 있는 비밀번호를 알아내는 일처럼 매우 조심스럽고 어렵다는 생각이 들었기 때문입니다.

앞서 '금강반야바라밀경'이라는 제목을 해석할 때 제 견해가 기존의 것과 전혀 달랐듯이,《금강경》 본문을 바라보는 저의 시각도 다른 분들과는 판이합니다.《금강경》이 붓다께서 말씀하신 최고의 가르침이 되기 위해선,《금강경》 속에 암호나 수수께끼처럼 자리하고 있는, 붓다께서 하시지 않은 말들을 솎아내지 않으면 안 된다는 것이 제 생각입니다.

어떤 이들은 말합니다.

大乘非佛

대승비불

즉《금강경》뿐 아니라 붓다께서 돌아가시고 500여 년이 지난 뒤 대승大乘이라 일컬어지는 새로운 불교운동을 통해 만들어진 경전은 대부분 붓다[佛]께서 직접 말씀하신 내용이 아니고[非], 편찬자의 의도에 따라 고쳐 써진 것들이므로, 그 속에서 붓다의 '참말씀'을 찾는 일 자체가 큰 의미가 없는 일이라고.

그런데 제 생각은 다릅니다. 저는 천 년 넘게 계속되고 있는 불교의 편가르기, 즉 '소승小乘'이 옳은가 '대승'이 옳은가에는 전혀 관심이 없습니다. 따라서 둘 중 어느 쪽 경전에 기록된 것이 붓다의 참말씀이냐는 논란에 끼어들고 싶은 생각 역시 티끌만큼도 없습니다. 그런 제가《금강경》에 대해서만큼은 이렇게 긴 이야기를 늘어놓는 까닭이 있습니다.

그 이유는 오직 하나!

다른 경전들과는 달리 《금강경》에는 어느 '깨친 분'의 깨침에 대한 말씀이 절절히 녹아 있기 때문입니다. 제겐 그분이 석가모니 붓다이건, 또 다른 분이건 아무런 상관이 없습니다. 중요한 것은 그 '깨친 분'께선 자신이 깨친 바를 《금강경》이라는 말씀을 통해 사람들에게 바르게 알려주려고 무척 애를 쓰고 있다는 사실입니다. 때로는 애절하게 호소까지 하시면서….

《금강경》 속에는 '깨친 분'이 아니라면 결코 할 수 없는 말씀이 들어 있다는 분명한 사실이 저로 하여금 여러 해를 고민하게 했고, 어느 날 뜻밖에 제가 품어왔던 의심의 엉킨 실타래를 푼 뒤로도 다시 몇 해를 되씹어본 끝에, 이제 그분의 말씀에 덧씌워진 지저분한 '화장'을 벗기려 하는 것입니다.

'깨친 분'의 말씀과 '아닌 자'의 말은 확연히 구별됩니다. 그렇게 구별되기에 아무도 함부로 깨쳤다고 속일 수가 없는 것입니다. 사이비는 그 말과 글에서 모든 것이 드러나게 되어 있습니다. 해가 뜨면 어둠이 사라지듯이….

붓다께서 돌아가시고 나서, 그분께서 전혀 원치 않았던 일들이 벌어지기 시작했습니다. 평소 누군가에 기대고 말과 글에 집착하는 것은 '남의 소를 세는 일'과 같다고 그토록 말씀하셨건만, 제자를 비롯한 많은 사람이 그분의 말씀과 모습에 의지하기를 멈추지 않았고, 붓다께서 하신 말씀은 하나였건만 해석은 저마다 달라 서로를 헐뜯고 편 가르기를 그치지 않았습니다. 나중엔 붓다께서 하지도 않은 말을 그분의 이름까지 빌려 덧붙였습니다. 결국 붓다께서 우리를 위해 말씀하신 많은 내용이 비틀린 채로 전해지는 안타까운 일들이 오늘까지 계속되고 있는 것입니다.

한 번 더 분명히 말씀드리면, 붓다께서 살아 계신 동안에 '불교'라는 종교는 없었습니다. 그때엔 오직 가장 높은 깨달음을 얻은 한 분과, 그분의 가르침을 통해 깨달음을 얻고자 하는 많은 제자가 있었을 뿐입니다. 그래서 정확하게 말해서 《금강경》은, '불교'라는 종교의 경전이 아니라, 깨달음을 원하는 모든 사람에게 '깨친 분'께서 들려주는 '깨침'의 교과서인 셈입니다.

그 교과서를 쓰신 붓다께선 적어도 45년간, 인간이면 누구나 저지르기 십상인, 남 속이기, 거짓말하기, 편 가르기 같은 행동을 단 한 차례도 하신 적이 없었음을 오래된 경전들은 전하고 있습니다. 그분은 오로지 당신께서 깨달은 진리대로 사는 것이 가장 올바르게 사는 것이란 사실을, 돈 한 푼 받지 않고 맨발로 밥 빌어먹어 가며 가르치시다가, "아, 피곤하구나. 눕고 싶다"라는 말씀을 남기고 세상을 뜨신 분입니다.

제 생각에도 무척 피곤하셨으리라 생각됩니다. 누군가를 가르쳐본 분들이라면 붓다의 '피곤함'에 쉽게 공감할 수 있을 것입니다. 마음속에 '나'라는 생각[我相]으로 가득 차 있는 사람들에게, 그들이 평소 굳게 믿고 있던 내용과 전혀 다른 사실을 새롭게 이해시킨다는 것이 얼마나 힘든 일인가요?

게다가 한 번의 말로 알아듣기나 하나요? 그러다 보니 하신 말씀을 수없이 되풀이하셨을 것이고, 그 기간이 무려 45년이었다면 더 말해 무엇 하겠습니까? 이제 저는 그분의 귀한 가르침을 담고 있는 《금강경》의 때 묻지 않은 모습을 보여드리기 위해, 뒷날 누군가가 《금강경》에 심어놓은 '잡초'들을 뽑아내겠습니다.

지난날 저도 호미를 들고 감자밭에서 김을 매보았습니다. 이 김매는 작업이란 게 여간 고되고 따분한 것이 아니어서, 땡볕이 내리쬐는 돌무더기 밭에서 아무짝에 쓸모없는 잡초를 뽑아내는 동안 몇 차례 성질을 못 참고

호미를 내팽개치기도 했습니다. 그러면서도 아무 생산성이 없어 보이는 그 괴로운 일을 끝낼 수 있었던 것은, 감자가 먹을 영양분을 잡초들에게 줄 수는 없다는 저 나름의 '오기' 때문이 아니었나 생각됩니다.《금강경》 김매기 역시 그런 '오기' 없이 해내기란 쉽지 않은 일입니다. '사실을 알게 된 이상, 스승이신 붓다를 더는 욕되게 할 수 없다'라는.

'김매기'를 시작하기 위해선 여러분이나 저나 호미를 챙겨 들어야 합니다. 그 호미는 다름 아닌, 붓다의 올바른 가르침을 방해하는 '말과 글'을 가려낼 규구준승規矩準繩입니다.

① 유통분流通分은 모두 솎아내야 합니다.

"받아 지니고 읽고 외우고[수지독송受持讀誦] 해서 얻는 복덕福德 어쩌고…"라는 내용은 모두 붓다께서 하신 말씀이 아닙니다. 그 이유는 너무 분명합니다. 붓다께서 이 말씀을 하시던 그 순간엔, 오직 '말씀'만 있었지, 받아 지니고 읽고 외우고 베껴 쓸, '글'로 된 어떤 것도 없었단 말씀입니다. 혹시 그동안《금강경》을 열심히 '수지독송' 해오신 분들은 제 말에 매우 실망하실 수도 있지만, 저는 지금 '수지독송'의 공덕功德이 있는가 없는가를 따지자는 것이 아니고, 단지 붓다께선 '수지독송'을 하라는 말씀을 하시지 않았다는 '사실'을 전하고 있는 것입니다. 이런 말들은 훗날 경전 편찬자들이 독자를 더 많이 끌어들이기 위해 붓다의 이름을 팔아가며 꾸며낸 말일 뿐입니다.

다른 경전, 예를 들어《원각경》이나《법화경》에도 유통분이 있기는 합니다. 그렇지만 그런 경들에서의 유통분은, 매우 부끄러운 듯이 맨 마지막 부분에 조심스럽게 끼어 들어가 있습니다. 그런데 유독《금강경》에서는 유통분이 붓다께서 하신 말씀의 흐름마저 끊어가며 도배질하듯 구석구석에 널려 있으니, 놀라울 따름입니다. 아마도 《금강경》을 처음 글로 옮긴 사람들도 《금강경》이 오래도록 사람들에게 사랑받을 거라 예감했나 봅니다.

분명히 말씀드리거니와, 《금강경》은 '行'이라는 글자로 끝납니다. 이 마지막 '行' 자는, 《금강경》이 '수지독송' 하는 가르침이 아니라, 읽고[讀] 이해하고[解] 믿고[信], 결국은 '행해야[行] 하는' 가르침임을 분명히 전하고 있는 것입니다.

《금강경》 속에는 유통분이 무려 열한 군데나 들어 있습니다.

② 대화 속 상황과 시대 배경에 맞지 않는 내용은 버려야 합니다.

제자 수부띠의 첫 질문 "깨달음을 구하는 사람은 어떻게 살아야 하고, 어떻게 마음을 다스려야 하는가?"라는 주제에서 벗어난 내용은 모두 뽑아버려야 합니다. 또한 붓다께서 살아 계실 당시의 시대 상황에 맞지 않고, 훗날 생긴 '대승불교'의 교리가 등장하는 부분은 모두 《금강경》 편찬자가 덧붙인 말입니다.

예를 들면, "한 분 두 분 서너 다섯 부처님께만 선근善根을 심은 것이 아니라, 한량없는 천만 부처님이 계신 곳에 온갖 선근을 심었으므로"와 같은 표현입니다. 붓다께서 살아 계실 때 깨친 분은 오직 붓다 한 분뿐이었음에도 불구하고, 붓다께서 하신 말씀에 '천만 부처님'이 등장한다는 것은 한마디로 어불성설입니다. "시방삼세十方三世의 수많은 부처님 어쩌고"는 훗날 대승불교에서 새롭게 해석한 주장일 뿐, 붓다께선 그와 비슷한 표현도 하신 적이 없습니다. 이렇게 누가 봐도 앞뒤가 안 맞고 붓다의 말씀을 어리숭하게 비튼 흔적은 너무나 많습니다.

이런 내용들은 《금강경》 편찬자가 자기들이 알고 있고, 또 주장하고 싶은 새로운 이론이나 지식을 전하려고 '덤'으로 끼워 넣은 군더더기일 뿐, 《금강경》의 주제인 '마음 다스리기'나 '위 없이 바른 깨달음'과는 아무런 관계가 없습니다.

오래된 경전을 보더라도, 붓다께선 언제나 우리가 알고 싶어 하는 것만을 말씀하셨지, 주제와 관계없이 이것저것 덤으로 더 가르쳐서 우리를 '소화불량'에 걸리게 하신 적이 없었습니다. 《금강경》이 어렵다고들 말하는 이유 중의 하나가 이런 군더더기가 곳곳에 자리하고 있기 때문입니다.

사실, 깨친 분의 말씀이라면 몇 날 밤을 꼬박 새워가면서라도 알아야겠지만, 누군가 어떤 목적을 위해 슬쩍 끼워 넣은 말까지 애써 공부하기엔 우리의 삶이 너무 짧지 않은가요?

③ 붓다께서 평소 쓰신 표현기법과 다른 말들은 도려내야 합니다.

즉 "나는 진실한 말을 하고, 참된 말을 하며, 있는 그대로 이야기하고, 헛된 말을 아니 하며, 딴말을 아니 하는 사람"이라는 붓다의 말씀에 맞지 않는 내용은 모두 뒷사람들이 만든 말입니다.

우리가 자기 생각을 남들에게 이해시키고 믿게 하려고 할 때 흔히 쓰는 부풀리기[과장誇張], 한 말 또 하기[반복反復], 이것저것 둘러대기[열거列擧] 같은 표현기법은 '깨친 분'께서 쓰실 표현이 결코 아닙니다(사이비 종교의 교주라면 몰라도…). 오래된 경전 어디를 보더라도, 붓다께선 항상 적절한 비유를 통해 몇 마디 안 되는 짧은 말씀으로 모두가 알아듣기 쉽게 설명하셨습니다.

이제부터 위의 세 가지 '규구준승'을 해인사에 보관된 고려국대장도감 판본에 실려 있는 진짜 구마라집 한역 《금강반야바라밀경》에 들이대겠습니다. 저는 이 항목에서, 구마라집께서 고도의 언어 감각으로 온 힘을 쏟아 번역한 중국 말 《금강경》 중에서 '김매기'할 부분을 먼저 소개해드리겠습니다. 비록 뽑아내야 할 '잡초'이긴 하나, 한문에 관심 있는 분은 구마라집의 뛰어난 언어 감각을 적잖이 느끼실 수도 있을 것입니다.

이미 전에 《금강경》을 읽어보신 분들을 위해 소명 태자가 나눈 분절을 분류 숫자로 표시했고, 한문 이해에 도움이 되도록 현대식 문장부호를 사용했습니다. 회색으로 인쇄된 부분이 '잡초'입니다.

---

3. "若보살 有 我相 · 人相 · 衆生相 · 壽者相, 卽非보살!"

"만약 보살에게 '나'라는 생각, '사람'이라는 생각, '살아 있는 존재'라는 생각, '고귀한 존재'라는 생각이 있다면, 곧 보살이 아니니라!"

위의 본문은, 수부띠가 한 첫 질문, 즉 "보살(깨달음을 구하는 사람)은 어떻게 살아야 하고 어떻게 그 마음을 다스려야 하나요?"에 대해 붓다께서 하신 답변의 끝부분인데, 한마디로 "보살의 마음속에 이런저런 '상相'이 있다면 결코 보살이 아니다"란 말씀입니다.

《금강경》에는 상相이라는 말이 모두 84번 나오고, '아상我相 · 인상人相 · 중생상衆生相 · 수자상壽者相'이라는 표현이 8번 나옵니다. 앞에서도 말씀드렸지만 '상相'은 《금강경》을 이해하는 데 있어 매우 중요한 말입니다. 산스크리트어본의 '상즈냐saṃjñā'를 구마라집은 '相'으로 옮긴 뒤 '생각' '기억' '모양' 등을 모두 아우르는 뜻으로 썼습니다. 격조 있는 표현을 쓸 것도 없이, 모두가 알아듣기 쉽게 '겉모습' '망상' '꼴값' 등으로 번역하면 딱입니다. 이후로도 붓다께선 우리더러 끊임없이 여러 가지 상을 버리라고 주문하십니다. 이미 위 구절에서 붓다께서 말씀하고자 하신 핵심이 나왔습니다. 결국 우리 모두 상만 없앤다면(무언가를 할 때 겉모습만 보거나 망상에 빠지거나 꼴값을 떨지만 않는다면) 언젠가는 깨달음을 얻을 수 있는 것입니다.

그런데 위의 본문에는 '상' 앞에 '아·인·중생·수자'라는 꾸밈말이 붙어 있습니다. 산스크리트어본에선 '아(아뜨만ātman)·중생(삿뜨와sattva)·수자(지와Jīva)·인(뿟갈라pudgala)' 순으로 기록된 것을 구마라집이 순서를 바꿔 한역한 것인데, 순서야 어찌 됐건 '아상'을 제외한 '인상·중생상·수자상'은 후대에 덧붙여진 말입니다.

붓다께서 살아 계실 당시, 인도 사람들은 대부분 브라만교를 믿었고, 브라만교는 브라만(우주 창조의 신)과 아뜨만(나)이 다르마(법)에 의해 하나가 되는 것[범아일여梵我一如]을 목표로 삼고 있었습니다. 다시 말해, '나'라는 존재를 인정했던 것입니다. 그런데 붓다께서 갖은 고생 끝에 깨달음을 얻고 보니, 그동안 굳게 믿어온 나[我]란 것이 실제론 내가 아니었던[非我] 것입니다. 그래서 붓다께선 당신께서 깨달은 지혜, 즉 '내가, 내가 아니다'라는 사실을 모든 사람에게 알려주기 위해 아상我相, 즉 '나라는 생각'을 버리라고 말씀하시면서 '내가 있다'라고 주장하는 브라만교를 강하게 비판하신 것입니다.

참고로, '인상'의 '인人'은 훗날 부파部派 불교의 한 갈래인 독자부犢子部에서 주장한 윤회의 주체이니, 《금강경》을 편찬한 대승불교 입장에선 독자

부의 이론을 반박하고 싶은 마음에 이 말을 《금강경》 안에 끼워 넣었을 것입니다. '수자壽者'는 붓다와 같은 시대를 살았던 마하위라Mahāvira가 창시한 자이나교에서 설정한 '순수한 영혼'입니다. 이 또한 불교에서 비판의 대상으로 삼아 《금강경》에 올렸으리라는 것은 상상하기 어렵지 않습니다. '중생상'은 '아상'을 달리 표현한 말일 뿐입니다.

시중의 많은 《금강경》 해설서에선 이것에 '4상四相'이라는 멋진 이름까지 붙여가며 무척 길게 설명함으로써 읽는 사람의 머리를 복잡하게 만드는데, 제가 보기엔 괜한 말 지어내기일 따름입니다.

사실 저나 여러분이나 '아상' 하나만을 없애는 것도 벅찬 일인지라, 나머지 셋은 아예 머릿속에서 지워버리는 편이 나으리라는 게 제 생각입니다. 즉 나머지 셋은 《금강경》의 핵심과 아무 상관없이 사람들의 머리를 쥐(?)나게 하는 군더더기일 뿐입니다. '인상·중생상·수자상'만 떼어버려도 《금강경》은 64자가 줄어들어 한결 가벼워집니다. 여하튼 너절하게 뭔가 붙어 있으면 '가자미눈(?)'을 뜨고 **의심**해봐야 합니다.

《금강경》에서 어떤 상相도 헛된 거짓이라 전하고 있고, 붓다께서도 당신께서 세상을 뜬 뒤에라도 '자신을 닮은 상像을 만들지도, 숭배하지도 말라'고 그토록 당부하셨건만, 오늘 우리는 그 말씀을 따르지 않고 있는 셈입니다.

그래도 고집스럽게 '상相'(겉모습, 꼴값, 망상)의 그물에 걸리고 싶어 안달하는 분들께 전하는 농담 한마디.

60대 : 잘난 얼굴이나 못난 얼굴이나 그게 그거!

70대 : 배운 사람이나 못 배운 사람이나 그게 그거!

80대 : 돈 좀 가진 사람이나 못 가진 사람이나 그게 그거!

90대 : 살아 있는 사람이나 죽은 사람이나 그게 그거!

---

6. "**當知, 是人** 不於一佛·二佛·三·四·五佛, 而種善根已 於無量 千万佛所 種諸善根, **聞是章句 乃至一念 生淨信者**. 수보리! 如來 悉知 悉見, 是諸衆生 得 如是 無量 福德."

마땅히 알지니, 이 사람은 한 분, 두 분, 서너·다섯 부처님께 선근을 심어놓은 것뿐만 아니고, 헤아릴 수 없이 많은 천만 부처님이 계신 곳에 온갖 선근을 심었으므로, **이 글귀를 듣고 오직 한 생각으로, '깨끗한 믿음'을 내는 사람이란 것을.** 수보리여! 나는 다 알고 다 보나니, 이들 중생은 이와 같이 헤아릴 수 없는 복덕을 얻게 되리라.

이 부분은 앞서 설명해드렸습니다만 한 번 더 말씀드리면, 붓다께서 살아 계실 때 '부처님'은 오직 석가모니 한 분이셨습니다. 훗날, '대승'이라 이름하는 새로운 불교 종파가 생기면서, 모든 사람이 부처가 될 수 있다고 주장하다 보니 수천수만의 부처님이 생기게 된 것입니다. 그리고 상식적으로 생각해봐도, 붓다께서 이날 강의하시면서 주제와 상관도 없는 "헤아릴 수 없는 천만 부처"나 "헤아릴 수 없는 복덕"이라는 과장된 말씀을 하셨겠습니까? 진정한 스승은 제자나 청중에게 아부하지 않는 걸로 알고 있습니다.

---

8. "수보리! 於意云何? 若人 滿三千大千世界 七寶以用 布施 是人 所得福德 寧爲多不?"
수보리言 "甚多! 世尊. 何以故? 是福德, 卽 非福德性. 是故, 如來說 福德多."
"若復有人 於此經中 受持乃至 四句偈等 爲他人說 其福勝彼. 何以故? 수보리! 一切 諸佛 及 諸佛아누다라삼먁삼보리法 皆從此經出. 所謂 '佛法'者, 卽 非'佛法'."

"수보리여! 네 생각은 어떠하냐? 만약 어떤 사람이 삼천대천세계를 칠보로 가득 채워 보시한다면, 이 사람이 얻는 복덕을 정녕 많다고 하겠느냐?"
수보리가 답하길, "매우 많습니다! 세존이시여. 왜냐하면, 이 복덕은, 곧 복덕의 본성이 아니기 때문이옵니다. 이런 까닭에, 스승께서는 '복덕이 많다'라고 말씀하시옵니다."
"또 다른 사람이 있어, 이 경 중에서, 사구게만이라도 받아 지니고, 다른 사람을 위해 이야기한다면, 이 복은 앞서 말한 복보다 뛰어나리라! 어째서 그러한가? 수보리여! 세상의 모든 부처님과 그분들의 '위 없이 바른 깨달음'의 진리가 모두 이 경으로부터 나오기 때문이니라. 수보리여! 소위 '부처의 진리'란 것도, 곧 '부처의 진리'가 아니니라."

제가 앞서 말씀드린 유통분이 드디어 등장했습니다. 이 부분은 제가 '소명태자' 항목에서 이미 설명해드렸듯이, 매우 눈치 없이 끼어든 버릇없는 유통분입니다. 바로 앞 분에서 붓다께선 '위 없이 바른 깨달음을 얻은 적도

없고, 진리를 말씀하신 적도 없다'라는 충격적인 말씀을 하셨고, 이어서 현자와 성인의 예를 들어가며 우리에게 '함이 없는 존재[무위법無爲法]'로 살아갈 것을 말씀하시는데, 그 사이를 비집고 이 유통분이 끼어든 것입니다. 굳이 설명 안 드려도 독자 여러분께서 읽으시면 매우 유치하단 느낌을 받으실 겁니다. 글의 연결도 부자연스럽습니다.

여기서 한 가지 말씀드릴 것이 있습니다. 《금강경》에는 '사구게四句偈'라는 표현이 자주 나오는데, 위의 유통분에 쓰여 있듯이 '사구게'라 불리는 몇 개의 시만 외워도 큰 복을 받는다고 믿는 분이 의외로 많다는 사실입니다. '스스로 깨닫는 가르침[자력종自力宗]'인 불교를 '무언가 믿고 의지하고 바라는[타력종他力宗]' 기복신앙으로 바꾸는 데 유통분의 기여가 매우 크다고 하겠습니다.

저 자신, 큰 복까지는 바라지도 않고, '사구게'를 열심히 외워서 꼴값 떠는 버릇만이라도 고칠 수 있다면, 밤잠 안 자가며 몇 날 몇 달을 외울 수도 있겠습니다.

---

9. "수보리. 於意云何? 수다원 能作是念, 〈我得 수다원果〉不?"

수보리言, "不也! 世尊. 何以故? 수다원 名爲 '入流' 而無所入 不入 色聲香味觸法. 是名 수다원."

"수보리. 於意云何? 사다함 能作是念, 〈我得 사다함果〉不?"

수보리言, "不也! 世尊. 何以故? 사다함 名 '一往來' 而實 無往來. 是名 사다함."

"수보리. 於意云何? 아나함 能作是念, 〈我得 아나함果〉不?"

수보리言, "不也! 世尊. 何以故? 아나함 名爲 '不來' 而實 無來. 是故 名 아나함."

"수보리. 於意云何? 아라한 能作是念, 〈我得 아라한道〉不?"

수보리言, "不也! 世尊. 何以故? 實 無有法 名아라한. 世尊! 若아라한 作是念, 〈我得 아라한道〉, 卽 爲著 '我·人·衆生·壽者'. 世尊! 佛說, 我得 '無諍삼매人'中 最爲 第一, 是 第一 '離欲아라한'. 我 不作是念, 〈我是 離欲아라한〉. 世尊! 我 若作 是念, 〈我得 아라한道〉, 世尊 則不說, 〈수보리 是 '樂아란나行者'〉. 以수보리 實 無所行, 而名 〈수보리 是 '樂아란나行'〉."

"수보리여. 네 생각은 어떠하냐? 수다원이 〈나는 수다원과를 얻었다〉라는 생각을 해도 되겠느냐?"

수보리가 답하길, "아니 되옵니다. 세존이시여. 왜냐하면, 수다원은 '입류入流'를 뜻하는 이름이지만, 어디에도 들어가는 바가 없사옵니다. 모양·소리·맛·향기·촉감·의식 어디에도 들어가지 않으므로 이를 수다원이라 이름하는 것이옵니다."

"수보리여. 네 생각은 어떠하냐? 사다함이 〈나는 사다함과를 얻었다〉라는 생각을 해도 되겠느냐?"

수보리가 답하길, "아니 되옵니다. 세존이시여. 왜냐하면, 사다함이란 이름은 '일왕래一往來'를 뜻하지만, 가고 옴이 진실로 없기 때문에 이를 사다함이라 이름하는 것이옵니다."

"수보리여. 네 생각은 어떠하냐? 아나함이 〈나는 아나함과를 얻었다〉라는 생각을 해도 되겠느냐?"

수보리가 답하길, "아니 되옵니다. 세존이시여. 왜냐하면, 아나함이라는 이름은 '불래不來'를 뜻하지만, 온다는 개념마저도 진실로 없사옵니다. 그런 까닭에 아나함이라 이름하는 것이옵니다."

"수보리여. 네 생각은 어떠하냐? 아라한이 〈나는 아라한도를 깨쳤다〉라는 생각을 해도 되겠느냐?"

수보리가 답하길, "아니 되옵니다. 세존이시여. 왜냐하면, 아라한이라 이름할 어떤 존재도 진실로 없기 때문이옵니다. 세존이시여! 만약 아라한이 〈나는 아라한도를 깨쳤다〉라는 생각을 한다면, 곧 '아·인·중생·수자'에 사로잡히게 되옵니다. 세존이시여! 스승께선 제가 '모든 다툼을 떠난 경지의 사람들' 중에서 으뜸이고, '첫째가는 욕심을 떠난 아라한'이라고 말씀하시지만, 저 자신이 〈나는 '욕심을 떠난 아라한'이다〉라는 생각을 하지 않사옵니다. 세존이시여! 제가 만약 〈나는 아라한도를 깨쳤다〉라는 생각을 한다면, 스승께서 〈수보리는 '아란나[無諍]행'을 좋아하는 사람이다〉라고 말씀하지 않으셨을 것이옵니다. 제가 행하는 바가 진실로 없기에, 〈수보리는 '요樂아란나행'〉이라고 이름하시는 것이옵니다."

이 부분은 붓다와 수보리가 문답을 통해, 현자와 성인들, 즉 '함이 없는 분들'의 예를 하나씩 소개하는 내용입니다. 붓다께서 살아 계실 적엔 '아라한'(최상의 깨달음을 얻은 사람) 이외에 여기에 등장하는 '수다원·사다함·아나함'이라는 호칭은 없었습니다. 그 당시엔 붓다 자신이 아라한이었고, 붓다께서 몇몇 뛰어난 제자를 아라한이라 불렀다는 기록이 경전에 남아 있습니다. 그렇다면 위의 세 호칭은 어디서 나온 것일까요?

지금도 스리랑카같이 남방불교를 믿는 나라에선 수행자의 최고 목표가 아라한이 되는 것입니다. 그런데 아라한이 되기가 그리 쉽지 않은지라, 아라한에 도달하기까지 몇 단계를 더 만들어 스님들이 중간에 포기하지 않고 수행할 수 있도록 개발한 장치가 '수다원·사다함·아나함'입니다.

군대에서 계급을 정해 군인들의 기를 살려주는 것과 같다고 보시면 됩니다. 그리고 이 네 단계는 불교가 인도의 전통 종교 브라만교에서 아이디어를 슬쩍 훔쳐온 것입니다. 브라만교를 믿는 남자들이 일생을 4단계로 나누어 살아간다[사주기四住期]는 내용을 기억하신다면, 4단계 수행 과정을 쉽게 이해하실 수 있을 겁니다. 이래저래 불교는 브라만교로부터 도움받은 바가 무척 많습니다.

제가 이 부분을 솎아내는 이유는, 붓다께서 수부띠가 이미 도달한 아라한에 관해 물어봄으로써 수부띠의 생각을 슬쩍 떠보려 하신 것이니 앞의 셋은 군더더기일 뿐이기 때문입니다. 또 이렇게 똑같은 형태의 질문을 네 번씩이나 되풀이하는 것은, 이 경의 편찬자가 독자에게 불교 상식을 알려주려 뭔가를 억지로 끼워 넣을 때 써먹던 '기계적인' 표현기법이기 때문입니다. 그런 까닭에 이 '수다원·사다함·아나함' 이야기는 도려내고 바로 '아라한' 이야기로 넘어가는 것이, 붓다께서 강의하시던 그날의 상황을 봐서나 대화 내용으로 봐서나 훨씬 짜임새 있고 설득력 있습니다.

여하튼 이런 군더더기 지식을 전달하려는《금강경》 편찬자의 어쭙잖은 시도로 인해《금강경》의 주제가 자꾸 흐려지고,《금강경》을 읽는 분들의 머릿속은 복잡해지는 것입니다.

---

10. 佛告수보리, "於意云何? 如來 昔在 然燈佛所, 於法 有所得不?

"世尊! 如來在 然燈佛所 於法 實 無所得."

"수보리. 於意云何? 보살 莊嚴 佛土不?"

"不也! 世尊. 何以故? '莊嚴' 佛土者 則非'莊嚴', 是名'莊嚴'."

"是故, 수보리! 諸보살 마하살 應 如是 生淸淨心. 不應住 '色' 生心, 不應住 '聲·香·味·觸·法' 生心. 應 無所住 而 生其心. 수보리! 譬 如有人 身如 '수미山王'. 於意 云何? 是身 爲大不?"

수보리言, "甚大! 世尊. 何以故? 佛說, '非身, 是名 大身'"

부처님께서 수보리에게 이르시길, "네 생각은 어떠하냐? 내가 옛날 연등불 계신 곳에 있을 적에, 진리를 얻은 바가 있느냐?"

"세존이시여! 스승께선 연등불 처소에 계시면서 진리를 얻으신 바가 진실로 없사옵니다."

"수보리여! 네 생각은 어떠하냐? 보살이 불국토를 장엄한다고 생각하느냐?"

"그렇지 않사옵니다! 세존이시여. 왜냐하면, 불국토를 '장엄한다' 함은 곧 '장엄하는 것'이 아니고, '장엄함이 아닌 이것'을 '장엄'이라 이름할 뿐이기 때문이옵니다."

"그런 까닭에, 수보리여! '위 없이 바른 깨달음'을 향한 마음을 낸 모든 보살은 이와 같이 맑고 깨끗한 마음을 내야 하느니라. '모양'에도 머물지 않고 마음을 내야 하고, '소리·향기·맛·촉감·의식'에도 머물지 않고 마음을 내야 하느니라! 어디에도 머무는 바 없이 그 마음을 내야 하느니라! 수보리여! 비유컨대 몸이 산중의 왕 '수미산'만 한 사람이 있다고 하자. 네 생각은 어떠하냐? 이 몸을 크다고 하겠느냐?"

수보리가 답하길, "매우 크옵니다. 세존이시여. 왜냐하면, 스승께서 말씀하시길, '몸이 아닌 것, 이것을 큰 몸이라 이름한다'라고 하시기 때문이옵니다."

대승불교의 색깔이 서서히 드러나기 시작합니다. 위 본문에 등장하는 '연등불然燈佛(디빵까라Dīpaṃkara)'은 붓다께서 전생에 만나 극진히 모신 과거세의 부처님으로, 붓다께 "석가모니라는 이름의 부처가 되리라"라고 예언했다고 전해져 내려옵니다. 그런데 사실 연등불은 붓다께서 돌아가시고 '대승불교'라는 새로운 교파가 생기면서 수많은 부처님을 새로 만들 때 창작된 부처님입니다. 다시 강조하지만, 붓다께선 오직 오늘의 삶만을 말씀하셨지, 전생前生이나 내생來生에 대해선 끝까지 침묵하셨습니다.

그리고 여기서 분명히 짚고 넘어가야 할 것은 구마라집이 쓴 '시명是名…'이라는 한문 표현에 대한 우리말 해석입니다. 저는 지금까지 '是名…'을 우리말로 제대로 번역한 '해설서'를 거의 본 적이 없습니다.《금강경》을 바르게 이해하는 데 결정적인 표현인 '是名…'을 모르면서《금강경》을 안다고 말하는 것 자체가 한마디로 '웃기는' 이야기입니다. 제가 처음 4년간《금강경》을 공부할 때 여러《금강경》도사들께서 쓴 책을 읽으면서 가장 헷갈렸던 부분도 바로 '是名…'이었습니다.

우선 '名' 자입니다.《금강경》에서 '이름 명' 자는 총 41번 나옵니다. 결코 적은 숫자가 아닙니다. 그렇다면 붓다께선 왜 그렇게 부지런히 '名'을 말씀하셨을까요?

'名'은 '저녁 석夕'에 '입 구口'가 합쳐진 한자로, 저녁때엔 앞이 잘 안 보이니까 사람을 입으로 소리 내 부른 것에서 유래했다고들 말합니다. 믿거나 말거나…. 어쨌든 우리 모두 '이름'을 갖고 있습니다. 아니, 세상에 존재하는 모든 것에 '이름'이 있습니다. 가끔 좀 덜된 시인이나 글쟁이들이 "이름 모를 산새가 지저귀고…" 또는 "이름 모를 들꽃이 만발하고 어쩌고…"라고 써서 자신의 무식함과 게으름을 세상에 널리 드러내는 경우를 빼곤,

세상 모든 것이 '이름'을 갖고 있고, '이름'으로 불리고 있습니다.

이름은 사람에게 더욱 중요해서, 사회생활에서 이름은 곧 '자기 자신'입니다. 그래서 우리는 "호랑이는 죽으면 가죽을 남기고 사람은 죽으면 이름을 남긴다"라는 옛말을 굳게 믿으며, 오늘도 자신의 명예를 드높이기 위해 명함을 손에 든 채 '동에서 서로 분주히 재갈(말을 조종하기 위해 입에 물리는 쇠붙이. 여러분께서 지갑에 넣고 다니는 '명함'의 '함'이 '재갈 함銜' 자입니다. 다시 말해 여러분께서 명함을 갖고 있다면, 여러분은 본인도 모르는 사이에 재갈을 물고 살아가는 것입니다)을 물고 달리는[동분서주東奔西走]' 바쁜 나날을 살아가고 있습니다.

그런 우리에게 붓다께선, 또 "그게 아니고…"라고 말씀하십니다. 즉《금강경》에서 '名' 자는 '相'과 함께 대부분 부정적으로 쓰입니다. '명실상부名實相符'(이름과 실제가 똑같음)에서와 같이,《금강경》에서 '名'은 '참될 실實'의 반대말로 쓰이고 있는 것입니다. 한마디로 '名'은 '헛된[虛]' 것을 뜻합니다.《금강경》에서 붓다께서는 모든 '이름'이 '실체'가 아닌 '허상虛相'일 뿐이라고 누누이 강조하고 계십니다. 혹시 우리 중 누군가가 이름[名]만을 좇다가 나중에 자신의 삶에 실망하고 후회할까 봐 말입니다.

그래서 저는 우리말《금강경》에서 '名'을 우리말로 번역할 때, 반드시 '이름할 뿐이다'로 옮겼습니다. 위에 소개한 본문에서 밑줄 그은 부분처럼 말입니다. 읽으셨습니까? '名'을 '이름할 뿐'이라고 번역한 것을?

절에 가서 법당에 꽃을 올리고 청소를 하고 부산을 떨며 부처님 모신 곳을 '잘 꾸민다[장엄莊嚴]' 할지라도, 마음속에 '내가 했다는 생각[아상我相]'이 있다면 진실로 하는 것이 아니고 단지 '장엄'이라 이름할 뿐이란 말씀입니다.

다음은 '是' 자입니다.《금강경》에서 붓다께선 "그게 아니고…"라고 하시고는 곧이어 '是'와 '名'으로 말씀을 마무리하십니다. 즉 '名'이 나올 때면, 어김없이 '是'가 한발 앞서 나오곤 합니다. 그런데 '是'는 결코 어려운 말이 아님에도 불구하고, 대개의《금강경》해설서가 잘못 설명하고 있습니다.

거의 모든 해설서가 '是'를 '이(this)' 또는 '그(that)'로 옮겨 '이를 장엄이라 이름한다' 또는 '그 이름이 장엄이다' 등으로 얼렁뚱땅 애매하게 번역하고 있습니다. 그러나《금강경》에서 '是'는 '…이다(be)'라는 뜻의 경우(예를 들어 "我是韓國人" "나는 한국 사람이다")가 아니면, 예외 없이 앞의 문장 전부를 받는 대명사입니다. 그러므로 "是名莊嚴"은 "장엄함이 아닌[非莊嚴] '이것[是]'을 장엄이라 이름할 뿐[名]이니라"라고 번역해야 맞습니다.

그리고 본문 뒷부분의 '수미산, 큰 몸 어쩌고'는 앞서 말씀드렸듯이 구마라집의 멋진 창작표현인 '응무소주 이생기심' 뒤에 '씰데없이' 붙은 잡소리이고, 문단 나누기로 봐서도 11번째 단락의 첫 부분이어야 맞습니다. 이 부분은 소명 태자의 문장 이해 수준을 짐작할 수 있는 좋은 예입니다.

초기 경전인《경집》은 다음과 같이 붓다의 말씀을 전합니다.

> 이름[名]과 모양[相]에서 접촉이 생기고
>
> 모든 집착執着에서 욕망이 생긴다.
>
> 《경집》 4:11 〈탐욕 품〉

《금강경》에 나오는 '相'과 '名'이라는 낱말의 뜻, 요즘 한국 불교와 스님들이 한 번쯤 되새겨볼 일입니다.

11. "수보리! 如항河中 所有沙數, 如是 沙等 항河. 於意云何? 是諸 항河沙 寧爲多不?"
수보리言, "甚多. 世尊! 但諸항河 尙多無數, 何況其沙!"
"수보리! 我今 實言告汝! 若有 善男子善女人, 以七寶 滿尒所항河沙數 三千大千世界 以用布施, 得福多不?"
수보리言, "甚多! 世尊."
佛告수보리, "若善男子善女人 於此經中 乃至 受持四句偈等 爲他人說, 而此福德 勝 '前福德'!"

"수보리여! 갠지스강에 있는 모래알, 이 모래알만큼의 갠지스강이 있다고 하자. 네 생각은 어떠하냐? 이 모든 갠지스강에 있는 모래알을 정녕 많다고 하겠느냐?"
수보리가 답하길, "매우 많사옵니다. 세존이시여! 그 모든 갠지스강만 해도 셀 수 없이 많거늘, 하물며 그 모래알이야 더 말해 무엇 하겠사옵니까?"
"수보리여! 내가 이제 진실한 말을 너에게 이르노니, 만약 어떤 남녀 보살이 있어, 갠지스강의 모래알만큼 많은 삼천대천세계를 칠보로 가득 채워 보시한다면, 복을 많이 얻겠느냐?"
수보리가 답하길, "매우 많이 얻사옵니다! 세존이시여."
부처님께서 수보리에게 이르시길, "만약 어떤 남녀 보살이 이 경 안에서 사구게만이라도 받아 지니고, 다른 사람을 위해 이야기한다면, 이 복덕은 '앞서 말한 복덕'보다 더 뛰어나리라!"

긴말 필요 없는, 허황된 유통분입니다. 우리 모두 유통분의 지시만 따르면 큰 복 받는 것은 '식은 죽 먹기'입니다. 그런데 지금까지는 눈치 보며 조금씩 끼어들던 유통분이 11단락 이후로는 매우 과감하게, 또 적극적으로 12, 13번째 단락까지 길게 이어집니다. 거짓말도 자꾸 하면 늘듯이….

---

12. "復次, 수보리! 隨, 說是經 乃至 四句偈等! 當知, 此處 一切 世間 天·人·아수라 皆應 供養 如 佛塔·廟. 何況 有人 盡能 受持讀誦! 수보리! 當知, 是人 成就 '最上 第一 希有之法', 若 是經典 所在之處 則 爲有佛 若 尊重弟子!"

"또 다음으로, 수보리여! 마음 내키는 곳 어디서든지, 이 경이나 사구게를 말하라! 마땅히 알지니, 바로 그곳이 세상의 모든 천상계·인간·아수라가 불탑이나 절과 같이 모두 기꺼이 공양 올리는 곳임을. 하물며 어떤 사람이 있어 온 정성을 다해 잘 받아 지니고 읽고 외운다면, 더 말해 무엇 하겠느냐! 수보리여! 마땅히 알지니, 이 사람은 '가장 높고 첫째가는, 정말 드문 진리'를 이루어 얻을 것이고, 또 이 경전이 있는 곳은 부처님과 존경받는 제자들이 계신 곳임을!"

---

13. "수보리! 於意云何? 可以 32相 見 '如來' 不?"

"不也! 世尊. 不可以 32相 得見 '如來'. 何以故? 如來說, '32相 卽是 非相, 是名 32相.'"

"수보리! 若有 善男子善女人 以 항河沙等 身命 布施, 若復 有人 於此經中 乃

至 受持 四句偈等 爲他人說, 其福 甚多!"

"수보리여! 네 생각은 어떠하냐? 32상을 갖추었다면 '나'라고 볼 수 있는 것이냐?"

"그렇지 않사옵니다. 세존이시여! 32상을 갖추었다고 '스승'으로 볼 수 없사옵니다. 왜냐하면, 스승께서 말씀하시길, '32상이란 곧 상이 아니고, 상이 아닌 이것을 32상이라 이름할 뿐'이라고 하시기 때문이옵니다."

"수보리여! 만약 남녀 보살이 있어 갠지스강의 모래알만큼 많은 목숨을 바쳐 보시하고, 또 다른 사람이 있어 이 경 중에서 사구게만이라도 받아 지니고, 다른 사람을 위해 이야기한다면, 이 복이 매우 많으니라!"

13번째 단락은 《금강경》의 제목이 처음 등장하고, 붓다께서 '반야바라밀' 마저도 벼락으로 잘라야 하는 까닭을 분명하게 설명하는 중요한 단락입니다. 또 붓다께서, '진리를 말한 바가 없다'라고 강하게 부정하시고는, 우리가 하찮게 생각하는 '먼지[微塵]'와 거대한 '우주宇宙'를 비교해가면서, 크건 작건 그 모두가 실체가 아니며 '그렇게 이름할 뿐'이라는 말씀을 하고 계십니다.

그런데 바로 뒤에 난데없이 '32상'이라는 표현이 등장합니다. '32상'은 옛 브라만교 경전인 《베다》에서도 볼 수 있는데, '전륜성왕轉輪聖王'(지혜의 바퀴를 굴리며 세상을 다스리는 절대자)이 지니는 '32가지의 성스러운 몸의 특징'을 나타내는 말입니다. 이 '32상'을 불교에서도 받아들여, 붓다께서 돌아가시고 수백 년이 지난 뒤 불상을 만들 때 이른바 '32상 80종호'라는 복잡한 용어를 쓰기 시작했습니다. 그런데 서기 3세기나 되어서야 널리 쓰였음 직한 '32상'이라는 표현이 《금강경》에서 붓다께서 하신 말씀으로 등장한 것입니다. 참으로 어리숭한 편집 수법입니다. 결국 이 부분은 13번째 단락의 앞부분에서 붓다께서 하신 말씀의 가치마저 떨어뜨리는, 한낱 군더더기일 뿐입니다. 어쨌거나 13번째 단락 이후로 《금강경》은 지루한 반복과 쓸데없는 지식 자랑, 또 매우 부풀려진 유통분이 곳곳에 섞여, 읽는 사람을 무척 혼란스럽게 합니다.

서양의 이름 높은 불교학자 에드워드 콘즈가 지적했듯이, 13번째 단락 이후의 《금강경》은, 대개가 앞의 내용을 되풀이하는 어설픈 '잡탕 비빔밥(?)'일 뿐입니다. 했던 말을 또 하고 대승불교의 이론을 끼워 넣기에 바쁘고, 그러다 보니 글의 흐름이 매우 부자연스럽고, 억지 표현도 눈에 많이 띄고…. 여하튼 별 의미를 찾을 수 없는 내용이 계속해서 등장합니다.

지금부터 소개되는 '잡초'들은 한번 읽어보는 정도로 넘어가셔도 《금강경》을 이해하는 데 별 어려움이 없을 것 같습니다. 문제 되는 부분을 일일이 짚고 넘어가다간 이 책이 언제 끝날지 모르겠다는 생각도 드는지라, 별 의미가 없는 '잡초'는 독자 여러분의 심심풀이 소일거리로 남겨드리고, 이후로는 꼭 필요한 부분만 해설하겠습니다.

그런데 이런 소용돌이 속에서도 매우 의미 있는 붓다의 말씀이 '암호'처럼 군데군데 섞여 있어서, '김매기' 하기에 매우 조심스러운 상황이 《금강경》의 마지막까지 계속됩니다.

14. **"世尊! 若復有人 得聞是經 信心清淨, 則生實相!** 當知, 是人 成就 第一希有 功德! (…) **此人 無 '我相** · 人相 · 衆生相 · 壽者相'. 所以者何, '我相', 卽是 '非相', '人相 · 衆生相 · 壽者相', 卽是 '非相'. 何以故? 離 '一切 諸相' 則名諸佛!"

(…)

"수보리! '忍辱바라밀', 如來說; 非忍辱바라밀. 何以故? 수보리! 如我 昔 爲가리王 割截身體, 我 於尒時, 無我相, 無人相, 無衆生相, 無壽者相. 何以故? 我於往昔 節節支解 時, 若有 我相 · 人相 · 衆生相 · 壽者相, 應生瞋 · 恨. 수보리! 又念過去 於五百世 作 '忍辱仙人', 於尒所世 無我相, 無人相, 無衆生相, 無壽者相. 是故, 수보리! 보살 應離一切相 發아누다라삼먁삼보리心! 不應住 '色' 生心, 不應住 '聲 · 香 · 味 · 觸 · 法' 生心! 應生 '無所住心'. 若心有住, 則 爲非住! 是故, 佛說, 보살, 心 不應住 '色' 布施. 수보리! 보살, 爲利益 一切 衆生 應如是 布施! 如來說, 一切諸相 卽是非相. 又說 一切衆生 則非衆生. (…) 수보리! 若보살心 住於法 而行布施, 如人入闇 則無所見. 若보살心不住法 而行布施, 如人有目 日光明照, 見種種色."

"세존이시여! 만일 또 어떤 사람이 있어 이 경을 듣고, 믿는 마음이 맑고 깨끗하다면, 곧 진실이라는 생각을 낼 것이옵니다. 마땅히 알겠사오니, 이 사람은 첫째가는 정말 드문 공덕을 성취할 것이옵니다. (…) **이 사람에게는 '아상** · 인상 · 중생상 · 수자상'**이 없을 것이기 때문이옵니다.** 그 까닭은, '아상'이란 곧 '상이 아닌 것'이고, '인상 · 중생상 · 수자상' 역시 '상이 아닌 것'이기 때문이옵니다. 그런 까닭에, 이 사람은 '모든 상'으로부터 떠나서, 부처님이라 이름하게 될 것이옵니다."

(…)

"수보리여! '인욕바라밀'도, 나는 말하노니, 인욕바라밀이 아니니라. 어째서 아닌가? 수보리여! 내가 옛날 가리왕으로 하여금 내 몸을 칼로 베게 하고, 토막내게 했던 그때, 내게는 '아상'이 없었고, '인상'도 없었으며, '중생상', '수자상'도 없었기 때문이니라. 어째서 '상'이 없었다고 하는가? 그 옛날 내 몸이 토막토막 잘려나갈 때, 만약 내게 '아상·인상·중생상·수자상'이 있었다면, 당연히 성내고, 원망하는 마음을 냈을 것이기 때문이니라. 수보리여! 또 나는 기억하노니, 과거 오백 번째 전생에 '인욕선인'으로 수행하고 있었던 그때, 그곳에서도 나에겐 '아상'도 없었고 '인상'도 없었으며, '중생상' '수자상'도 없었느니라. 그런 까닭에, 수보리여! 보살은 마땅히 일체의 '상'을 떠나서 '위 없이 바른 깨달음을 향한 마음'을 내야 하느니라. '모양'에 머물지 말고 마음을 내야 하고, '소리·향기·맛·촉감·의식'에 머물지 말고 마음을 내야 하느니라. 마땅히 '머무는 바 없이 마음'을 내야 하느니라. 만약 마음이 어디엔가 머물게 되면, 머물지 않도록 해야 하느니라! 그래서 나는 말하노니, 보살은 그 마음이 '모양'에 머물지 말고 보시해야 하느니라. 수보리여! 보살은 세상의 모든 중생에게 이익이 되도록, 이와 같이 보시해야 하느니라. 나는 말하노니, 세상의 모든 상은, 곧 상이 아니니라! 또 말하노니, 모든 중생도, 곧 중생이 아니니라! (…) 수보리여! 만약 보살의 마음이 존재라는 생각에 머물러 보시를 행한다면, 이는 마치 사람이 어둠속에 들어가서 아무것도 보지 못하는 것과 같고, 만약 보살의 마음이 존재라는 생각 없이 보시를 행한다면, 이는 사람에게 눈이 있어, 햇빛이 밝게 비추어 사물을 낱낱이 볼 수 있는 것과 같느니라."

대승불교에는 보살들이 닦아야 하는 덕목으로 '6바라밀'이 있습니다. 남에게 잘 베풀고[보시布施], 정해진 계율을 잘 지키고[지계持戒], 성내지 않고 욕된 것도 잘 참고[인욕忍辱], 게으름 피우지 않고 열심히 공부하고[정진精進], 마음을 잘 가라앉히고[선정禪定], 마지막으로 붓다께서 깨달은 '내가, 내가 아님'을 아는 반야[지혜智慧]를 얻는 것. 해탈과 열반의 '저편 언덕으로 건너가는(바라밀)' 여섯 수행법을 일컬어 '6바라밀'이라 합니다.

그런데 남방불교 스님들은 6바라밀에는 도통 관심이 없고, '8정도八正道'(여덟 가지 바른 수행법)에만 전념하고 있습니다. 이분들의 목표는 오직 깨달음입니다. 지혜로써 깨달음에 이르는 것을 '반야바라밀'이라 하기에, '반야바라밀'은 대승의 이론도 아니고 소승의 주장도 아닙니다. 단지 붓다께서 가르치신 진리를 통해 '깨달음'에 이르는 길을 표현한 말입니다. 소승불교에 맞서, 대승불교에서 반야바라밀 이외에 다섯 가지를 더해 새롭게 주장한 수행법이 '6바라밀'인 것입니다.

결국 엎치나 메치나 똑같은 것을 말만 바꿔 '옳으네, 그르네' 편 갈라 따지는 셈입니다. 그날, 《금강경》 강의 시간에 붓다께선 꼴값 떨지 말고 남에게 잘 베풀고[布施], '내가 반야[智慧]를 얻어 해탈하겠다는 생각[我相]'마저 버려야 진정한 반야바라밀을 이룰 수 있다고 말씀하셨을 뿐입니다. 붓다께서 전생에 '인욕선인'이었느니 뭐니 하는 말들은 모두 이야기 꾸미기를 좋아하는 사람들이 뒷날 만들어낸 '소설'입니다.

---

15. "수보리! 當來之世 若有善男子善女人 能於此經 受持讀誦, 則爲 如來 以佛智慧 悉知是人 悉見是人, 皆得成就 無量·無邊 功德! 수보리! 若有 善男子善

女人, 初日分 以항河沙 等身 布施, 中日分 復以항河沙 等身 布施, 後日分 亦以 항河沙 等身 布施, 如是, 無量 百千万億劫 以'身'布施, 若復有人 聞此經典 信心不逆, 其福勝彼! 何況 書寫 受持讀誦, 爲人解說! 수보리! 以要言之, 是經有 不可思議·不可稱量·無邊功德! 如來爲 '發大乘者'說, 爲 '發最上乘者'說. 若有人 能受持讀誦, 廣爲人說, 如來 悉知是人, 悉見是人, 皆得成就 不可量·不可稱·無有邊·不可思議 功德! 如是人等 則爲荷擔 '如來아누다라삼먁삼보리'. 何以故? 수보리! 若 '樂小法者', 著 '我見·人見·衆生見·壽者見' 則於此經 不能 聽受讀誦, 爲人解說. 수보리! 在在處處 若有 此經, 一切世間 天·人·아수라 所應供養. 當知, 此處 則爲是塔, 皆應恭敬 作礼圍繞 以諸華香 而散其處!"

"수보리여! 앞으로 올 세상에, 남녀 보살이 있어 이 경을 잘 수지독송 한다면, 나는 깨달은 자의 지혜로 이 사람들을 다 알고 다 보나니, 이들 모두 헤아릴 수 없고 가없는 공덕을 이루어 얻게 될 것이니라.
수보리여! 만약 선남자 선여인이 있어, 아침에 갠지스강의 모래만큼 많은 몸을 바쳐 보시하고, 점심때 또 갠지스강의 모래만큼 많은 몸을 바쳐 보시하고, 저녁에도 역시 그만큼 많은 몸을 바쳐 보시하며, 이렇게 헤아릴 수 없는 백천만 억겁의 세월에 걸쳐 몸을 바쳐 보시한다고 하자. 또 다른 사람이 있어, 이 경전을 듣고 믿는 마음을 거스르지만 않더라도, 이 복은 저 '몸 보시의 복'보다 더 뛰어나리라! 하물며, 이 경을 베껴 쓰고 수지독송 하고 사람들이 이해하도록 설명해준다면 더 말해 무엇 하겠느냐! 수보리여! 한마디로 말해, 이 경에는 생각으로 미치지 않고, 헤아릴 수 없으며, 가없는 공덕이 있느니라! 나는 이 경을 '대승의 마음을 낸 사람'을 위해 말하고, '최상승의 마음을 낸 사람'을 위해 말하느니라.

만약 어떤 사람이 이 경을 잘 수지독송 하고 널리 사람들을 위해 말한다면, 나는 이 사람을 다 알고 다 보나니, 이들 모두 크기를 헤아릴 수 없고 말로 할 수 없으며, 가없고 생각으로 미치지 않는 오묘한 공덕을 이루어 얻을 것이니라! 그리하여, 이 사람들은 '내가 깨달은 위 없이 바른 깨달음'을 온몸으로 받아 지니게 될 것이니라. 어째서 그러한가? 수보리여! 만약 '좀스러운 진리'를 좋아하는 사람이라면, '아견·인견·중생견·수자견'에 집착해서 이 경을 듣고 받아들이고 읽고 외울 수 없으며, 다른 사람을 위해 말해줄 수도 없기 때문이니라.

수보리여! 세상 어디든 이 경이 있는 곳은, 세상의 모든 천상계·인간·아수라가 기꺼이 공양을 올리는 곳이니라. 마땅히 알지니, 이곳이 바로 불탑이 되어, 모두가 기꺼이 공경하여 주위를 돌며 절을 올리고, 온갖 꽃향기가 퍼지는 곳임을!"

과장된 표현으로 사람들로 하여금 이 경을 더 많이 읽도록 꼬드기는, 한마디로 유치한 유통분입니다. 아침, 점심, 저녁으로 신도들의 몸과 목숨을 바쳐 보시[육보시肉布施]하라는 말을 붓다께서 하셨을 리 없건마는, 이 경을 편찬한 사람은 '육보시'의 비유를 들어가며 아무런 거리낌 없이 '수지독송'을 권하고, 한발 더 나아가 '베껴 쓰기[서사書寫]'(붓다께서 이 말씀을 하실 때는 베껴 쓸 어떤 것도 없었습니다)까지 권하고 있습니다. 바로 이런 무리수가 이와 같은 말들이 뒷날 끼워 넣어진 것임을 거꾸로 증명하는 것입니다.

게다가 위 본문에 등장하는 '대승大乘•', '최상승最上乘••', '소법小法•••', '불탑佛塔••••' 등의 표현에서 이 경을 편찬한 사람들의 '넓지 않은' 속내를 쉽게 읽을 수 있습니다.

계속 이어지는 16번째 단락은 많은 사람이 《금강경》에서 가장 '감동을 먹곤(?)' 하는 유통분의 결정판입니다.

---

16. "復次, 수보리! 善男子善女人 受持讀誦 此經, 若爲人輕賤, 是人 先世罪業 應墮惡道 以 今世 人輕賤 故, 先世罪業 則爲消滅, 當得아누다라삼막삼보리. 수보리! 我念過去 無量아승기劫, 於'然燈佛'前 得値 八百四千万億 나유타諸佛, 悉皆供養承事 無空過者. 若復有人 於後末世, 能 受持讀誦 此經 所得 功德, 於我所供養 諸佛功德 百分 不及一 千万億分 乃至 算數 譬喩 所不能及! 수보리! 若善男子善女人 於後末世 有, '受持讀誦 此經 所得功德', 我若具說者 或有人聞, 心則狂亂, 狐疑不信. 수보리! 當知, 是經 '義' 不可思議, '果報' 亦 不可思議!"

"또 다음으로, 수보리여! 남녀 보살들이 이 경을 수지독송 함에도 불구하고, 만약 다른 사람이 깔보고 업신여긴다면, 이 사람은 전생에 지은 죄업으로 마땅히 지옥에 떨어져야 할 것이지만, 이번 생에 사람들로부터 업신여김을 받는 것으

• 산스크리트어본의 표현으로는 '위 없는 도를 향한 사람들'.

•• 산스크리트어본의 표현으로는 '가장 훌륭한 도를 향한 사람들'.

••• 좀스러운 법. 소승불교를 낮춰 빗댄 말.

•••• 붓다께서 살아 계실 당시엔 사리가 아직 안 나왔기 때문에 불탑이 없었다.

로 전생의 죄업이 모두 사라지게 되고, 마땅히 '위 없이 바른 깨달음'을 얻게 될 것이니라.

수보리여! 나는 기억하노니, 헤아릴 수 없는 아승기겁의 과거에, '연등불' 앞에서 팔백 사천만 억 나유타에 이르는 모든 부처님을 만나 뵀을 때, 그 많은 부처님을 모두 받들어 모시는 일에 조금도 소홀하고 빠뜨린 것이 없었느니라. 만약 다른 사람이 있어, 뒤에 올 말세에 이 경을 수지독송 해서 얻게 될 공덕에, 내가 부처님을 모셨던 공덕을 비교한다면, 백분의 일에도 미치지 못할 뿐 아니라 천만 억분의 일, 또는 그 어떤 숫자의 비유로도 미치지 못하느니라. 수보리여! 만약, 뒤에 올 말세에 남녀 보살이 있어, 이 경을 '수지독송 해서 얻게 될 공덕'에 대해 내가 자세히 말하는 것을 혹시 누군가 있어 듣는다면, 즉시 마음이 어지러워지고, 여우가 의심하듯 믿지 않을 것이니라. 수보리여! 마땅히 알지니, 이 경이 지닌 '뜻'도 불가사의하고, 이 경의 '인과응보' 또한 불가사의하느니라!"

'입'이 있어도 할 '말'이 없는 내용입니다. 이런 엄청난 부풀리기에 맞서 제가 무슨 말을 덧붙이겠습니까? 그저 한마디 덧붙인다면, 윗글 속에 스님들이 자주 쓰는 표현인 '아승기阿僧祇'라는 말만 접하면 한국 불교의 무식과 게으른 습성을 보는 듯해서 기분이 매우 언짢아지곤 합니다.

'아승기'는 인도 말 '아상캬asaṃkhya'(셀 수 없이 많은 수)를 중국 말로 음만 따서 바꾼 것입니다. 인도 말 발음을 존중해서 중국 사람들은 분명히 '아승기'라고 쓰고 있는데도 우리 스님들은 열에 아홉이 '아승지'라고 말합니다. 게다가 제가 '큰' 돈 들여 구입한 (그런데 도움은 별로 안 되는) '큰' 불교사전에도 '아승지'로 되어 있습니다. 답답한 마음에 스님들께 왜 그렇게 잘못 말하느냐고 물으면, 한결같이 '옛~날부터' 그래왔답니다.

'祇(클 기)'와 '祗(삼갈 지)'가 비슷하게 생기기는 했어도 엄연히 다른 글자이고 뜻만 봐도 '祇'를 써야 옳거늘, 도대체 스님들은 무슨 생각으로 고집스럽게 '아승지'라고 하는지 알다가도 모를 일입니다. 그런데 또 《금강경》의 첫머리에 나오는 '기祇수급고독원'은 '지수급고독원'이라고 말하지 않습니다. 정말 '엿장수 마음대로'입니다.

이렇게 한자 한 글자마저도 제멋대로 쓰고 있는 것이 한국 불교이니, 우리가 그동안 읽고 외워온 《금강경》이 '사이비' 《금강경》이건 말건, 모두가 '나 몰라라' 하지 않았나 생각됩니다. 그래서 저는 '구마라습'이라고 말하는 스님이나 '아승지'라고 고집하는 스님과는 될 수 있으면 상종을 안 하고 있습니다. 옛말에도 "하나를 보면 열을 안다" 했으므로….

---

17. 尒時, 수보리白佛言, "世尊! 善男子善女人 發아누다라삼먁삼보리心, 云何應住, 云何 降伏其心?"

佛告수보리, "善男子善女人 發아누다라삼먁삼보리者, 當生 如是心, 〈我應 滅度 一切衆生, 滅度 一切衆生已. 而無有 一衆生 實滅度者.〉 何以故? 수보리! 若보살 有 '我相·人相·衆生相·壽者相', 則非보살! 所以者何, 수보리! 實無有 '法' 發아누다라삼먁삼보리者. 수보리! 於意云何? 如來 於'然燈佛'所 有 '法' 得아누다라삼먁삼보리不?"

"不也! 世尊. 如我解 佛所說義, 佛 於'然燈佛'所, 無有 '法' 得아누다라삼먁삼보리."

佛言, "如是, 如是. 수보리! 實無有法 如來得아누다라삼먁삼보리. 수보리! 若有 '法' 如來得아누다라삼먁삼보리者, '然燈佛' 則不 與我受記, 〈汝於來世 當得作佛 号 석가모니〉 以實 無有 '法' 得아누다라삼먁삼보리, 是故, '然燈佛'與我 受記, 作是言, 〈汝於來世 當得作佛 号 석가모니〉. 何以故? '如來'者, 卽諸法 '如'義! 若有人言, 〈如來得아누다라삼먁삼보리〉, 수보리! 實 無有 '法' 佛得아누다라삼먁삼보리. 수보리! 如來所得아누다라삼먁삼보리, 於是中 無'實', 無'虛'! 是故, 如來說, '一切法 皆是佛法.' 수보리! 所言 '一切法'者, 卽非 '一切法', 是故 名 '一切法'!"

(…)

"수보리! 보살 亦如是 若作 是言, 〈我當 滅度 無量 衆生!〉, 則 不名 '보살'. 何以故? 수보리! 實無有 '法' 名爲보살. 是故, 佛說, '一切法 無我, 無人, 無衆生, 無壽者'"

그때, 수보리가 부처님께 말씀 올리길,

"세존이시여! 남녀 보살이 '위 없이 바른 깨달음'을 향한 마음을 내었다면 어떻게 살아야 하고, 어떻게 그 마음을 다스려야 하는지요?"

부처님께서 수보리에게 이르시길,

"'위 없이 바른 깨달음'을 구하는 남녀 보살은 마땅히 다음과 같이 마음을 내야 하느니라. 〈저는 세상의 모든 중생을 남김없이 제도하옵니다. 제가 모든 중생을 남김없이 제도하오나, 실제로 제도된 중생은 단 하나도 없사옵니다〉라고! 어째서 그래야 하는가? 수보리여! 만약 보살에게 '아상·인상·중생상·수자상'이 있다면, 곧 보살이 아니기 때문이니라! 그런 까닭에, 수보리여! '위 없이 바른 깨달음을 얻는 진리'라는 것이 진실로 없느니라. 수보리여! 네 생각은 어떠하냐? 내가 '연등불' 계신 곳에 있을 때, '위 없이 바른 깨달음'을 얻는 '진리'가 있었느냐?"

"아니옵니다. 세존이시여! 제가 스승께서 하신 말씀의 뜻을 이해하기로는, 스승께서는 '연등불' 계신 곳에서 '위 없이 바른 깨달음'을 얻는 진리가 없었사옵니다."

붓다께서 말씀하시길,

"정말 그러하느니라. 수보리여! 내게는 '위 없이 바른 깨달음'을 얻는 그 어떤 '진리'도 없었느니라. 수보리여! 만약 내게 '위 없이 바른 깨달음'을 얻는 '진리'라는 것이 있었다면, '연등불'께서 내게 〈너는 내세에 '석가모니'라는 이름의 부처가 되리라〉라는 수기를 내리지 않으셨을 것이니라. '위 없이 바른 깨달음'을 얻는 '진리'가 없었기 때문에, '연등불'께서 내게 수기를 내리시면서 〈너는 내세에 '석가모니'라는 이름의 부처가 되리라〉라는 말씀을 하셨던 것이니라. 어째서인가? '여래'라 함은, 곧 모든 진리가 '있는 그대로'라는 뜻이기 때문이니라.

만약 어떤 사람이 있어, 〈스승께서는 '위 없이 바른 깨달음'을 얻으셨다〉라고 말한다면, 수보리여! 내게는 '위 없이 바른 깨달음'을 얻은 '진리'가 진실로 없느니라.

수보리여! 내가 얻은 '위 없이 바른 깨달음', 그 속에는 '참'도 '거짓'도 없느니라. 그래서 나는 말하노니, '일체법 개시불법', 즉 '세상의 모든 진리가 모두 깨달은 자의 진리'이니라! 수보리여! 방금 말한 '일체법'이라는 것도 곧 '일체법'이 아니니라. 그런 까닭에, '일체법'이라 이름할 뿐이니라."

(…)

"수보리여! 보살 역시 이와 같아서, 만약 〈저는 수많은 중생을 제도합니다〉라는 말을 한다면, 곧 '보살'이라 이름하지 않느니라. 어째서 그러한가? 수보리여! '보살'이라고 이름할 그 어떤 '존재'가 진실로 없기 때문이니라. 그래서 나는 말하노니, '일체법 무아', 즉 세상의 모든 존재에는 '아'가 없고, '인'도 없으며, '중생' '수자'도 없느니라."

앞서 붓다께서 하신 말씀의 되풀이입니다.

'연등불'이 다시 등장하고, 붓다께서 전생에 '석가모니'가 될 것이란 예언을 받았다는 동화 같은 이야기가 한참 계속됩니다. 게다가 '위 없이 바른 깨달음을 얻는 진리[法 得아누다라삼막삼보리]'라는 표현이 여섯 차례나 지겹도록 반복됩니다. 붓다께선 결코 같은 말을 계속 되풀이하지 않습니다. 이는 문장력마저도 지극히 빈약한 누군가가 힘에 부쳐 써 내려간 잡문일 따름입니다. 글을 읽고 나서도 아무런 감동도 느낄 수 없는, 에드워드 콘즈의 표현대로 정말 '도움이 안 되는unhelpful' 내용입니다.

---

18. "수보리! 於意云何? 如來有 肉眼不?"

"如是! 世尊. 如來有 肉眼."

"수보리! 於意云何? 如來有 天眼不?"

"如是! 世尊. 如來有 天眼."

"수보리! 於意云何? 如來有 慧眼不?"

"如是! 世尊. 如來有 慧眼."

"수보리! 於意云何? 如來有 法眼不?"

"如是! 世尊. 如來有 法眼."

"수보리! 於意云何? 如來有 佛眼不?"

"如是! 世尊. 如來有 佛眼."

"수보리여! 네 생각은 어떠하냐? 내게 육안이 있느냐?"

"그렇사옵니다! 세존이시여. 스승께 육안이 있사옵니다."

"수보리여! 네 생각은 어떠하냐? 내게 천안이 있느냐?"

"그렇사옵니다! 세존이시여. 스승께 천안이 있사옵니다."

"수보리여! 네 생각은 어떠하냐? 내게 혜안이 있느냐?"

"그렇사옵니다! 세존이시여. 스승께 혜안이 있사옵니다."

"수보리여! 네 생각은 어떠하냐? 내게 법안이 있느냐?"

"그렇사옵니다! 스승께 법안이 있사옵니다."

"수보리여! 네 생각은 어떠하냐? 내게 불안이 있느냐?"

"그렇사옵니다! 세존이시여. 스승께 불안이 있사옵니다."

이 글은 앞뒤 내용과 아무런 연관이 없는, 정말 뜬금없는 내용입니다. 17번째 단락에서 붓다께선 어떤 사람을 진실로 '보살'이라 이름하는가를 말씀하셨고, 위 내용의 바로 다음에는《금강경》에서 매우 중요한 부분인 '우리의 마음'("어제의 마음도 찾을 길 없고, 오늘의 마음도 찾지 못하며, 내일의 마음도 찾을 수 없다")에 관한 말씀이 나오는데, 갑자기 난데없이 '눈[眼]' 이야기가 끼어들었습니다. 조금 전까지 당신께선 진리도 얻은 바가 없다고 모든 걸 부정하신 분이, 갑자기 '내게 이런저런 눈이 있냐 없냐'며 제자와 농담하듯 이야기 나누는 모습이 무척 초라하게 느껴집니다.

질문 방법도 매우 단조롭고 유치합니다. 아마도 이 경의 편찬자가, 불교에서 말하는 수행 정도에 따라 밝아지는 다섯 단계의 '눈[眼]'을 독자들에게 한 수 가르쳐주고 싶은 욕심에 끼워 넣은, 나름대로 '친절한(?)' 배려라 생각되는데, 이는 제가 아무리 잘 봐주려 해도, 끼워 넣을 자리를 잘못 찾은 매우 어리석은 행동입니다. 붓다의 말씀은 지금부터 결론으로 달려가기 시작하는데, 엉뚱한 '눈' 이야기가 맥을 끊고 있기 때문입니다. 제가 본 모든《금강경》해설서는 이 중요한 순간에 왜 뜬금없이 '눈' 이야기가 끼어들었는지에 대한 설명은 한마디도 없이 '다섯 눈'을 설명하느라 열심입니다. 나무만 보고 숲도 못 보는 그 '눈'으로 도대체 누굴 가르치겠다는 것인지….

---

19. "수보리! 於意云何? 若有人 滿三千大千世界 七寶以用 布施, 是人 以是因緣 得福多不?"

"如是! 世尊. 此人 以是因緣 得福甚多."

"수보리! 若 '福德'有 實, 如來 不說 '得福德多'. 以 '福德無'故, 如來說, '得福德多'."

"수보리여! 네 생각은 어떠하냐? 어떤 사람이 있어 삼천대천세계를 가득 채울 만큼의 칠보를 써서 보시한다면, 이 사람은 이 인연으로 복을 많이 얻겠느냐?"

"그렇사옵니다! 세존이시여. 그 사람은 그 인연으로 복을 매우 많이 얻사옵니다."

"수보리여! 만약 '복덕'이 진실로 있다면, 나는 '복덕을 많이 받는다'라고 말하지 않느니라. '복덕이 없기' 때문에, 나는 '복덕을 많이 받는다'라고 말하느니라."

《금강경》은 복을 주고받는 책이 아님에도, 또 '복' 타령입니다. 19, 20번째 단락은 아무짝에도 쓸모없는 잡소리일 뿐입니다. 그런데 그다음에 이어지는 내용은 정말 수수께끼입니다.

---

20. "수보리! 於意云何? 佛 可以 '具足色身' 見不?"
"不也! 世尊. 如來 不應 以 '具足色身' 見. 何以故? 如來說, '具足色身 卽非具足色身, 是 名 具足色身'"
"수보리! 於意云何? 如來 可以 '具足諸相' 見不?"
"不也! 世尊. 如來 不應 以 '具足諸相' 見. 何以故? 如來說, '諸相具足 卽非具足, 是 名 諸相具足'."

"수보리여! 네 생각은 어떠하냐? 내가 갖춰야 할 '몸의 모습을 모두 갖춘 것(구족색신)'으로 볼 수 있느냐?"
"아니옵니다. 세존이시여! 스승을 '구족색신' 하신 것으로 보아서는 아니 되옵니다. 왜냐하면, 스승께서 이르시길, '구족색신은 곧 구족색신이 아니며, 구족색신이 아닌 이것을 구족색신이라 이름할 뿐'이라 하시기 때문이옵니다."
"수보리여! 네 생각은 어떠하냐? 내가 갖추어야 할 '모든 상을 다 갖춘 것(구족제상)'으로 볼 수 있느냐?"
"아니옵니다! 세존이시여. 당신을 '구족제상' 하신 것으로 보아서는 아니 되옵니다. 왜냐하면, 스승께서 이르시길, '제상구족이라 함은 곧 구족함이 아니며, 구족함이 아닌 이것을 제상구족이라고 이름할 뿐'이라 하시기 때문이옵니다."

21-2. 尒時, 慧命 수보리白佛言, "世尊! 頗有 衆生於未來世, 聞說是法 生 信心不?"

佛言, "수보리! 彼, 非'衆生', 非'不衆生'. 何以故? 수보리! '衆生·衆生'者, 如來說, '非衆生', 是 名 '衆生'."

그때, 혜명 수보리가 부처님께 말씀 올리길,

"세존이시여! 과연 얼마나 되는 중생이, 앞으로 올 세상에 이런 진리의 말씀을 듣고 믿는 마음을 낼는지요?"

부처님께서 말씀하시길, "수보리여! 그들은 '중생'도 아니고, '중생이 아닌 것'도 아니니라. 어째서 그러한가? 수보리여! '중생·중생'이라는 것도, 나는 말하노니, '중생이 아니'고, 중생이 아닌 이것을 '중생'이라 이름할 뿐이기 때문이니라."

이 부분은 모두 62자입니다. 그런데 조금 이상한 점이 눈에 띕니다. 구마라집은 수보리를 표현할 때 '장로長老'라는 표현을 써왔는데, 여기선 갑자기 '혜명慧命'이랍니다. 게다가 '중생자衆生者(중생이라는 것)'라는 표현에서도 평소 구마라집의 어법과 달리, 인도 사람들의 반복표현 습관을 그대로 따라, '중생중생자衆生衆生者'(중생·중생이라는 것)라고 번역하고 있습니다. 번역의 천재가 한 번역이라고 보기엔 표현에 있어 일관성이 없습니다. 무슨 까닭일까요?

결론부터 말씀드리면, 이 부분은 구마라집의 번역 글이 아닙니다. 즉 구마라집은 이 부분을 번역하지 않았던 것입니다. 그럼 이 부분은 누가 한 번역이냐고요?

이것은 구마라집이 《금강경》을 번역하고 나서 백여 년 뒤인 서기 509년, 보리류지가 한 번역입니다. 다시 말해, 이 부분은 보리류지본 《금강경》에 실려 있는 글을 그대로 옮겨놓은 것입니다. 그런데 의문이 꼬리를 잇습니다.

그럼 구마라집본에 없던 이 부분을 누가 왜 끼워 넣은 것일까요? 그 범인은 당나라 때 영유靈幽라는 스님으로 알려져 있습니다. 추측하건대, 어느 날 이 스님이 구마라집본과 보리류지본을 대조하던 중, 구마라집본에 이 부분이 빠져 있는 것을 발견하곤 원본인 산스크리트어본을 찾아보았겠죠. 그런데 인도 말 《금강경》엔 이 부분이 분명히 있는지라, '아! 구마라집이 실수로 빼먹었구나'라고 판단하고 보리류지본에서 이 부분을 옮겨와 친절히 구마라집의 실수(?)를 보완해준 걸 겁니다. 그래서 구마라집본의 《금강경》엔 이 부분이 덜 아문 생채기처럼 흉한 모습으로 오늘까지 자리하고 있는 것입니다. 그렇다면 번역의 달인이라는 구마라집은 왜 이 부분을 빼먹었을까요? 너무 피곤해서 깜빡 졸았을까요?

그랬을 리는 없을 테고, 제가 구마라집 입장에서 이 사건을 다시 추적·구성해보겠습니다.

아마도 구마라집은 이 부분을 번역하는 문제로 무척 고민했을 겁니다. 이 부분이 그토록 번역하기 어려운 부분일까요? 그런 것은 아니고, 이 글의 앞뒤 내용 때문이었을 겁니다.

바야흐로 《금강경》은 막바지로 달려가는데, 그래서 붓다의 말씀도 매우 단호하고 밀도 있게 표현되고 있는데, 당최 이 부분만은 글의 흐름에도 안 맞고, 내용 역시 엉뚱한지라 이해하기에 난감했던 것입니다. 이 글의 앞뒤 글을 요약해서 함께 소개합니다.

> 21-1. "수보리여. 너는 남들에게 '내가 진리를 말한다'라고 말하지 말라. 누군가가 '내가 진리를 말한다'라고 말한다면, 그 사람은 날 비방하는 것이고, 내가 말한 까닭도 잘 모르는 것이니라. 왜냐하면, '진리를 말한다는 것'은 '말할 진리가 없는 것'이기 때문이니라."

> 21-2. 수보리가 여쭙기를, "앞으로 얼마나 많은 중생이 이 진리의 말씀을 듣고 믿는 마음을 낼까요?"
> 붓다께서 이르시길, "그들은 중생이 아니고 중생이 아닌 것도 아니니라. 왜냐하면, 중생이란 것은 중생이 아니고, 이것을 중생이라 이름할 뿐이기 때문이니라."

> 22. 수보리가 말씀 올리길, "그렇다면 스승께선 '위 없이 바른 깨달음'을 얻으셨지만 아무것도 얻은 게 없는 건가요?"
> "정말 그러하느니라. 내가 '위 없이 바른 깨달음'에서 조그마한 진리조차 얻은 것이 없기에 이를 '위 없이 바른 깨달음'이라 이름하느니라."

독자 여러분께선 이 글을 읽고 어떤 느낌이 드십니까? 구마라집께서 했던 고민을 함께 느끼시겠습니까? 만약 아직도 구마라집의 고민이 잘 이해되지 않는다면, 21-2번째 단락을 빼고 21-1번째와 22번째 단락을 연결해서 다시 읽어보십시오.

이젠 이해되십니까?

21-1번째와 22번째 단락은 붓다께서 깨치신 진리와 '위 없이 바른 깨달음'의 본질을 설명하는 매우 중요한 내용이고, 두 글은 아주 자연스럽게 연결되지 않나요? 그렇다면 21-2번째 단락은 붓다의 말씀을 반 토막을 내면서, 또 "중생 어쩌고"라고 뜬금없는 소리를 해대며 왜 그 자리에 있는 걸까요?

그건 구마라집도, 저도 모릅니다. 결국 고민에 고민을 거듭한 끝에 구마라집은 21-2번째 단락을 빼고 번역하기로 결심합니다. 그동안 산스크리트어본을 누구보다 충실히 번역해온 그였지만, 이 부분만은 도저히 있는 그대로 번역할 수 없었던 것입니다. 왜냐고요? 이걸 있는 그대로 번역한다면, 붓다와 수보리는 한순간에 '사오정(?)'이 되어버리니까요.

저는 이 부분을 공부하면서 대번역가 구마라집의 지혜와 용기와 양심을 읽었습니다. 아무리 원본에 있는 내용일지라도 붓다의 말씀을 지나치게 비트는 경우엔, 망설임 없이 인도 말 원본마저도 무시하는 지혜와 용기를 읽은 것입니다. 이것이 구마라집이 다른 《금강경》 번역자와 구별되는 가장 큰 이유입니다.

저도 구마라집의 멋진 표현을 흉내 내보면, "是故 구마라집 而有差別" 입니다.

이렇게 말도 안 되는 말을 겁도 없이 끼워 넣은 사람이나, 이 부분이 빠진 걸 발견하곤 딴 데서 오려내어 눈치 없이 끼워 넣은 사람이나, 그걸 아무 생각 없이 1,500년간 받아 지니고 읽고 외운 사람이나, 《금강경》 해설서를 쓰면서도 이 부분에 대한 내용상의 문제점을 의심도 지적도 없이 넘긴 학자와 스님 모두가 주축일반走逐一般 아닌가요?

---

24. "수보리! 若 三千大千世界中 所有 諸수미山王 如是等 七寶聚 有人, 持用布施. 若人 以此 '반야바라밀經' 乃至 四句게等 受持讀誦 爲他人說, 於前福德百分不及一, 百千万億分 乃至 算數 譬喩 所不能及!"

"수보리여! 만약 삼천대천세계에 있는 모든 수미산을 합친 만큼의 많은 칠보를 모은 사람이 있어, 이것을 가지고 보시한다고 하자. 또 어떤 사람이 이 '반야바라밀경'에서 사구게만이라도 수지독송 하고, 남을 위하여 말해준다면, 앞서 말한 칠보 보시의 복덕은 백분의 일에도 미치지 못할 뿐 아니라, 백 천만 억분의 일 또는 그 어떤 숫자의 비유로도 미치지 못하느니라."

참으로 끈질긴 유통분입니다. 좋은 말도 한두 번이지 이따위 '복덕' 이야기, 독자 여러분께서도 이젠 지겨우시죠?

---

26. "수보리! 於意云何? 可以三十二相, 觀 如來不?"
수보리言, "如是, 如是! 以三十二相, 觀 如來."
佛言, "수보리! 若以三十二相 觀 如來者, '轉輪聖王' 則是如來."
수보리白佛言, "世尊! 如我解佛所說義, 不應 以三十二相 觀 如來."

"수보리여! 네 생각은 어떠하냐? 32상을 갖추었다면, 여래라고 볼 수 있느냐?"
수보리가 답하길, "물론이옵니다. 32상을 갖추었다면, 여래로 볼 수 있사옵니다."
부처님께서 말씀하시길, "수보리여! 만약 32상을 갖춘 것으로 여래로 볼 수 있다면, '전륜성왕'도 여래이겠구나."
수보리가 부처님께 말씀 올리길, "세존이시여! 제가 스승께서 하신 말씀의 뜻을 이해하고 보니, 32상을 갖추었다고 여래로 보아선 아니 되옵니다."

앞서 여러 차례 말씀하신 '상相' 이야기의 되풀이입니다. 그런데 지금까지 그토록 지혜롭던 제자 수보리가 윗글에선 초등학생 수준의 지능도 못 되는 사람으로 바뀝니다. 《금강경》 초반에 '몸의 겉모습[身相]만 보고 스승으로 보아서는 안 된다'라고 큰소리쳤고, 13번째 단락에선 '32상相을 갖췄더라도 여래로 봐선 안 된다'라고 말했던 수보리가, 정작 이날 강의가 끝날 무렵엔 엉뚱한 소리를 하고 있습니다. 강의를 열심히 들었다면 더욱 지혜로워졌어야 마땅하거늘, 아라한과까지 얻은 천하의 수보리가 이번엔 '32상相을 갖췄다면 여래로 볼 수 있습니다'라고 답하고 나서, '아차! 실수!'였다며 금세 반성하는, 정말 코미디 같은 상황을 연출하고 있는 것입니다. 이쯤 되면《금강경》을 인류 최고의 지혜의 책이라고 말하기가 낯 뜨거울 지경입니다. 그런데 현존하는 산스크리트어본《금강경》에는 수보리가 '32상을 갖췄더라도 여래로 볼 수 없다'라고 반대로 답하고 있습니다(에드워드 콘즈도 산스크리트어본을 따랐습니다).

그렇다면 이는 구마라집이 저본으로 삼은 산스크리트어본이 잘못되었든지, 아니면 구마라집이 재미로 위와 같이 바꿔 번역했든지 둘 중 하나일 텐데, 여하튼 이런 '잡초' 부분이 쓸데없이 여러 사람의 머리를 혼란스럽게 하긴 매한가지입니다.

---

27. "수보리! 汝若作 是念, 〈如來 不 以'具足相'故 得아누다라삼먁삼보리〉, 수보리! 莫作 是念, 〈如來 不 以'具足相'故 得아누다라삼먁삼보리〉. 수보리! 汝若作 是念, 〈發아누다라삼먁삼보리者 說 '諸法斷滅相'〉 莫作 是念! 何以故? '發아누다라삼먁삼보리心'者 於法 不說 斷滅'相'."

"수보리여! 네가 만약 〈여래께서 '위 없이 바른 깨달음'을 얻으신 것은 '모든 상을 갖추셨기' 때문만은 아니다〉라는 생각을 하고 있다면, 수보리여! 결코 그런 생각을 하지 말라! 〈여래께서 '위 없이 바른 깨달음'을 얻으신 것은 '모든 상을 갖추셨기' 때문만은 아니다〉라고! 수보리여! 네가 만약 〈'위 없이 바른 깨달음'을 내는 분은 '모든 진리가 상을 없앤다'라고 말씀하신다〉라는 생각을 하고 있다면, 결코 그런 생각을 하지 말라! 어째서인가? '위 없이 바른 깨달음을 향한 마음을 내는' 사람은 진리가 '상'을 없앤다는 말을 하지 않기 때문이니라!"

독자 여러분께선 윗글을 읽고 나서 무슨 말인지 모르시더라도 너무 자책하지 마시길…. 저 역시 수년간 《금강경》을 들여다보았지만 왜 이런 말이 나오고, 이 말이 무엇을 의미하는지 도무지 알 수 없기 때문입니다. 아마도 편찬자가 억지로 말을 만들려다 보니, 이런 식의 꾸밈과 '한 말 또 하기'를

계속하는 걸 겁니다. 윗글은 처음부터 끝까지 말뜻을 이해할 수 없는 미로일 뿐입니다.

깨달음이 뭔지도 모르는 사람이 '깨달은 분'을 흉내 내려다 보니, 이런 웃기지도 않는 말을 할 수밖에 없나 봅니다. 그래서 벌건 대낮에 아무나 깨달았다고 거짓말할 수 없는가 봅니다.

---

28. "수보리! 若보살 以滿항河沙等 世界, 七寶 布施. 若復 有人 知 '一切法 無我' 得成 於'忍', 此보살 勝 '前보살 所得 功德'! 수보리! 以 諸보살 '不受福德'故!"

수보리白佛言, "世尊! 云何 보살 '不受福德'?"

"수보리! 보살 所作福德 不應貪著. 是故 說 '不受福德'!"

"수보리여! 만약 어떤 보살이 갠지스강의 모래처럼 많은 세계를 가득 채울 만큼의 칠보로 보시한다고 하자. 또 다른 사람이 있어, '세상의 모든 존재에 내가 없음'을 알아 '확실한 깨침'을 이룬다면, 이 보살은 '앞의 보살이 얻는 공덕'보다 뛰어나리라! 수보리여! 이들 보살은 '복덕을 받지 않기 때문'이니라!"

수보리가 부처님께 말씀 올리길, "세존이시여! 어째서 보살은 복덕을 받지 않는지요?"

"수보리여! 보살은 자기가 지은 복덕에 욕심내고 집착하지 않느니라. 그래서 '복덕을 받지 않는다'라고 말하느니라."

심심하고 할 말 없으면 복덕 타령입니다. 저는 이런 내용에 더는 토를 달고 싶지 않습니다. 그리고 독자 여러분께서 나중에《금강경》의 참모습을 보신다면, 지금 이 순간의《금강경》은 복덕 타령을 하고 있을 때가 아님을 잘 아시게 될 겁니다. 붓다께선 지금 온 힘을 다해《금강경》의 핵심을 말씀하고 계신데, 참으로 눈치코치 없는 편찬자입니다.

---

29. "수보리! 若有人言〈如來 若來·若去·若坐·若臥〉, 是人 不解 我所說 義. 何以故? '如來'者 無 所從來, 亦無 所去. 故 名 如來."

"수보리여! 만약 어떤 사람이 있어〈여래께선 오시기도 하고, 가시기도 하며, 앉으시기도 하고, 눕기도 하신다〉라고 말한다면, 이 사람은 내가 말한 뜻을 이해하지 못한 것이니라. 어째서 그러한가? '여래'란 존재는 어디서부터 오는 데도, 가는 데도 없기 때문이니라. 그런 까닭에 '여래'라고 이름하느니라."

아니, '여래'가 어떤 분인지 누가 물어봤나요? 깨치신 분께서 왜 난데없이 묻지도 않은 말을 만들어 하시나요? 아무리 살펴봐도, 이 부분은 '마음속의 상相을 버리라'고 가르치시는 붓다께서 결코 말씀했을 리 없는 내용으로, 제 생각에 이 부분은, 마음이 '상相'으로 가득 찬《금강경》편찬자의 꼴값 떨기일 뿐입니다. "니들이 '여래'가 뭔 뜻인지나 알아? 내가 가르쳐줄까?" 하는.

---

31. "수보리! 若人言 〈佛說 '我見 · 人見 · 衆生見 · 壽者見'〉, 수보리! 於意云何? 是人 解 我所說義不?"
"世尊! 是人 不解 如來 所說義. 何以故? 世尊說, '我見 · 人見 · 衆生見 · 壽者見' 卽非'我見 · 人見 · 衆生見 · 壽者見'. 是 名 '我見 · 人見 · 衆生見 · 壽者見'."

"수보리여! 만약 어떤 사람이 〈스승께선 '아견 · 인견 · 중생견 · 수자견'을 말씀하신다〉라고 말한다면, 수보리여! 네 생각은 어떠하냐? 이 사람이 내가 말하는 뜻을 이해하고 있는 것이냐?"
"세존이시여! 그 사람은 스승께서 하신 말씀의 뜻을 잘못 이해하고 있는 것이옵니다. 왜냐하면, 스승께서 말씀하시길, '아견 · 인견 · 중생견 · 수자견'은, 곧 '아견 · 인견 · 중생견 · 수자견'이 아니고, '아견 · 인견 · 중생견 · 수자견'이 아닌 '이것'을 '아견 · 인견 · 중생견 · 수자견'이라고 이름할 뿐이기 때문이옵니다."

'깨달음'에 이르는 길[道]을 알려주는 《금강경》이, 막바지에 이르러 또다시 '아견 · 인견 · 중생견 · 수자견'이라는 말을 되씹고 있습니다. 이 내용은 이미 3번째 단락에서 정리가 끝났음에도 불구하고 《금강경》 편찬자는 아직 뭔가 아쉬움이 남았는지 이번엔 '상相'을 '견見'으로 살짝 바꿔가며 했던 말을 또 하고 있습니다. 아마도 편찬자의 《금강경》 이해 수준은 겨우 이 정도에 머무는 것이 아닐까 생각됩니다. 그나마 붓다의 말씀 중간에 어떻게 해서라도 끼어들고 싶어 하는 '집요함' 하나만은 인정해줘야 할 것 같습니다.

거듭 말씀드리지만, 저 같은 사람에겐 아상我相 하나만을 없애는 것도 벅찬 일입니다. 저 자신, '인상·중생상·수자상' 같은 '귀신 씻나락 까먹는 말'들은 벌써 잊었으니 독자 여러분께서도 좀 덜된 사람들이 이것저것 길게 덧붙이는 '말장난'에 휘둘리지 마시고, 오직 하나, 여러분께서 지닌 아상과의 싸움에서 부디 이기시길!

붓다께서도 끊임없이 '상相'을 버리라고 우릴 응원하고 계시니까요.

---

32. "수보리! 若有人, 以 滿無量아승기世界 七寶 持用 布施. 若有 善男子善女人, 發보살心者, 持於此經, 乃至 四句偈等 受持讀誦, 爲人演說, 其福 勝 彼! 云何 爲人 演說? 不取於'相', 如如 不動!"

"수보리여! 만약 어떤 사람이 있어, 헤아릴 수 없이 많은 아승기 세계를 가득 채울 만큼의 칠보를 써서 보시한다고 하자. 또 만약 보살의 마음을 낸 남녀 보살이 이 경을 지니고, 사구게만이라도 수지독송 하고, 사람들을 위해 쉽게 풀어 설명한다면, 이 복은 먼저의 복보다 뛰어나리라! 그러면 어떻게 풀어 설명할 것인가? '상'을 취하지 말고, 있는 그대로 흔들림 없이 하라!"

마지막 순간까지 유통분이 끼어들어 있습니다. 이것까지 포함해서 《금강경》 속에는 유통분이 모두 열한 군데 똬리를 틀고 있습니다. 이렇게 너저분한 유통분을 포함하여, 주제와 관계없이 끼어든 '군더더기'를 솎아내는 과정을 통해 독자 여러분께선 지금까지 철석같이 믿고 의지해온《금강경》

의 허상을 낱낱이 보신 셈입니다.

혹시 '김매기'를 끝내고 나니, 여러분께서 처음 《금강경》에서 기대했던 것과 너무 달라 실망하셨을지도 모르겠습니다. 매우 안타깝지만 어쩌겠습니까? 이미 저질러진 일인 것을…. 그렇지만 너무 실망하진 마시길! 비록 그동안 추하고 지저분한 '화장'에 가려져 있었지만, 《금강경》의 본래 모습에는 세상 어느 것과도 비교될 수 없는 '그 무엇'이 있으니까요.

맑고 밝은,
그러나 샘물처럼 시린
깨친 분의 참 목소리가.

5장

《금강경》의 참모습

나는 말하노니, 반야바라밀은 곧 반야바라밀이 아니니라.

– 석가모니 붓다

드디어 독자 여러분께선 '잡초'를 모두 솎아낸 구마라집본《금강경》과 제가 새롭게 정리한 우리말《금강경》을 함께 만나보실 차례입니다.

이제 여러분께서 만나게 될 우리말《금강경》은, 제가 처음에 말씀드렸듯이 구구한 해설이 필요 없습니다. 각자가 읽고 느끼는 대로 이해한 뒤, 붓다의 가르침대로 행하면 될 일입니다. 독자 여러분께 쉬운 우리말로《금강경》을 읽고 이해하시길 부탁드립니다.

앞서《금강경》에 대한 해석이 그러했듯이, 제가 한 우리말 번역 역시 기존에 해왔던 것과는 많은 차이가 있기에, 어떤 분들껜 낯설고 어색하게 느껴질 수도 있을 것입니다. 그렇지만 지금까지 누구도 이런 방식으로 번역을 한 적이 없기에, 제가 번역한 우리말 표현을 조금만 눈여겨보신다면《금강경》을 이해함에 있어 새로운 맛을 느끼실 수도 있을 거라 생각됩니다.

물론 제 번역이 가장 잘됐다고는 꿈에도 생각하지 않습니다. 단지 제가 한 이 작업이 앞으로《금강경》을 번역하는 데 새로운 방향을 제시할 수 있기를 바라는 마음뿐입니다. 누군가가 이 번역을 참고해서 정말 좋은 우리말《금강경》을 만들게 된다면, 그《금강경》을 읽는 사람들은 지난날 제가 겪었던 것처럼 쓸데없이 시간과 정력을 낭비하지 않아도 될 것이기 때문입니다. 부디 '눈 밝은' 누군가가 나타나서 이 못난 글을 '손 좀 봐'주시길….

《금강경》은 처음부터 마지막까지 하나로 연결된 '노래'입니다. 그렇지만 이 책에서는 읽는 분들의 편의를 위해 내용의 흐름에 따라 14단락으로 나누었습니다. 읽는 분에 따라 의견이 다를 수 있겠지만, 이것은 스님들이 즐겨 하는 말로 단지 '제 견해'일 따름입니다. 제가 나눈 14단락의 내용을 요약하면 다음과 같습니다.

1.

2,500여 년 전, 기원정사의 어느 날 아침 풍경. 붓다와 많은 비구 스님들이 고개를 숙인 채 바리를 가슴에 껴안고, 맨발로 사위성을 향해 들판을 가로질러 걸어가는 장엄한 모습.

2.

제자 수보리가 묻다. "'위 없이 바른 깨달음'을 향한 마음을 낸 사람(보살)들은 어떻게 살아야 하며, 어떻게 그 마음을 다스려야 하는지요?"

3.

붓다께서 답하시다(이후 '14'까지 계속…). 보살은 모든 중생을 제도한다는 마음을 갖고 살아가되, 아상我相을 갖지 말라!

4.

세상의 모든 상相은 모두 헛되고 거짓이니, 모든 상이 상이 아님을 보면 '참된 자기'를 보게 되리라.

5.

그러기 위해선 '아상'은 물론, '진리에 의지하겠다는 생각'마저도 버려라. 강을 다 건넜으면 뗏목을 버리듯이….

6.

진리란, 손으로 잡을 수도 말로 할 수도 없는 것이니, 현자와 성인들은 '무엇을 한다'라는 생각마저도 없느니라.

7.

이 경의 이름을 '금강반야바라밀'이라 하는 까닭은 너희들이 '반야바라밀'을 이루겠다는 생각마저도 버려야 하기 때문이니라. 내가 너희들에게 단 한마디의 '진리'도 말한 적이 없는 것과 같이.

8.

먼 훗날, 이 경을 읽고 나서도 아무런 두려움이나 집착이 없는 사람은, 진실로 보기 드문 사람일 것이고 '아상'마저도 버린 사람이니라.

9.

'무엇을 한다'라는 생각에 머물지 않고 행하는 사람만이 진실로 보살이니라.

10.

모두가 자기 것이라고 믿고 있는 '마음'마저도 곧 '내 것'이 아니니라. 어제의 마음도 오늘의 마음도 내일의 마음도 붙잡을 수 없기 때문에….

11.

내가 얻은 '위 없이 바른 깨달음'에는 진리라 할 어떤 것도 없느니라. 마찬가지로 너희 모두가 '나'라는 생각에 머물지 않고 살아간다면, 이윽고 '위 없이 바른 깨달음'을 얻게 될 것이니라.

12.

너희 모두가 '나'가 있다고 굳게 믿고 있건만, '나'라고 믿고 있는 그것은 '참나'가 아니니라.

13.

하찮게 여기는 작은 먼지든, 그 크기를 알 수 없는 거대한 우주든, 눈에 보이는 것은 결코 참모습이 아니니라.

14.

'위 없이 바른 깨달음'을 향한 마음을 내는 사람들은 '세상에 존재하는 모든 것'을 상相 없이 보아야 하느니라. 더욱이, '세상에 살아 있는 모든 것'은 잠시 생겼다 사라지는 '꿈 · 환상 · 물거품 · 그림자 · 이슬 · 번개'와 같은 것이니 반드시 이렇게 꿰뚫어 보아야 하느니라.

살아가면서 맞닥뜨리는 여러 가지 괴로움[苦]으로부터 잠시라도 벗어나고픈 우리에게, 붓다께선 당신이 체험한 가장 확실한 방법을 《금강경》을 통해 알려주셨습니다. 그 가르침을 따르고 안 따르고는 순전히 우리 각자의 몫입니다.

옛 경전에 이르기를, 붓다께선 "나는 단지 길을 가르쳐주는 사람일 뿐"이라 하셨으니까요.

결국 붓다께선 우리에게 복을 주는 분이 아니라,
'길 안내자'이실 뿐입니다.
그 길을 걸어가는 것은 우리 각자의 몫입니다.
그것이 《금강경》이 전하는 가르침입니다.

우리말《금강경》

본 우리말《금강경》은 고려국대장도감高麗國大藏都監에서 1238년 제작한 해인사의 팔만대장경판본을 저본으로 삼아 번역 및 편수한 것입니다.

金剛반야바라밀經

금강 경

姚秦 天竺 三藏[1] 구마라집[2] 譯

요진 천축 삼장 역

요 씨가 세운 진나라에서, 삼장에 정통한 인도 사람 구마라집이 중국말로 번역하다.

---

1 삼장三藏은 경經(부처의 말씀), 율律(부처의 계율), 논論(부처의 말씀에 대한 해설과 의견) 등 세 가지 불교 경전을 말한다.

2 인도어를 음역音譯하기 위해 임의로 사용된 한자의 경우, 한자를 밝히지 않고 독음을 표기한다(고유 명사 및 불교 용어는 모두 한국식 한문 독음으로 표기).

1.

如是我[1]聞.
여 시 아 문

一時 佛在사위國[2] 기樹給孤獨園[3],
일 시 불 재 국 수 급 고 독 원

與[4]大비구[5]衆 千二百五十人俱.
여 대 중 천 이 백 오 십 인 구

尒時, 世尊食時 著[6]衣持발[7],
이 시 세 존 식 시 착 의 지

入사위大城 乞食.
입 대 성 걸 식

於其城中 次第[8]乞已[9] 還至本處 飯食訖
어 기 성 중 차 제 걸 이 환 지 본 처 반 사 흘

收衣발 洗足已 敷座而坐.
수 의 세 족 이 부 좌 이 좌

---

1 我는 '나'를 뜻하는 글자로, 본 경전의 화자인 '나'는 부처의 제자인 아난阿難(아난다Ānanda)이다.

2 사위국舍衛國은 빨리어 '사왓띠Sāvatti'(꼬살라국의 수도)의 음역이다.

3 기수급고독원祇樹給孤獨園은 기타祇陀 태자의 숲에 수달다須達多(수닷따Sudatta) 장자가 세운 절. 줄여서 '기원정사祇園精舍'라고도 한다. 수달다 장자는 가난하고 외로운 사람들에게 먹을 것과 잠잘 곳을 제공하여, '급고독給孤獨' 장자라고도 불렸다.

4 與는 '함께' '~와 함께하다'라는 뜻(=俱).

5 비구比丘는 '비꾸bhikkhu'(밥 빌어먹는 사람, 즉 거지)의 음역이다.

1.

이와 같이 나는 들었습니다.

한때 부처님께서 사위국에 있는 기수급고독원에 머무셨는데,

비구 스님 1,250분과 함께 계셨습니다.

그때 세존께서는 밥 드실 때가 되어 옷을 입고 바리를 지니고,

사위 큰 성으로 들어가 밥을 비셨습니다.

그 성안에서 차례로 밥을 빌고, 본디 머물던 데로 돌아와 밥을 드시고[10]

옷과 바리를 거두고 발을 닦은 뒤, 자리를 펴고 앉으셨습니다.

---

6 著은 '입다'라는 뜻(=着).

7 발鉢은 '빠뜨라patra'(밥그릇, 발우, 바루, 바리)의 음역이다.

8 次第는 '차례'를 뜻한다.

9 已는 '끝내다' '마치다' 등을 뜻하며 문장부호 마침표(.)의 역할로도 쓰인다(=訖).

10 산스크리트어본에는 밥을 드신 뒤, 본디 머물던 데로 돌아오셨다고 기록돼 있다.

2.

時, 長老[1]수보리[2] 在大衆中 卽[3]從座起,
시 장로 재대중중 즉종좌기

偏袒右肩 右膝著地 合掌恭敬 而[4]白佛言,
편단우견 우슬착지 합장공경 이백불언

"希有 世尊! 여래[5] 善護念 諸보살[6], 善付囑[7] 諸보살.
희유 세존 선호념 제 선부촉 제

世尊! 善男子善女人[8] 發아누다라삼먁삼보리[9]心,
세존 선남자선여인 발 심

應[10]云何住, 云何[11] 降伏其心?"
응 운하주 운하 항복기심

---

1 長老는 '아유스맛āyusmat'(덕망이 있고 나이가 많은 사람)의 의역이다.

2 수보리須菩提(수부띠Subhūti)는 부처의 제자 중 한 사람으로, 다른 사람과 일절 다툼이 없다 하여 '무쟁제일無諍第一'(아라나 위하린aranā-vihārin)로 불렸다.

3 卽은 대개 '곧' '즉'이라는 뜻으로 쓰이나, 여기서는 '나아가다'라는 의미다.

4 而는 말을 잇는 접속사. '~하고 나서' '그리고' '그러나' '그런데' 등의 뜻으로 쓰인다.

5 여래如來는 '따타tathā[如]' + '아가따āgata[來]'를 한역한 것으로, '그렇게 오신 분'이라는 뜻이다. '여래'란, 문장부호가 없었던 옛 인도나 중국에서 《금강경》을 글로 기록하면서 부처를 나타내기 위해 쓴 간접화법의 표현이다. 직접화법으로 표현하기 위해서는 수보리의 말 속에서는 '스승'으로, 부처의 말씀에선 '나'로 번역해야 한다.

2.

때마침, 장로 수보리가 스님들 사이에 있다가 자리에서 일어나 나아가, 가사를 한쪽으로 걸쳐 오른 어깨를 드러내고 오른 무릎을 꿇고, 두 손 모아 우러르며 부처님께 말씀 올리길,

"정말 드문 분이신 세존이시여! 스승께선 저희 모든 보살을 잘 보살펴주시고, 잘 믿어주시옵니다. 세존이시여! 남녀 보살들이 '위 없이 바른 깨달음'을 향한 마음을 내었다면, 어떻게 살아야 하며, 어떻게 그 마음을 다스려야 하는지요?"

---

6 보살菩薩은 '보디bodhi'(깨달음) + '삿뜨와sattva'(중생, 사람)의 음역으로, '깨달음을 구하는 사람'을 뜻한다.

7 付囑은 부처께서 제자 한 명을 골라 오늘 강의 내용을 잘 기억했다가 전하라고 당부하시던 일을 일컫는다.

8 善男子善女人은 요샛말로 '신사 숙녀 여러분', 즉 '남녀 보살들'의 다른 표현이다.

9 아누다라삼먁삼보리阿耨多羅三藐三菩는 '아눗따라삼약상보디anuttarā-samyak-saṃbodhi'의 음역으로 '위 없이 바른 깨달음[무상무등정각無上無等正覺]'을 뜻한다.

10 應은 대부분 '마땅히' '응당' 등으로 번역하나 '~해야 한다'로 번역함이 옳다.

11 云何는 '어떻게'라는 뜻.

佛言, "善哉[1], 善哉. 수보리! 如汝所說,
불 언 선 재 선 재 여 여 소 설

여래 善護念 諸보살, 善付囑 諸보살.
선 호 념 제 선 부 촉 제

汝今諦[2]聽! 當爲汝說.
여 금 제 청 당 위 여 설

善男子善女人 發아누다라삼먁삼보리心,
선 남 자 선 여 인 발 심

應如是住, 如是 降伏其心!"
응 여 시 주 여 시 항 복 기 심

"唯然[3], 世尊! 願樂[4]欲聞."
유 연 세 존 원 락 욕 문

---

1 哉는 문장부호 중 마침표(.)에 해당하는 글자.

2 諦는 '체' 또는 '제'로 읽는 글자로, '진리' '살피다' 등의 뜻으로 쓰인다.

3 唯는 '네', 然은 '그렇다'라는 뜻.

4 樂는 '즐기다(락)' 또는 '좋아하다(요)'라는 뜻.

부처님께서 말씀하시길, "매우 훌륭하구나. 수보리여! 네가 말했듯이, 나는 모든 보살을 잘 보살피고, 잘 믿고 있느니라. 너는 이제 잘 새겨들으라! 마땅히 너를 위해 말하노니. 남녀 보살들이 '위 없이 바른 깨달음'을 향한 마음을 내었다면, 이와 같이 살아야 하고, 이와 같이 그 마음을 다스려야 하느니라."

"알겠사옵니다. 세존이시여! 바라옵건대, 기쁘게 듣고자 하옵니다."

3.

佛告수보리,
불 고

“諸보살 · 마하살[1] 應如是 降伏其心,
제 응 여 시 항 복 기 심

〈所有一切 衆生之類,
소 유 일 체 중 생 지 류

若[2]卵生, 若胎生, 若濕生, 若化生[3],
약 난 생 약 태 생 약 습 생 약 화 생

若有色, 若無色, 若有想, 若無想,
약 유 색 약 무 색 약 유 상 약 무 상

若非有想非無想,
약 비 유 상 비 무 상

我皆令入 無餘열반[4] 而滅度之.
아 개 영 입 무 여 이 멸 도 지

如是滅度 無量無數 無邊衆生,
여 시 멸 도 무 량 무 수 무 변 중 생

實無衆生 得滅度者!〉[5]
실 무 중 생 득 멸 도 자

何以故[6]? 수보리!
하 이 고

若보살 有我相[7], 卽非보살!”
약 유 아 상 즉 비

---

1 마하살摩訶薩은 ‘마하mahā’(위대한) + ‘삿뜨와sattva’(보살)의 줄임말이다.

2 若은 ‘만약’ ‘(이와) 같다’ 등의 뜻으로 쓰이는 글자. 여기서는 ‘즉’ ‘또’라는 의미다.

3 난생과 태생, 습생, 화생은 불교에서 말하는 중생의 네 종류[사생四生]이다.

4 열반涅槃은 ‘니르와나nirvāṇa’(불을 불어 끄다, 완전한 상태)의 음역이다.

5 〈所有一切… 得滅度者〉의 해석을 대부분 잘못하고 있다. 이 부분은 부처께서 보살들에게 〈…〉와 같은 마음을 지녀야 한다고 이르는 말씀이다. 그러므로 번역할 때 ‘〈…〉라고’ 해야 옳다.

3.

부처님께서 수보리에게 이르시길,

"'위 없이 바른 깨달음'을 구하는 모든 사람은

다음과 같이 그 마음을 다스려야 하느니라.

'세상에 존재하는 모든 종류의 중생들,

즉 알에서 태어난 것, 몸에서 태어난 것,

물에서 태어난 것, 혼자서 생긴 것,

몸이 있는 것, 몸이 없는 것,

생각이 있는 것, 생각이 없는 것,

생각이 있는 것도 아니고 없는 것도 아닌 것,

저는 이 모든 것을 괴로움이 사라진 열반에 들게 하여,

남김없이 제도하옵니다.

이렇게 수없이 많고, 가없는 중생을 제도하지만,

실제로 제도받은 중생은 아무도 없사옵니다'라고!

어째서 그래야 하는가?

수보리여!

만약 보살에게 '나'라는 생각이 있다면,

곧 보살이 아니기 때문이니라!"[6][7]

---

6 何以故는 '어째서 그러한가?' '무슨 까닭인가?' '왜냐하면' 등의 뜻.

7 상相은 '상즈냐saṃjñā'의 한역으로, '생각[想]' '모습[像, 象, 狀]' 등을 아우르는 표현이다. 아상我想은 '나라는, 내가 있다는, 내가 했다는 생각'을 뜻하며 《금강경》에서는 '망상妄想' '겉모습' 등 부정적인 의미로 쓰였다.

4.

"復次, 수보리!
부 차

보살 於法[1] 應無所住 行於布施!
어 법 응 무 소 주 행 어 보 시

所謂, 不住色[2]布施, 不住聲 · 香 · 味 · 觸 · 法布施.
소 위 부 주 색 보 시 부 주 성 향 미 촉 법 보 시

수보리! 보살 應如是布施 不住於相.
응 여 시 보 시 부 주 어 상

何以故? 若보살 不住相布施, 其福德 不可思量!
하 이 고 약 부 주 상 보 시 기 복 덕 불 가 사 량

수보리! 於意云何? 東方虛空 可思量不[3]?"
어 의 운 하 동 방 허 공 가 사 량 부

"不也, 世尊!"
불 야 세 존

"수보리! 南西北方 · 四維[4] · 上下虛空 可思量不?"
남 서 북 방 사 유 상 하 허 공 가 사 량 부

"不也, 世尊!"
불 야 세 존

"수보리! 보살 無住相布施 福德, 亦復如是 不可思量!
무 주 상 보 시 복 덕 역 부 여 시 불 가 사 량

수보리! 보살 但[5]應 如所教住!"
단 응 여 소 교 주

---

1 法은 '와스뚜vastu'의 한역. '사물' '존재' '진리' '의식意識' 등을 일컫는다.

2 色은 '모양'이라는 뜻.

4.

"또 다음으로, 수보리여!

보살은 어떤 것에도 머물지 않고 보시해야 하느니라!

이른바 모양에 머물지 않고, 소리 · 향기 · 맛 · 촉감 · 의식에도 머물지 않고 보시해야 하느니라.

수보리여! 보살은 이와 같이 모습이나 생각, 즉 '상'에 머물지 않고 보시해야 하느니라! 어째서 그러한가? 만약 보살이 상에 머물지 않고 보시한다면, 그 복덕은 생각으로 헤아릴 수 없기 때문이니라.

수보리여! 네 생각은 어떠하냐? 동쪽 허공의 크기를 헤아릴 수 있겠느냐?"

"헤아릴 수 없사옵니다, 세존이시여!"

"수보리여! 남 · 서 · 북쪽과 사유, 상 · 하 허공의 크기는 어떠하냐?"

"헤아릴 수 없사옵니다, 세존이시여!"

"수보리여! 보살이 '상'에 머물지 않고 보시하는 복덕 또한, 이처럼 헤아릴 수 없느니라. 수보리여! 보살은 오로지 가르친 대로 살아야 하느니라!"

---

3 부정의 뜻을 더하는 글자 '不'은 의문을 나타내는 문장부호 물음표(?)로도 쓰인다.

4 四維는 북동, 남동, 남서, 북서 등 네 가지 방향. 인도 사람들은 우리가 말하는 4방 8방(동서남북 + 사유)에 상하上下까지 더해 방위를 열 개[시방+方]로 구분했다.

5 但은 '오직'이라는 뜻.

"수보리! 於意云何? 可以身相[1] 見如來不?"
어 의 운 하 가 이 신 상 견 여 래 부

"不也. 世尊! 不可以身相 得見如來.
불 야 세 존 불 가 이 신 상 득 견 여 래

何以故? 如來 所說身相 卽非身相.[2]"
하 이 고 여 래 소 설 신 상 즉 비 신 상

佛告수보리,
불 고

"凡[3]所有相 皆是虛妄 若見 諸相非相 則[4]見如來!"
범 소 유 상 개 시 허 망 약 견 제 상 비 상 즉 견 여 래

---

1 身相은 몸의 생김새나 겉모습을 말한다.

2 "如來 所說身相 卽非身相"은 '스승[如來]께서 말씀하신 몸의 겉모습[身相]은, 스승의 진실한 실체가 아니[非身相]'라는 뜻.

3 凡은 글머리에 붙여 글의 시작을 나타내는 말. '무릇' '대체로'.

4 則은 '즉' '~하게 되면'이라는 뜻.

"수보리여! 네 생각은 어떠하냐? '몸의 생김새'로 나를 본다고 할 수 있겠느냐?"

"아니옵니다! 세존이시여. '몸의 생김새'로 스승을 본다고 할 수 없사옵니다. 왜냐하면, 스승께서 말씀하신 '몸의 생김새'는 곧 '몸의 모습이 아니기 때문'이옵니다."

부처님께서 수보리에게 이르시길,
"무릇 세상의 모든 상은 헛되고 거짓이니,
모든 상이 '상이 아님'을 보면 나를 보리라!"

5.

수보리白佛言,
백 불 언

"世尊! 頗[1]有衆生 得聞如是 言說章句[2], 生實信不?"
세 존 파 유 중 생 득 문 여 시 언 설 장 구 생 실 신 부

佛告수보리,
불 고

"莫[3]作是說! 如來滅後 後五百歲, 有持戒修福者[4],
막 작 시 설 여 래 멸 후 후 오 백 세 유 지 계 수 복 자

於此章句 能生信心 以此爲實.
어 차 장 구 능 생 신 심 이 차 위 실

當知, 是人 聞是章句, 乃至一念 生淨信者!
당 지 시 인 문 시 장 구 내 지 일 념 생 정 신 자

何以故? 是諸衆生 無復我相, 無法相[5], 亦無非法相!
하 이 고 시 제 중 생 무 부 아 상 무 법 상 역 무 비 법 상

何以故? 是諸衆生 若心取相, 則爲著我.
하 이 고 시 제 중 생 약 심 취 상 즉 위 착 아

若取法相, 卽著我. 若取非法相, 卽著我.
약 취 법 상 즉 착 아 약 취 비 법 상 즉 착 아

是故, 不應取法, 不應取非法!
시 고 불 응 취 법 불 응 취 비 법

---

1 頗는 '퍽' '자못' '생각보다 매우'라는 뜻.

2 章句는 '문장 구절'. 훗날 《금강경》을 글로 기록하면서 '말씀'을 '글'로 바꿔 표현한 것이므로, 본 우리말 《금강경》에서는 당시 현장의 느낌을 살려 '말씀'으로 번역했다.

3 莫은 '아니다' '말다' '~하지 마라' 등을 뜻하는 부정어다.

5

수보리가 부처님께 말씀 올리길,

"세존이시여! 과연 얼마나 되는 중생이 이러한 말씀을 듣고 진실한 믿음을 낼 수 있을는지요?"

부처님께서 수보리에게 이르시길,

"결코 그런 말을 하지 말라! 내가 죽고 나서 오백 년 뒤에도 '계율을 지키며 복을 닦는 사람'이 있어, 이 말에서 능히 믿는 마음을 내고, 이를 '진실한 것'으로 여길지니라.

마땅히 알지니, 이 사람은 이 말을 듣고 오직 한 생각으로 깨끗한 믿음을 내는 사람이리라. 왜냐하면, 이들 중생에게는 다시는 '나'라는 생각이 없을 것이고, '진리'라는 생각도 없을 것이며, '진리가 아니라는' 생각 또한 없을 것이기 때문이니라.

어째서 그러한가? 만약 이들 중생이 마음에 상을 취하면, 곧 '나'에 사로잡히게 되고, '진리'라는 생각을 취해도 '나'에 사로잡히며, '진리가 아니라는' 생각을 취하더라도 '나'에 사로잡히기 때문이니라. 그러므로 '진리'도 취하지 말아야 하고, '진리가 아닌 것'도 취해선 아니 되느니라!

---

4 산스크리트어본의 '덕망이 높고 계율을 지키며 지혜가 높은 구도자'를, 구마라집은 중국 사람들이 좋아하는 '복福'이라는 단어를 넣어 '복을 닦는 사람[持戒修福者]'으로 옮겼다.

5 法相은 '진리라는 생각', 非法相은 '진리가 아니라는 생각'. 둘을 합치면 '진리와 진리가 아닌 것을 분별하는 생각'이라는 의미.

以是義故, 如來常說, '汝等[1]비구! 知 我說法如筏喩[2]者!'
이 시 의 고 여 래 상 설 여 등 지 아 설 법 여 벌 유 자

法尙應捨, 何況非法!"
법 상 응 사 하 황 비 법

1 汝等은 '너희들' '여러분'. '等'은 복수를 나타내는 글자다.

2 뗏목[筏]의 비유[喩]. 《중부中部(맛지마 니까야Majjhima Nikāya)》 〈사유 경〉에 따르면 부처님께서 이렇게 말씀하신 바 있다. "뗏목을 타고 강을 건넜으면 뗏목을 버려라." 즉 깨달음을 얻기 위해 부처님의 가르침(뗏목)을 믿고 따랐을지라도, 깨달음을 얻은 뒤엔 부처님의 말씀마저 버리고 자기 자신만을 의지처로 삼으라는 가르침이다.

이런 뜻에서 나는 늘, '너희 비구들이여! 내가 진리를 뗏목에 비유해 말한 것을 알라!'라고 말하느니라. '진리'도 버려야 하거늘, 하물며 '진리가 아닌 것'이야 더 말해 무엇 하겠느냐!"

6.

수보리! 於意云何?
어 의 운 하

如來得 아누다라삼먁삼보리耶[1]? 如來有 所說法耶?"
여 래 득 야 여 래 유 소 설 법 야

수보리言,
언

"如我解 佛所說義, 無有定法 名아누다라삼먁삼보리,
여 아 해 불 소 설 의 무 유 정 법 명

亦無有定法 如來可說. 何以故?
역 무 유 정 법 여 래 가 설 하 이 고

如來 所說法 皆 不可取, 不可說, 非法, 非非法!
여 래 소 설 법 개 불 가 취 불 가 설 비 법 비 비 법

所以者何[2], 一切賢 · 聖[3] 皆 以無爲法[4] 而有差別[5]."
소 이 자 하 일 체 현 성 개 이 무 위 법 이 유 차 별

---

1 耶는 문장부호 물음표(?)에 해당하는 글자.

2 所以者何는 '그런 까닭에' '왜냐하면' '어째서 그러한가?' 등의 뜻(=何以故).

3 賢 · 聖은 '현자와 성인' 즉 '덕망이 높고 수행이 깊은 분들'.

6.

"수보리여! 네 생각은 어떠하냐?
내가 '위 없이 바른 깨달음'을 얻었느냐? 내가 '진리'를 말한 바가 있느냐?"

수보리가 답하길,
"제가 스승께서 말씀하신 뜻을 이해하기로는, '위 없이 바른 깨달음'이라 이름할 정해진 '진리'가 따로 없고, 스승께서 말씀하시는 '진리' 또한 정해진 것이 없사옵니다. 왜냐하면, 스승께서 말씀하시는 '진리'는 모두 잡을 수도 없고, 말로 할 수도 없으며, '진리'도 아니고, '진리가 아닌 것'도 아니기 때문이옵니다. 그런 까닭에, 세상의 모든 '현자와 성인'들께선 모두 이렇게 '함이 없는 존재'이므로 보통 사람과 구별되옵니다."

---

4 無爲法은 '함이 없는 진리' '함이 없는 존재'. 즉 무언가를 '한다'는 티를 내지 않는 존재. 산스크리트어본에는 '아상스끄르따asaṃskṛta'로 기록돼 있다.

5 差別은 요즘 흔히 쓰는 표현인 '차별화'의 원조. 즉 '보통 사람들과 차별화가 된다'라는 뜻.

"수보리. 於意云何? 아라한[1] 能作是念 我得 아라한道不?"
어의운하 능작시념 아득 도부

수보리言,
언

"不也! 世尊. 何以故? 實無有法 名아라한.
불야 세존 하이고 실무유법 명

世尊! 若아라한作是念 我得아라한道, 卽爲著我.
세존 약 작시념 아득 도 즉위착아

世尊! 佛說, 我得 無諍삼매[2]人中 最爲第一, 是 第一
세존 불설 아득 무쟁 인중 최위제일 시 제일

離欲아라한. 我不作是念 '我是 離欲아라한'.
이욕 아부작시념 아시 이욕

世尊! 我若作是念 '我得 아라한道',
세존 아약작시념 아득 도

世尊則不說 '수보리 是 樂아란나[3]行者'.
세존즉불설 시 요 행자

以수보리 實無所行, 而名 '수보리 是 樂아란나行'."
이 실무소행 이명 시 요 행

---

1 '최고의 깨달음을 얻은 수행자'를 뜻하는 아라한阿羅漢은 빨리어 '아라한뜨arahant', 산스크리트어 '아란arhan'의 음역이다. 줄여서 '나한羅漢'. 의역해서 '응공應供'(마땅히 공양받을 자격이 있는 사람)이라고도 한다.

2 삼매三昧는 '사마디samādhi'(마음을 한곳에 두다)의 음역이다. '선정禪定'으로 의역하기도 한다. 무쟁삼매無諍三昧는 '남과 일절 다툼이 없는 경지'를 뜻한다.

3 아란나阿蘭那는 '아라나araṇa'(싸움이 없는 상태, 마음의 갈등이 없는 상태)의 음역이다. '다툼이 없는[無諍] 상태'를 가리키므로 무쟁삼매로 의역하기도 한다.

"수보리여. 네 생각은 어떠하냐?
아라한이 '나는 아라한 도를 깨쳤다'라는 생각을 해도 되겠느냐?"

수보리가 답하길,
"아니 되옵니다. 세존이시여. 왜냐하면, 아라한이라 이름할 존재가 진실로 없기 때문이옵니다. 세존이시여! 만약 아라한이 '나는 아라한 도를 깨쳤다'라는 생각을 한다면, 곧 '나'에 사로잡히게 되옵니다.
세존이시여! 스승께선 제가, '모든 다툼에서 떠난 경지'의 사람 중에서 으뜸이고, 첫째가는 '욕심을 떠난 아라한'이라고 말씀하시지만, 저 자신이 '나는 욕심을 떠난 아라한이다'라는 생각을 하지 않사옵니다.
세존이시여! 제가 만약 '나는 아라한 도를 깨쳤다'라는 생각을 한다면, 스승께서 '수보리는 아란나행을 즐기는 사람이다'라고 말씀하지 않으셨을 것이옵니다. 제가 행하는 바가 진실로 없기에, '아란나행을 즐기는 수보리'라고 이름하시는 것이옵니다."

佛告수보리,
불 고

"수보리! 於意云何? 보살莊嚴[1]佛土[2]不?"
어 의 운 하 장 엄 불 토 부

"不也! 世尊. 何以故?
불 야 세 존 하 이 고

莊嚴佛土者 則非莊嚴, 是名莊嚴[3]."[4]
장 엄 불 토 자 즉 비 장 엄 시 명 장 엄

"是故, 수보리! 諸보살·마하살 應如是 生清淨心!
시 고 제 응 여 시 생 청 정 심

不應住色 生心, 不應住聲·香·味·觸·法 生心.
불 응 주 색 생 심 불 응 주 성 향 미 촉 법 생 심

應無所住, 而生其心![5]"
응 무 소 주 이 생 기 심

---

1 莊嚴은 '위유하vyūha'(배치, 배열) + '니스빠다야띠niṣpādayati'(성취하다)의 의역. 즉 '잘 꾸미다'란 뜻이다.

2 佛土는 '불국토佛國土'(부처가 계신 곳)의 준말. 산스크리트어본에는 '국토國土'(끄세뜨라ksetra)로 표현된 것을 구마라집이 바꿔 표현했다.

3 是는 앞의 말 '장엄함이 아닌 것(非莊嚴)'을 받는 대명사. 名은 '~라고 이름할 뿐이다'. "是名'莊嚴'"은 '상相'에 머물지 않아야만 진실로 '장엄하는' 것이고, 만약 '상'에 머문다면 '장엄한다고 이름할 뿐'이란 말씀이다.

부처님께서 수보리에게 이르시길,

"수보리여! 네 생각은 어떠하냐? 보살이 불국토를 장엄한다고 생각하느냐?"

"그렇지 않사옵니다. 세존이시여! 왜냐하면, 불국토를 '장엄한다' 함은, 곧 '장엄하는 것'이 아니고 '장엄함이 아닌 이것'을 '장엄이라 이름할 뿐'이기 때문이옵니다."

"그런 까닭에, 수보리여! 위 없이 바른 깨달음을 구하는 모든 사람은 이와 같이 맑고 깨끗한 마음을 내어야 하느니라.

모양에 머물지 않고 마음을 내야 하고, 소리 · 향기 · 맛 · 촉감 · 의식에도 머물지 않고 마음을 내야 하느니라.

어디에도 머무는 바 없이 그 마음을 내야 하느니라!"

---

4 '莊嚴佛土…是名莊嚴'은 산스크리트어본에선 수보리가 아닌 부처의 말씀으로 기록돼 있다.

5 "應無所住, 而生其心!"은 산스크리트어본에는 없는 구절로, 구마라집이 창작한 것이다.

7.

尒時, 수보리白佛言,
이 시 백 불 언

"世尊! 當何名此經? 我等 云何奉持?"
세 존 당 하 명 차 경 아 등 운 하 봉 지

佛告수보리,
불 고

"是經名爲 金剛반야바라밀[1]. 以是名字, 汝當奉持!
시 경 명 위 금 강 이 시 명 자 여 당 봉 지

所以者何? 수보리! 佛說, 반야바라밀, 則非반야바라밀!
소 이 자 하 불 설 즉 비

수보리! 於意云何? 如來有 所說法不?"
어 의 운 하 여 래 유 소 설 법 부

수보리白佛言, "世尊! 如來 無所說."
백 불 언 세 존 여 래 무 소 설

---

1 금강반야바라밀金剛般若波羅蜜은 마음속에 반야바라밀을 이루겠다는 생각을 품고 있다면 반야바라밀을 이룰 수 없으므로, 반야바라밀이란 생각마저도 벼락(와즈라vajra, 금강저金剛杵)으로 자르라는 뜻.

7.

그때, 수보리가 부처님께 말씀 올리길,
"세존이시여! 이 말씀을 무어라 이름해야 하며, 저희는 어떻게 받들어 지녀야 할는지요?"

부처님께서 수보리에게 이르시길,
"이 경을 '금강반야바라밀'이라 이름하고, 너희는 이 이름으로 받들어 지녀야 하느니라! 어째서 '금강반야바라밀'이라고 이름하는가?
수보리여! 나는 말하노니, '반야바라밀은, 곧 반야바라밀이 아니기 때문이니라!'
수보리여! 네 생각은 어떠하냐? 내가 '진리'를 말한 바가 있느냐?"

수보리가 부처님께 말씀 올리길,
"세존이시여! 스승께선 '진리'를 말씀하신 바가 없사옵니다."

"수보리! 於意云何? 三千大千世界[1] 所有微塵[2],
어의운하 삼천대천세계 소유미진

是爲多不?"
시위다부

수보리言, "甚多! 世尊."
언 심다 세존

"수보리! 諸微塵, 如來說, 非微塵, 是名微塵.
제미진 여래설 비미진 시명미진

如來說, 世界[3] 非世界, 是名世界."
여래설 세계 비세계 시명세계

---

1 고대 인도 사람들은 수미산 아래에 있는 하나의 세계를 소세계小世界라 불렀다. 소세계의 천 배가 소천세계小千世界, 소천세계의 천 배가 중천세계中千世界, 중천세계의 천 배가 대천세계大千世界다. 삼천三千은 소천 · 중천 · 대천을 가리킨다. 따라서 삼천대천세계三千大千世界는 10억 개에 이르는 소세계의 모임, 곧 우주宇宙를 뜻한다.

2 微塵은 가장 작은 먼지, 티끌. 즉 '하찮은 것'의 비유로, 현대과학에서 말하는 원자原子에 해당한다.

3 世界는 크기를 짐작할 수 없는 거대한 우주. 우주처럼 크고 거창한 것.

"수보리여! 네 생각은 어떠하냐? 삼천대천세계에 있는 먼지를 많다고 하겠느냐?"

수보리가 답하길,

"매우 많사옵니다! 세존이시여."

"수보리여! 나는 말하노니, 모든 먼지는 먼지가 아니고, 먼지가 아닌 이것을 먼지라고 이름할 뿐이니라. 나는 또 말하노니, 세계라는 것도 세계가 아니며, 세계가 아닌 이것을 세계라 이름할 뿐이니라."

8.

尒時, 수보리 聞說是經[1] 深解義趣 涕淚悲泣 而白佛言,
이시 문설시경 심해의취 체루비읍 이백불언

"希有 世尊! 佛說 如是 甚深經典,
희유 세존 불설 여시 심심경전

我從昔來 所得慧眼[2,3] 未曾得聞 如是之經.
아종석래 소득혜안 미증득문 여시지경

世尊! 若復有人 得聞是經 信心淸淨, 則生實相[4]!
세존 약부유인 득문시경 신심청정 즉생실상

世尊! 是實相者 則是非相. 是故, 如來說, 名實相.
세존 시실상자 즉시비상 시고 여래설 명실상

世尊! 我今得聞 如是經典, 信解受持 不足爲難,
세존 아금득문 여시경전 신해수지 부족위란

若當來世 後五百歲, 其有衆生 得聞是經 信解受持,
약당래세 후오백년 기유중생 득문시경 신해수지

是人則爲 第一希有! 何以故? 此人 無我相."
시인즉위 제일희유 하이고 차인 무아상

---

1 是經은 '이 경전'. 이 표현은 《금강경》 편찬자가 글로 옮길 때 쓴 표현이다. 부처님께서 이 강의를 설하실 당시의 느낌을 살려 '이 말씀'으로 번역했다.

2 慧眼은 '지혜의 눈'. 수행의 정도에 따라 열리는 다섯 단계의 눈(육안肉眼, 천안天眼, 혜안慧眼, 법안法眼, 불안佛眼) 중의 하나.

3 "我從昔來 所得慧眼(제가 예전부터 얻은 지혜의 눈으로도)"은 현존 산스크리트어본에는 '스승께서 지금까지 하신 말씀을 듣고 제게 지혜가 생겼습니다'라고 달리 기록되어 있다.

4 實相은 '진실이라는 생각' '참이라는 생각'.

8.

그때, 수보리가 이 말씀을 듣고, 뜻을 깊이 깨달아 흐느껴 울며 부처님께 말씀 올리길,

"정말 드문 분이신 세존이시여! 스승께서 이처럼 매우 깊은 뜻의 말씀을 하시는데, 저는 예전부터 얻은 '지혜의 눈'으로도 아직 이런 말씀을 들어 보지 못하였사옵니다.

세존이시여! 만일 또 어떤 사람이 있어 이 말씀을 듣고 믿는 마음이 맑고 깨끗하다면, '진실이라는 생각', 즉 '실상'을 낼 것이옵니다.

세존이시여! 방금 말씀드린 '실상'이라는 것도, 곧 '실상'이 아니옵니다. 그래서 스승께선 말씀하시길, '실상이라 이름할 뿐'이라고 하시옵니다.

세존이시여!

제가 지금 이와 같은 말씀을 듣고 나서, 믿고 이해하고 받아 지니는 것은 어렵지 않사오나, 만약 앞으로 올 오백 년 뒤의 세상에 그 어떤 중생이 있어 이 말씀을 듣고서, 믿고 이해하고 받아 지닌다면, 이 사람은 으뜸가는 매우 드문 사람일 것이옵니다. 왜냐하면, 이 사람에게는 '나'라는 생각이 없을 것이기 때문이옵니다."

佛告수보리,
불 고

"如是, 如是! 若復有人 得聞是經 不驚, 不怖, 不畏,
여 시 여 시 약 부 유 인 득 문 시 경 불 경 불 포 불 외

當知, 是人 甚爲希有! 何以故?
당 지 시 인 심 위 희 유 하 이 고

수보리! 如來說, 第一바라밀[1] 非第一바라밀,
여 래 설 제 일 비 제 일

是名 第一바라밀.
시 명 제 일

수보리! 如來是[2] 眞語者, 實語者, 如語者,
여 래 시 진 어 자 실 어 자 여 어 자

不誑語者, 不異語者!
불 광 어 자 불 이 어 자

수보리! 如來 所得法, 此法 無實無虛!"
여 래 소 득 법 차 법 무 실 무 허

---

1 많은 해설서에서 '제일바라밀第一波羅密'을 6바라밀 중 첫째 바라밀인 '보시바라밀布施波羅密'로 풀고 있다. 하지만 '第一'은 '으뜸가다' '첫째' 등의 뜻으로, 마지막 바라밀인 '반야바라밀般若波羅密'의 다른 표현이다.

2 "如來是 眞語者"에서 '是'는 '~이다'라는 뜻이다.

부처님께서 수보리에게 이르시길,

“정말 그러하느니라. 만약 또 다른 사람이 있어 이 말을 듣고서도 놀라거나 떨거나 두려워하지 않는다면, 마땅히 알지니, 이 사람이야말로 매우 드문 사람이니라. 어째서 그러한가?

수보리여! 나는 말하노니, 으뜸가는 바라밀은 으뜸가는 바라밀이 아니고, 으뜸가는 바라밀이 아닌 이것을 으뜸가는 바라밀이라 이름할 뿐이기 때문이니라.

수보리여! 나는 진실한 말을 하고, 참된 말을 하며, 있는 그대로 말을 하고, 허황된 말을 아니 하며, 딴말을 하지 않는 사람이니라.

수보리여! 내가 깨달은 진리, 그 진리에는 참도 없고, 거짓도 없느니라!”

9.

"수보리! 譬如 人身長大!"
비여 인신장대

수보리言,
언

"世尊! 如來說 人身長大, 則爲非大身, 是名大身!"
세존 여래설 인신장대 즉위비대신 시명대신

"수보리! 보살 若作是言 我當莊嚴佛土, 是 不名보살.
약작시언 아당장엄불토 시 불명

何以故? 如來說, 莊嚴佛土者 卽非莊嚴, 是名莊嚴
하이고 여래설 장엄불토자 즉비장엄 시명장엄

수보리! 若보살 通達無我法[1]者, 如來說, 名眞是보살!"
약 통달무아법자 여래설 명진시

1 無我法은 부처께서 깨달은 세 가지 진리, 즉 삼법인三法印 중 제법무아諸法無我(세상에 존재하는 모든 것에는 내가 없다)를 가리킨다. 생전에 부처께서는 '내가 없다[無我]'가 아니라 '내가 아니다[非我]'라고 말씀하셨으나, 세월이 지나면서 '내가 없다'로 바뀌었다.

9.

"수보리여! '사람의 몸이 크다는 것'을 비유해보거라."

수보리가 답하기를,
"세존이시여! 스승께서 말씀하시길, '사람의 몸이 크다는 것은 큰 몸이 아닌 것이고, 큰 몸이 아닌 이것을 큰 몸이라 이름할 뿐'이라 하시옵니다."

"수보리여! 만약 보살이 '저는 불국토를 장엄하옵니다'라고 말을 한다면, 이 사람을 보살이라 이름하지 않느니라. 어째서인가? 나는 말하노니, 불국토를 장엄한다는 것은 곧 장엄하는 것이 아니고, 장엄함이 아닌 이것을 장엄이라 이름할 뿐이기 때문이니라.
수보리여! 만약 보살이 '무아법', 즉 '내가 없다는 진리'에 막힘없이 통한다면, 나는 말하노니, 이 사람을 진실로 '보살'이라 이름하느니라!"

10.

"수보리! 於意云何? 항河[1]中 所有沙, 佛說是沙不?"
어의운하 하중 소유사 불설시사부

"如是! 世尊. 如來說 是沙."
여시 세존 여래설 시사

"수보리! 於意云何? 如一항河中 所有沙, 有如是等항河,
어의운하 여일 하중 소유사 유여시등 하

是諸항河 所有沙數 佛世界. 如是 寧[2]爲多不?"
시제 하 소유사수 불세계 여시 영위다부

"甚多! 世尊."
심다 세존

佛告수보리,
불고

"尒所, 國土中 所有衆生 若干種心[3], 如來悉知.
이소 국토중 소유중생 약간종심 여래실지

何以故? 如來說, 諸心, 皆爲非心, 是名爲心.
하이고 여래설 제심 개위비심 시명위심

所以者何, 수보리!
소이자하

過去心 不可得, 現在心 不可得, 未來心 不可得!"
과거심 불가득 현재심 불가득 미래심 불가득

---

1 항하恒河는 갠지스강의 한자 이름으로, '간가Gaṅgā'의 음역이다.

2 寧은 '차라리' '어찌' '과연'이라는 뜻.

3 心은 '의식의 흐름'을 뜻하는 '찟따 다라citta-dhāra'의 의역이다.

10.

"수보리여! 네 생각은 어떠하냐? 갠지스강에 있는 모래, 내가 이 모래를 말한 적이 있느냐?"

"그렇사옵니다! 세존이시여. 스승께서는 그 모래를 말씀하셨사옵니다."

"수보리여! 네 생각은 어떠하냐? 하나의 갠지스강에 있는 모래알들, 그 모래알만큼의 갠지스강이 있고, 이 모든 갠지스강에 있는 모래알만큼의 불세계가 있다고 하자. 이렇다면 과연 많다고 하겠느냐?"

"매우 많사옵니다. 세존이시여."

부처님께서 수보리에게 이르시길,
"그곳 불국토에 있는 중생들의 갖가지 마음을 나는 다 알고 있나니, 어떻게 다 아는가? 나는 말하노니, 모든 마음은 다 마음이 아니고, 마음이 아닌 이것을 마음이라고 이름할 뿐이기 때문이니라! 그런 까닭에, 수보리여!
어제의 마음도 붙잡을 길 없고,
오늘의 마음도 붙잡지 못하며,
내일의 마음도 붙잡을 수 없느니라!"[4]

---

4 우리가 '내 것'이라고 여기는 '마음'마저도 어제, 오늘, 내일 수천 번 바뀌므로 결국 '마음'마저도 '내 것'이 아니란 말씀이다.

11.

"수보리! 汝勿[1]謂 '如來作是念 我當有 所說法'.
여물위 여래작시념 아당유 소설법

莫作是念! 何以故?
막작시념 하이고

若人言 '如來有 所說法', 卽爲謗佛, 不能解 我所說故.
약인언 여래유 소설법 즉위방불 불능해 아소설고

수보리! 說法者, 無法可說. 是名說法!"
설법자 무법가설 시명설법

수보리白佛言,
백불언

"世尊! 佛得아누다라삼먁삼보리, 爲無所得耶?"
세존 불득 위무소득야

1 勿은 '~하지 말라'라는 뜻(=莫, 毋).

11.

"수보리여! 너는 이런 말을 해선 안 되느니라, '스승께선 마땅히 말할 진리가 있다고 생각을 하고 계신다'라고! 결코 그런 생각을 하지 마라. 어째서 그러한가?
만약 어떤 사람이 '스승께선 말씀하실 진리가 있다'라고 말한다면, 이는 곧 나를 비방하는 것이고, 내가 말한 까닭을 잘 이해하지 못한 것이기 때문이니라.
수보리여! '진리를 말한다'는 것은 '말할 진리가 없는 것'이고, '말할 진리가 없는 이것'을 '진리를 말한다고 이름할 뿐'이니라."

수보리가 부처님께 말씀 올리길,
"세존이시여! 스승께선 위 없이 바른 깨달음을 얻으셨지만 아무것도 얻은 것이 없사옵니까?"

"如是, 如是! 수보리! 我 於아누다라삼먁삼보리,
여시 여시 아 어

乃至 無有少法可得, 是名아누다라삼먁삼보리.
내지 무유소법가득 시명

復次, 수보리! 是法平等, 無有高下,
부차 시법평등 무유고하

是名아누다라삼먁삼보리.
시명

以無我, 修一切善法[1], 則得아누다라삼먁삼보리.
이무아 수일체선법 즉득

수보리! 所言 善法者, 如來說, 非善法, 是名善法."
소언 선법자 여래설 비선법 시명선법

---

1 善法은 '올바른 진리' '좋은 진리'.

"정말 그러하느니라! 수보리여. 내가 위 없이 바른 깨달음에서 티끌만 한 진리조차도 얻을 수 있는 것이 없기에, 이를 '위 없이 바른 깨달음'이라 이름하느니라.

또 다음으로, 수보리여! 이 '진리'는 평등하고 높고 낮음이 없기에, 이를 '위 없이 바른 깨달음'이라고 이름하느니라. '나'가 없음을 알아, 세상의 모든 좋은 진리, 즉 '선법'을 닦으면, 이윽고 '위 없이 바른 깨달음'을 얻게 되느니라!

수보리여! 이른바 '선법'이라는 것도, 나는 말하노니, '선법'이 아니고, '선법이 아닌 이것'을 '선법이라 이름할 뿐'이니라."

12.

"수보리! 於意云何? 汝等勿謂,
어의운하 여등물위

'如來作是念 我當度衆生'.
여래작시념 아당도중생

수보리! 莫作是念! 何以故?
막작시념 하이고

實無有衆生 如來度者.
실무유중생 여래도자

若有衆生 如來度者, 如來 則有我.
약유중생 여래도자 여래 즉유아

수보리! 如來說, 有我者, 則非有我,
여래설 유아자 즉비유아

而凡夫[1]之人 以爲有我!
이범부지인 이위유아

수보리! 凡夫者, 如來說, 則非凡夫."
범부자 여래설 즉비범부

尒時, 世尊 而說게[2]言,
이시 세존 이설 언

"若 以色 見我, 以音聲 求我,
약 이색 견아 이음성 구아

是人 行 邪道, 不能見如來!"
시인 행 사도 불능견여래

---

1 凡夫는 '보통 사람들'. 산스크리트어본에는 '어리석은 보통 사람들'로 기록돼 있다.

2 게偈는 '가타gāthā'의 음역으로, 부처의 가르침을 노래한 시구를 가리킨다(=송頌).

12.

"수보리여! 네 생각은 어떠하냐? 너희들은 이런 말을 해선 안 되느니라,
'스승께선 마땅히 중생을 제도한다는 생각을 갖고 계신다'라고!
수보리여! 결코 그런 생각을 하지 마라!
왜냐하면, 내가 제도할 중생이란 것이 진실로 없기 때문이니라. 만약 내가 제도할 중생이란 것이 있다면, 이는 나에게 '나'가 있음이니라.
수보리여! 나는 '내가 있다'는 것은 '내가 있음이 아니다'라고 말하건만, 범부들은 '내가 있다'라고 하는구나!
수보리여! '범부'라는 것도, 나는 말하노니, '범부'가 아니니라!"

그때, 세존께서 게송으로 말씀하시길,

"만약 모양으로 나를 보거나 목소리로 나를 찾는다면,
이 사람은 삿된 길을 걸어감이니, 나를 볼 수 없으리라!"

13.

"수보리! 若 善男子善女人 以三千大千世界 碎爲微塵,
약 선남자선여인 이삼천대천세계 쇄위미진

於意云何? 是微塵衆[1] 寧爲多不?"
어의운하 시미진중 영위다부

"甚多! 世尊. 何以故? 若 是微塵衆 實有者,
심다 세존 하이고 약 시미진중 실유자

佛則不說 是微塵衆.
불즉불설 시미진중

所以者何, 佛說, 微塵衆 則非微塵衆, 是名微塵衆.
소이자하 불설 미진중 즉비미진중 시명미진중

世尊! 如來所說 三千大千世界, 則非世界, 是名世界.
세존 여래소설 삼천대천세계 즉비세계 시명세계

何以故? 若世界 實有者, 則是一合相[2],
하이고 약세계 실유자 즉시일합상

如來說, 一合相, 則非一合相, 是名一合相."
여래설 일합상 즉비일합상 시명일합상

"수보리! 一合相者 則是不可說.
일합상자 즉시불가설

但, 凡夫之人 貪著其事!"
단 범부지인 탐착기사

---

1 微塵衆은 '빠라마누 삼짜야paramanu-samcaya'(작은 것의 집합체)의 의역. 콘즈는 'a collection of atomic quantities'(원자의 집합체)로 영역했다.

2 一合相은 '하나로 합쳐진 모습', 즉 세계를 나타내는 구마라집식 표현.

13.

“수보리여! 만약 남녀 보살이 삼천대천세계를 부수어 먼지로 만든다고 하자. 네 생각은 어떠하냐? 이 먼지 덩이를 정녕 많다고 하겠느냐?”

“매우 많사옵니다! 세존이시여. 왜냐하면, 만약 이 먼지 덩이가 진실로 있는 것이라면, 스승께서는 ‘이 먼지 덩이’라고 말씀하시지 않았을 것이기 때문이옵니다. 그런 까닭에 스승께서 이르시길, ‘먼지 덩이’는 곧 먼지 덩이가 아니고, ‘먼지 덩이가 아닌 이것’을 ‘먼지 덩이라 이름할 뿐’이라고 하시옵니다.
세존이시여! 스승께서 말씀하신 삼천대천세계도, 곧 ‘세계’가 아니고, ‘세계가 아닌 이것’을 ‘세계라 이름할 뿐’이옵니다. 왜냐하면, 만약 ‘세계’가 진실로 있는 것이라면 하나로 합쳐진 모습, 즉 ‘일합상’일 텐데, 스승께서 이르시길, ‘일합상’은 곧 ‘일합상’이 아니고, ‘일합상이 아닌 이것’을 ‘일합상이라 이름할 뿐’이라 하시기 때문이옵니다.”

“수보리여! ‘일합상’이라는 것은 말로 할 수 없는 것인데, 오직 범부들만 그것에 욕심내고 집착하는구나!”[3]

---

3 위 본문의 의미는 ‘작은 것이 곧 작은 것이 아니고, 큰 것이 곧 큰 것이 아니다’란 말씀. 즉 우리의 몸(우주) 역시 작은 세포(먼지)가 모인 것일진대, 그렇다면 세포가 ‘나’인가, 몸이 ‘나’인가?

14.

수보리! 發아누다라삼먁삼보리心者,
발 심 자

於一切法[1], 應 如是知, 如是見, 如是信解,
어 일 체 법 응 여 시 지 여 시 견 여 시 신 해

不生法相[2]!
불 생 법 상

수보리! 所言 法相者, 如來說, 非法相 是名法相
소 언 법 상 자 여 래 설 비 법 상 시 명 법 상

何以故?
하 이 고

一切有爲法[3], 如夢 · 幻 · 泡 · 影,
일 체 유 위 법 여 몽 환 포 영

如露, 亦如電[4], 應作 如是觀!"
여 로 역 여 전 응 작 여 시 관

佛說是經已.
불 설 시 경 이

長老수보리 及 諸비구 · 비구니[5] · 우바새[6] · 우바이[7]
장 로 급 제

聞佛所說 皆大歡喜 信受奉行.
문 불 소 설 개 대 환 희 신 수 봉 행

---

1 一切法은 '세상에 존재하는 모든 존재' '세상의 모든 진리'.

2 法相은 '존재라는 생각' '실체가 있다는 생각'.

3 有爲法은 '삼스끌땀saṃskṛtam'(살도록 만들어진 것)의 의역. '함이 있는[有爲]' 존재들, 즉 '세상에 살아 있는 모든 것'을 가리킨다.

14.

"수보리여! '위 없이 바른 깨달음'을 향한 마음을 내는 사람은, 세상에 존재하는 모든 것을 이와 같이 알고, 이와 같이 보고, 이와 같이 믿고 이해해서, '존재라는 생각' 즉 '법상'을 내지 말아야 하느니라!

수보리여! 방금 말한 '법상'이라는 것도, 나는 말하노니, '법상'이 아니고 '법상이 아닌 이것'을 '법상이라 이름할 뿐'이니라!

어째서 그러한가?

세상에 살아 있는 모든 것은
꿈·환상·물거품·그림자 같고,
이슬과 같고, 또 번개와 같기 때문이니,
반드시 이와 같이 보아야 하느니라!"

부처님께서 말씀을 마치셨습니다.
장로 수보리와 모든 비구·비구니·우바새·우바이가
부처님께서 하신 말씀을 듣고, 모두 크게 기뻐하며
믿고 받아들여 가르침대로 행하였습니다.

---

4 꿈[夢], 환상[幻], 거품[泡], 그림자[影], 이슬[露], 번개[電] 등은 잠시 생겼다가 사라지는 것들이다. 산스크리트어본에는 별, 등불, 구름을 포함한 9가지로 표현돼 있다.

5 비구니比丘尼는 '비꾸니bhikkhuni'(여성 승려)의 음역이다.

6 우바새優婆塞는 '우빠사까upāsaka'(남성 신도)의 음역이다.

7 우바이優婆夷는 '우빠시까upāsikā'(여성 신도)의 음역이다.

진언眞言[1]

那謨婆伽跋帝 鉢喇壞 波羅弭多曳
나모바가발제 발라양 바라미다예

唵伊利底 伊室利 輸盧馱 毘舍耶 毘舍耶 莎婆訶
옴이리지 이실리 수로다 비사야 비사야 사바하

namo bhagavatī prajñā pāramitāyai

oṃ īriti īṢiri śruta viṣaya viṣaya svāhā[2]

나모 바가와띠 쁘라즈냐 빠라미따야이

옴 이리띠 이쉬리 슈로따 위사야 위사야 스와하

지혜(반야)의 완성이 있기를

그렇게 되기를 기원하옵니다.

---

1 진언眞言은 '만뜨라mantra'(진실되고 거짓이 없는 말)의 한역어이다. 진언의 내용은 산스크리트어 발음을 음사하여 한자로 표기한 것이므로 의미를 전달하지 않는다. 밀교密敎에서는, 뜻을 번역하지 않고 원어대로 읽고 외우면 많은 공덕이 있다고 믿는다.
《금강경》의 진언은 고려국대장도감 판본에서 오직 구마라집의 번역본에만 있다. 현존하는 산스크리트어본에서는 진언을 찾아볼 수 없는데, 이는 현재 남아 있는 산스크리트어본과 구마라집 스님이 참고한 산스크리트어본이 달랐음을 뜻한다. 본 우리말 《금강경》은 구마라집본을 저본으로 삼았기에 진언도 함께 실었다. 티베트 《금강경》에는 위와 비슷한 내용의 더 자세한 진언이 들어 있다.

2 svāhā는 기독교의 '아멘amen'(그렇게 되기를)과 같은 의미다.

6장

에필로그

❖

독자 여러분께 고백합니다.

저 자신이 불교와 관련된 학문이나 경전을 체계적으로 공부한 적이 없기에, 이 책 속에는 크고 작은 잘못과 다듬어지지 않은 논리가 드러나 있을 것임을. 그래서 어떤 분들은 말씀하실 것입니다. 당신이 뭘 안다고《금강경》에 대해 이렇게 말도 안 되는 견해를 보일 수 있느냐고. 그런 분들께 저도 대꾸할 말은 있습니다. 발명가 에디슨은 초등학교 3학년 중퇴의 학력으로 '가방끈 긴' 누구도 만들지 못한 전구를 발명해, 오늘도 우리 모두를 위해 까만 밤을 밝혀주고 있노라고.

또 고백합니다.

이 책의 많은 부분은 다른 분들의 생각과 표현을 훔친 것임을. 아마도 온전히 제 것이라고 할 수 있는 것은《금강반야바라밀경》에 대한 분석과 해석, 그리고 우리말 번역뿐일 것입니다. 이 책을 쓴 목적이 붓다의 말씀에 함부로 저질러진 훔치기[표절剽竊], 비틀기[왜곡歪曲], 끼워 넣기[첨가添加]를 밝혀내는 것이라고 큰소리했던 제가 정작 이 책에서 그런 짓을 해댄 것은 자기모순이 틀림없습니다.

그런데 모두 그렇지는 않겠지만 저를 비롯해 다큐멘터리 PD라는 족속의 태생적 한계가 그런 것입니다. 그들은 어떤 분야에 전문적인 지식을 갖춘 존재가 아니라, 해당 분야의 훌륭한 분이나 전문가의 의견을 그러모은 뒤, 그 귀한 남의 목소리를 재가공해서 짜깁기하는 데 매우 능숙한 재주를 지닌 사람들입니다. 그러고 나서도 별로 죄책감을 느끼지 않는 경우가 많은데, 그 까닭은 그렇게 재가공한 프로그램이 최소한 공공의 이익에 어긋나지는 않는다는, 자기 자신에겐 매우 너그러운 묘한 논리로 무장되어 있기 때문일지도 모를 일입니다. 저 역시 이 책에서 그런 자위自慰 행위를 수없이 했음을 고백합니다.

그나저나 여러 이름 높은 학자나 스님들께서 지금까지 해왔던《금강경》 해석解釋*과는 전혀 다른 해석解析**을 하는 이 책이, 어떤 분들로부터는 '모난 돌' 소리를 들을 것도 어렵잖게 짐작할 수 있습니다. 그래도 제 생각엔 변함이 없습니다.

아닌 건 아닌 것입니다!

또한 '불편한 진실'도 분명 진실입니다.

이 책을 끝내는 길모퉁이에 서 있는 지금, 옛사람들께서 남긴 말 한마디가 제 머릿속을 맴돕니다.

---

* 문장이나 사물 따위로 표현된 내용을 이해하고 설명함.
** 사물을 자세히 풀어서 논리적으로 밝힘.

> 去則印住 住則印破
>
> 거즉인주 주즉인파
>
> 《벽암록碧巖錄》 第38칙

쉽게 풀어 말씀드리면, 어떤 계약을 할 때, 서류에 도장을 찍고 나서 도장 든 손을 떼야만[去] 도장의 내용[印]이 서류에 남아 알아볼 수가 있지, 도장을 찍고 나서도 도장을 쥔 손이 계속 그 자리에 머물고[住] 있다면, 결국 도장의 내용을 알 수도 없고 계약도 이루어질 수 없다[破]는 뜻입니다. 한마디로, '도장을 찍었으면, 그 찍은 자리에서 손을 떼라'는 말입니다.

이 말은, 길을 떠나기로 마음먹고 나서 준비한답시고 이리저리 시간만 허비하다 결국 떠나지 못하고 주저앉곤 하는 우리의 머뭇거림을 도장 찍는 일에 비유한, 짧고 날카로운 경구입니다. 붓다께서도 이와 비슷한 말씀을 하신 적이 있습니다.

> 저편 강 언덕에 이르렀으니, 이제 뗏목은 소용이 없다.
>
> (뗏목을 버리고 떠나라.)
>
> 《경집》 〈사蛇 품〉 21

《금강경》은 깨달음의 '지남철'입니다. 《금강경》은 종교와 인종을 떠나, 인류 모두가 최고의 스승으로 인정하는 붓다께서 얻은 깨달음을 전하고, 오늘을 살아가는 우리에게 종교가 갖는 의미가 무엇인지를 생각하게 하는 매우 요긴한 지남철입니다. 고장 난 지남철로는 결코 바른길을 찾을 수 없습니다.

제가 이 책을 쓰기로 마음먹은 것은, 제 알량한 지식을 뽐내기 위함도 아니고, 새로운 주장을 펴 불필요한 논란을 일으킬 의도는 더더욱 없습니다. 다만, 진정 다만, 지남철의 도움으로 어두운 밤 깊은 산속에서도 길을 잃지 않듯이, 많은 분께서 삶의 거친 파도를 헤쳐나가는 데 있어《금강경》이 '마음의 지남철'로 자리하길 바랐기 때문이었습니다. 제가 수정 편집한 우리말《금강경》과 기존의《금강경》중 어떤 것이 바른 지남철인지를 판단하는 것은 이제 순전히 독자 여러분의 몫입니다.

어린아이의 눈엔 모든 것이 새롭고 신기합니다. 아이들의 눈이 새롭기 때문입니다. 다시 말해, 그들의 머릿속엔 '기억'할 것이 많지 않으니, 매일 귀 열고 듣는 것마다 새롭고, 눈 뜨고 보는 것마다 신기하기만 한 것입니다.

아무리 아니라고 우기고 싶어도, 우리는 모두 도리 없이 자신이 가진 선입견이나 편견 또는 기억이라는 창窓을 통해 세상을 보기 마련입니다. 절집에선 이런 세상 바라보기를 '관견管見'이라 부릅니다. 쉽게 풀면, '대롱[管]을 통해 바라보기[見]'입니다. 제아무리 통이 커 보이고 마음공부가 제법 깊다고 하는 사람도, 실은 자신이 만든 대롱을 통해 세상을 바라본다는 뜻으로, 우유 빨대 지름 정도의 대롱을 가진 사람은 아무리 애를 쓰더라도 결국 빨대 지름만큼의 세상밖에 볼 수 없음을 지적하는 말입니다. 만약 그 대롱을 없애버린다면 모든 것을 한눈에 꿰뚫어 볼 수도 있을 텐데 말입니다.

《금강경》에서 붓다께서 여러 차례에 걸쳐 '상相을 취하지 말라'고 하신 말씀은, 결국 '어제의 기억이라는 대롱을 통해 오늘의 사물을 바라보지 말라'는 뜻일 것입니다. 어린아이가 새롭게 보고 듣는 그 천진함 속에,《금강경》을 바르게 이해하는 비결이, 또 모든 어른이 순간마다 새롭게 태어나서 영원히 살 수 있는 묘책이 있을지도 모를 일입니다.

또다시 말씀드리지만, 《금강경》은 수지독송 하고 베껴 쓰면 큰 복을 받고 운수대통하는 그런 책이 결코 아닙니다. 《금강경》의 가르침은 지극히 명료합니다. 《금강경》은 우리가 '나[我, ego]'라고 굳게 믿고 있는 것이 '실제 나가 아님[非我]'을 깨닫고 '본래의 나[眞我, self]'를 찾아 '모난 돌'로 잘 살아갈 방법을 알려주는, 붓다께서 손수 체험한 깨침의 가르침입니다.

붓다께서 말씀하십니다.

> 내가 있다 함은 곧 '내가 있음'이 아니건만,
>
> 보통 사람들은 '내가 있다'라고 여기는구나.
>
> 有我者 則非有我 而凡夫之人 以爲有我

이 말씀에 제가 감히 '뱀의 다리'를 덧붙입니다.

- 붓다께선 '자기 자신에게만 의지하라'고 하셨건만, 우리는 다른 무언가를 믿고 그것에 기대지 않으면 불안하다고 투정합니다.

- 붓다께선 진정한 깨달음이란 자신이 '평범'하다는 사실을 아는 것이라고 하셨건만, 우리는 조금이라도 더 '비범'해 보이려고 조바심합니다.

- 붓다께선 우리가 그토록 집착하고 욕심내는 것 모두가 '영혼의 때'라고 하셨건만, 우리는 그것이 우리를 살찌우는 '보약'이라고 굳게 믿으며 살아갑니다.

- 붓다께선 '기억'의 고리를 끊으라 하셨건만, 우리는 '기억'이 없으면 어떻게 사느냐고 되레 코웃음 치고 있습니다.

- 붓다께선 당신이 깨친 진리마저도 '버리라' 하셨건만, 우리는 무엇이든 '쌓느라' 하루해가 짧습니다.

- 붓다께선 '오늘'을 살라고 하셨건만, 우리는 '내일, 그리고 죽고 난 뒤의 일'을 알고 싶어 안달입니다.

2003년 제가 이상한 체험을 했던 그날, 의심 많던 제 귓가에 섬진강 바람결에 실려 온 대답을 여러분께 전해드리면서, 붓다께서 전해주신 깨침의 가르침인《금강경》에 제가 버릇없이 덧붙인 모든 '뱀의 다리'를 자르렵니다.

좋은 생각을 할 것.
그 생각을 행할 것.
그리고 바로 잊을 것!

짧지 않은 시간 동안 저를 붙잡고 놓아주지 않았던《금강경》에 '주즉인파住則印破' 해온 제가, 독자 여러분께《금강경》의 참모습을 전해드린 지금, 더 이상《금강경》에 머물러야 할 어떤 이유도 없는 것 같습니다. 마지막으로 제가 독자 여러분께 당부드리고 싶은 말씀은,

"부디 믿는 걸 옳다고 하지 마시고, 옳은 걸 믿으시길…."

도움 주신 분들

제게 도움을 주신 분들이 계십니다. 그런데 감히 단언하건대, 이 책을 쓰거나 《금강경》을 공부하는 데 있어, 오늘날 이 땅에서 살아 숨 쉬고 계신 분들로부터 제가 도움을 받은 바는 거의 없습니다. 그동안 만나온 《금강경》에 관해 공부가 깊은 분들은 대개가 반면교사反面教師였을 뿐입니다.

아래 소개하는 분들은 이미 돌아가신 분들로, 《금강경》을 바르게 이해하는 과정에서 내내 걸림돌이었던, 제 마음속의 어둡고 추한 때를 벗겨주신 분들입니다.

◆ 지두 크리슈나무르티Jiddu Krishnamurti, 1895~1986

책의 서두에서 말씀드렸듯이, 제가 서른을 막 넘기던 시점의 어느 날 꿈속에서 우연히 만난 뒤로 지금까지 스승으로 모시는 분입니다. 모든 인류의 스승이신 붓다도 이분을 통해 알게 되었습니다. 어떤 사람에 대한 평가가 사람에 따라 크게 다른 경우를 자주 접하게 되는 까닭은, 바로 사람마다 대롱[管]의 크기가 다르기 때문일 것입니다. 크리슈나무르티를 바라보는 눈도 사람마다 다를 것입니다.

인도에서 태어난 크리슈나무르티는 서른을 넘기면서부터 60여 년간을, 우주 속의 작은 티끌, 지구라는 작고 푸른 별에서 함께 살아가는 모든 사람을 진정 사랑했던 분입니다. 이분은 우리와 같은 시간을 살다 간, 그리고 2,500여 년 전 석가모니 붓다의 유언대로 살다 간, 또 한 명의 '붓다'였습니다.

자기를 따르는 전 세계의 사람들에게 자신을 숭배하는 어떠한 형태의 종교단체도 만들지 말라 가르치고, 그 가르침을 마지막까지 행동으로 옮겼으니, '깨달은 자'로 알려졌던 인도 출신의 명상가 오쇼 라즈니쉬Osho Rajneesh가 수많은 추종자에 둘러싸여 최고급 승용차를 수십 대나 갖고 거드름 피우다가 결국 미국에서 추방당하고 죽어간 경우와 비교됩니다.

이분은 60여 년 동안, 우리가 혹해서 듣기 좋아하는 죽음이나 저세상 이야기는 단 한 번도 말한 적 없이 오직 우리가 발 딛고 살아가는 오늘의 삶만을 이야기했으며, 다른 것은 다 의심하면서도 자기 마음만은 의심하길 싫어하는 우리에게 '나'의 실체를 아는 것 말고는 어떤 깨침도 헛된 거짓임을 강조했습니다. 또한 무엇인가에 의지하거나 그것을 믿는 행위로는 누구도 참 자유를 얻을 수 없음을 평생 가르치다 가셨습니다.

크리슈나무르티는 지난날 '둥근 돌'이고 싶었던 저를 '모난 돌'로 바꾼 분입니다. 어찌 보면 제 인생을 망친(?) 이분이 제 인생의 구루Guru입니다.

Guru는 Gu(어리석음을 없애는 사람)와 Ru(깨달음으로 이끌어주는 사람)가 합쳐진 인도 말로, '어둠을 몰아내고 빛으로 이끌어주는 스승'을 뜻합니다. 그러니 제게 크리슈나무르티는, 빛을 밝힐 전구를 안겨준 또 한 명의 에디

슨인 셈입니다.

제 생각에 이분은, 석가모니 붓다와 마찬가지로 '진리가 사람을 넓히는 것이 아니라, 사람이 진리를 넓힘[인능홍도 비도홍인人能弘道 非道弘人]'을 온몸으로 보여준 '참 스님'이십니다.

◆ 걸레 중광重光 스님, 1934~2002

수많은 사람의 대롱[管]을 무척 헷갈리게 하다 가신 분입니다. 어떤 이는 이분을 성자聖者라 하고, 또 어떤 이는 '맛이 좀 갔으니 병원에 가야 한다' 말했습니다. 제게 이분은, 설거지하는 법과 목욕하는 법, 짜장면 먹는 법, 신발 벗는 법, 절하는 법같이 딱히 배울 것이 없어 보이는 유치한(?) '법'들을 가르쳐주신 참으로 별난 스님입니다.

정말 운 좋게도 중광 스님과 14년을 함께할 수 있었는데, 그 짧지 않은 세월 동안 이분께서 붓다나 옛 조사의 말씀을 인용하는 경우를 단 한 차례도 듣거나 본 적이 없습니다. 승적을 빼앗기긴 했지만 분명 중인데도 말입니다.

제가 지켜본 바로, 이분은 살면서 어떤 '원숭이의 몸짓'도, '앵무새의 지저귐'도, (스님들이 즐겨 쓰는 말인) '옛사람이 뱉은 가래침을 핥는 행위'도 한 적이 없는 참 자유인이요, 천재 예술가요, 진정한 도인이었습니다.

지난날, 중광 스님으로부터 신발 벗는 법을 배우고 얼마 뒤, 그 시절 세상을 놀라게 한 어느 '밤손님'과 프로그램 제작 관계로 인터뷰를 할 기회가 있었는데, 그때 제가 이 도둑에게 들은 이야기는 매우 놀라운 것이었습니다.

이 양반 왈, 자기는 도둑질할 때 어떤 최첨단 방범 장치도 두렵지 않지만, 현관에 신발이 가지런히 놓인 집만은 털고 나서도 한동안 '뒷골이 땡기는' 느낌을 지울 수 없다는 것입니다. 그 말을 듣고, 중광 스님이 설하신 생활 법문의 탁월한 가치에 깊이 공감한 적이 있었습니다.

지금도 저는 중광 스님으로부터 배운 여러 가지 '법'을 주위 사람들에게 열심히 전하고 있습니다. 한 예로, 제가 가르쳤던 대학생들이 신발 벗는 법을 배우고 난 뒤, 집에 돌아가 배운 대로 해보았더니 아버지로부터는 용돈이 늘고, 어머니로부터는 반찬 가짓수가 늘고, 가족 간에는 말수가 늘었다며 놀라워하는 경우를 보았습니다.

저 역시 중광 스님으로부터 절하는 법을 배운 뒤, 전에는 없던 버릇이 하나 생겼습니다. 스님이나 일반 신도가 절[寺]에서 절[拜]하는 모습을 슬쩍 훔쳐보는 버릇이 그것입니다. 남들의 행동을 엿보는 것이 그리 좋은 일이 아닌 줄 알면서도 제가 이 버릇을 못 고치는 이유는, 처음 본 사람일지라도 절하는 모습을 보면 그 사람이 지닌 '마음'을 정확히(분명코 대충이 아닙니다) 읽을 수 있기 때문입니다. 그 마음이 붓다를 향한 믿음이든, 자식의 합격을 바라는 마음이든, 한 번의 절에는 절하는 사람의 마음자리가 그대로 드러납니다. 절을 몇 번 했는가가 중요한 게 결코 아니란 말씀입니다.

오늘도 절에선 사람들이 108, 1000, 3000… 횟수를 세어가며 부지런히 허리 운동을 하고 있습니다. 절이라는 몸짓에서 자신이 살아온 삶의 깊이까지 단박에 드러난다는 사실을 안다면, 누구도 단 한 번의 절도 함부로 하지 않으련만, 자칫 잘못 세면 큰일이라도 날 것처럼 성냥개비를 옮겨가며, 염주를 굴려가며, 또 현대식으로 계수기를 똑딱 눌러가며 모두가 횟수 채우기에 열심입니다. 붓다께선 가난한 여인이 정성껏 올린 초라한 등 하나[빈자일등 貧者一燈]의 소중함을 그토록 일렀건만, 욕심 많은 우리에겐 그저 '쇠귀에 경 읽기'입니다.

절하는 법은 매우 쉽습니다. 남이 절하는 모습을 엿보는 방법도 매우 간단합니다. 그런데 제가 그동안 엿보아온 바로는, 절을 바르게 하는 스님이나 보살을 만나보기는 '가뭄에 콩 나기'처럼 드물었습니다.

신발 벗는 법이나 짜장면 먹는 법, 목욕하는 법, 설거지하는 법도 무척 간단합니다. 정말 탁월한 가르침은 붓다의 가르침처럼 절대 복잡하지 않습니다. '진짜'는 모두 지극히 단순합니다. 만약 뭔가 말이 많고 복잡하다면 그것은 사이비似而非일 가능성이 매우 큽니다.

그런데 어떻게 하는 절이 올바른 거냐고요?

죄송하지만 못 가르쳐드립니다. '안' 가르쳐드리는 것이 아니라 '못' 가르쳐드리는 것입니다. 제가 여러분께 답을 알려드리지 못하는 이유는 (중광 스님이 저를 가르치시던 수법이 그러했듯이) 여러분께서도 그것이 정말 궁금하시다면 그 간단한(?) 것 정도는 한 번쯤 혼자서 조용히 생각해보는 게 옳다고 여기기 때문입니다. 핑계 삼아 저도 유식한 척 영어 한마디를 써보면, 서양 속담에 이르기를 'Easy come, Easy go'라고 했습니다. 우리말로는 '쉽게 얻은 것은 쉽게 잃는다'가 좋은 번역입니다.

그분께서 돌아가시고 벌써 몇 해가 흘렀건만, 그분의 행동거지 하나하나가 오늘까지도 제겐 삶의 교과서요, 규구준승입니다.

아직도 많은 분이 그분 자신이 지은 별칭 '걸레'에 대해 얼마간 오해를 하고 계시기에, 이제라도 올바로 알려드리는 것이 못난 제자의 도리인 것 같아 말씀드립니다. 중광 스님이 자신을 '걸레'라고 한 것을, '걸레가 되어 세상의 더러움을 닦겠다'는, 어떤 행위[爲]의 뜻으로 많이들 알고 있습니다. 그러나 제가 스님께 직접 들은 답은 "그게 아니고…", 자신은 그저 걸레일 뿐이란 말씀이었습니다. 스님들이 스스로를 '거지'라는 뜻의 비구比丘로 부르는 것과 같은 개념인 것입니다.

이름[名]에 집착함이 없고, 복장[相]에 얽매임도 없이, 또 자신이 하는 행동에 어떤 변명[說]도 없이, 남의 눈길을 의식하지 않고, 반은 성한 듯 반은 취한 듯…, 무언가를 한다[爲]는 생각[相]을 먹으면 이미 '함이 아니[非爲]'라는 《금강경》의 가르침을, 한세상 몸으로 실천하다 가신 참 수행자가 중광 스님입니다. 지금도 제 귓가엔 스님의 목소리가 쟁쟁합니다.

평소 '잘난 척'하는 데 둘째가라면 서러워하시던 스님을 약 올려볼 생각에, "스님은 승적도 없는 땡추시죠?"라고 시비를 걸자 스님께서 하신 답.

"그런 건 상관없어요. 중질은 내가 하는 건데, 지들이 하라 마라 할 권리가 무에 있어!"

결국 저는 또 한 방 먹었습니다. 시인 구상具常 선생님의 말씀대로, 제 고단한 삶의 오솔길에서 만난 '무더운 여름날 한바탕 소낙비'였던 분이 걸레 중광 스님입니다.

◆ 마스타니 후미오增谷文雄, 1902~1987

여전히 그렇지만, 제게 불교라는 종교가 어렵게만 느껴지던 시절이 있었습니다. 우리네 절집에서 만든 책이건 책방에서 사 온 책이건 어렵긴 매한가지였습니다.

'도대체 붓다께서 하신 말씀의 핵심이 뭘까?'

'도대체 그분은 어떤 성품을 지녔던 분일까?'

그동안 제가 읽었던 책들에선 이와 같은 초보적인 궁금증마저도 제대로 풀 수 없어 갑갑해하던 차에, 어두운 밤길을 밝혀주는 등불과도 같은 책이 제게 다가왔습니다. 일본인 마스타니 후미오 씨가 쓴《아함경 이야기》(현암사, 1976)* 입니다.

이 책은 초기 경전에 나타난 인간 붓다의 모습을 적절한 경전 인용과 섬세한 논리로 풀어냅니다. 마스타니 씨는 제가 인간 붓다를 느끼고 이해하는 데 있어 빚진 바가 많은, 정말 고마운 분이었습니다. 그런데 경전 해석에 있어 마스타니 씨의 의견은 대부분 옳은 것임에도 불구하고, 오온성고五蘊盛苦라는 말의 해석에 대해서만은 저와 의견이 갈립니다. 마스타니 씨는 이 말을, "통틀어 말한다면 인생은 고苦, 바로 그것이다"라고 번역했는데, 이는 오히려 삼법인三法印 중 하나인 일체개고一切皆苦의 번역으로 더 적합하다는 것이 제 생각입니다.

불교에 조예가 깊은 이분마저도 잘못 번역하고 있는 '오온성고'란 도대체 무엇일까요? 붓다의 모든 가르침은 괴로움[苦]에서 출발합니다. 그리고 괴로움을 이길 수 있는 바른길을 찾는 데서 끝납니다. 그렇기에 불교에서 '괴로움'에 대한 이해는 그 무엇보다 중요합니다. 붓다께서 말씀하십니다.

> 一切皆苦
>
> 세상의 모든 것이 다 괴로움이니라.

그런데 이 말을 들은 사람들이 눈만 껌뻑이며 잘 이해하지 못했나 봅니다. 사노라면 가끔은 '기쁨'과 '행복'도 느낄 때가 있으니까요. 그래서 붓다께

---

* 2001년 《아함경》(이원섭 역, 현암사)이라는 제목으로 재출간되었다.

서 한 번 더 말씀하십니다.

> 태어나서 늙고 병들어 죽는 것[生老病死]이 괴로움이니라.

생로병사라는 네 가지 괴로움만으로는 여전히 괴로움을 피부로 느끼지 못한다고 생각하셨는지, 이에 덧붙여 우리가 살아가며 맞닥뜨리는 네 가지 괴로움을 더 말씀하셨다고 경전은 전하고 있습니다.

> 애별리고愛別離苦
>
> 원증회고怨憎會苦
>
> 구부득고求不得苦
>
> 오온성고五蘊盛苦
>
> 《잡아함경》 15:17 〈전법륜轉法輪 경〉

흔히 사고팔고四苦八苦라 부르는 이 말을 우리말로 옮기면 다음과 같습니다.

> 사랑하는 사람과 헤어지는 괴로움
>
> 미워하는 사람과 마주치는 괴로움
>
> 구하려 해도 얻지 못하는 괴로움

여기까지는 독자 여러분께서도 별 어려움 없이 이해하실 수 있을 것입니다. 그런데 마지막 여덟째 괴로움인 '오온성고'만은 번역하고 이해하기가 어째 쉽지 않은 것 같습니다.

책마다 스님마다 '오온성고'에 대해 제각각 다른 해석을 내놓기도 해, 사람들을 혼란스럽게 합니다. 제가 만난 스님들께 '오온성고'를 우리말로 풀어주십사 부탁드려봤지만 쉽고 딱 부러지게 답해주신 스님은 단 한 분도 없었습니다.

'딱 부러지게' 설명할 수 없다면, 결국 잘 모르고 있다는 말입니다.

"오온이란 '색수상행식色受想行識'을 일컫는 말로…."

이쯤 되면 제 머리엔 쥐가 나기 시작합니다. 누군가가 뭔가를 알려주겠노라 해대는 '설명'이 '질문'보다 더 어렵다면, 그 사람은 아직 그것을 정확히 모르고 있음이 틀림없습니다. 붓다께선 한 번도 설명을 어렵게 하신 적이 없었으니까요.

앞의 일곱 가지 '괴로움'은 쉽게 이해가 되는데, 왜 마지막 여덟째 '오온성고'는 쉽게 설명을 못 하는 걸까요?

아니, 붓다의 모든 가르침이 고苦, 즉 '괴로움'에서 출발하는데, 붓다께서 말씀하신 여덟 가지 괴로움조차도 정확히 이해하지 못한다면, 괴로움을 이기는 '길[道]'인들 과연 제대로 찾을 수 있는 걸까요?

저는 이 '오온성고'가 붓다께서 45년간 말씀하신 수많은 가르침의 '씨앗'이라고 생각하고, 깨친 분의 가르침, 즉 '불교'가 이 땅에 존재하는 가장 큰 이유가 여기에 있다고 확신합니다. 그래서 제 깜냥껏 '오온성고'를 우리말로 바꿔보겠습니다.

오온五蘊, 오음五陰, 오취온五取蘊은 모두 같은 말입니다. 셋 다 '다섯 가지 번뇌'를 말합니다. '오온성고'를 글자 뜻대로 번역하면 '다섯 가지[五] 번뇌[蘊]가 많아지는[盛] 괴로움[苦]'입니다. 번뇌는 '마음이 시달려 괴로워함'을 뜻합니다.

저는 이 다섯 가지 번뇌가 '욕심내고[탐貪] 성내고[진瞋] 어리석게 행동하고[치痴] 꼴값 떨고[만慢] 괜한 의심을 하고[의疑]…' 같은 것이라고 교과서대로 설명해드릴 생각은 없습니다. 우리가 살아가며 겪는 '마음 시달리는' 괴로움은 사람마다 제각각 다를 것이기 때문입니다. 제 생각엔 독자 여러분께서 각자 나름대로 생각하고 있는 '다섯 가지 괴로움'(그게 뭔지는 제가 모르지만), 그것이 바로 '오온'인 것입니다.

그런데 모두가 '오온五蘊'이라는 낱말과 '많을 성盛'이라는 낱말의 '그물'에 걸려 빠져나오지 못합니다. 붓다께서 말씀하신 사고팔고四苦八苦의 가르침은 한 편의 멋진 시입니다. 우리말 번역에서 보시듯이 '사랑하는 사람과 헤어짐'이 '미워하는 사람과 만남'과 멋진 대구를 이루고 있으니, '오온성고'는 일곱째 괴로움인 '구하는 것을 얻지 못함'이라는 표현과 대구를 이룰 것이 분명합니다.

다섯 가지 번뇌가 '쌓이는' 것은 우리가 원하는 바가 아닙니다. 우린 결코 괴로워하고 싶지 않으니까요. 그래서 날마다 '쌓여가는' 번뇌는 사실 우리가 마음속으론 매일 '버리고' 싶은 것들임이 틀림없습니다.

그렇기에 '다섯 가지 번뇌가 쌓이는'이라는 표현은, 반대 개념으로 바꿔서, '다섯 가지 번뇌를 버리지 못하는 괴로움'으로 이해해야 합니다. 그러면 '구하다(얻다)'와 '버리다'는 매우 잘 어울리는 한 쌍을 이루게 됩니다. 오온성고는 '구하려 해도 얻지 못하는 괴로움'의 맞은편에 있는 대구로, '버리려 해도 버리지 못하는 괴로움'이 되는 것입니다.

결과적으로 사고팔고四苦八苦에 대한 우리말 번역은 다음과 같습니다.

태어나서

늙어가고

병들어

죽는 것도 괴로움이고

사랑하는 사람과 헤어지고

미워하는 사람과 만나며

구하려 해도 얻지 못하고

버리려 해도 버리지 못하는 것도 괴로움이니라.

앞의 일곱 가지 괴로움은 붓다께서도 어쩔 수 없었던, 인간이라면 누구도 피할 수 없는 괴로움입니다. 아무리 도道가 깊어도, 아무리 '한 소식'을 얻었다 하더라도 결코 피할 수 없는 괴로움이 앞의 일곱 '괴로움'인 것입니다. 하지만 마지막 괴로움인 오온성고, 즉 '버리려 해도 버리지 못하는 괴로움'만은 우리가 노력하면 조금은 '버릴 수도 있는', 우리 힘으로 어찌해 볼 틈새가 있는 괴로움입니다.

여기에 붓다께서 주신 가르침의 소중함이 있습니다.

여기에 모든 종교의 존재 가치가 있습니다.

여기에 스님과 목사님과 신부님들의 존재 이유가 있습니다.

조금씩 '버리면' 아무래도 조금씩 '가벼워'질 것입니다. 우리 모두 삶의 무게가 너무 '무겁다'고 투정이지만, 우리 모두 자기가 짊어진 삶의 십자가

가 가장 '무겁노라' 아우성치지만, 그런 속에서 조금씩이라도 부지런히 버린다면 언젠가는 자신도 모르는 사이에 무척 '가벼워져' 있을 것입니다.

그래서 사람들은 절을 찾고 교회를 찾고 성당을 찾아, 그곳에서 그동안 살아오면서 부지런히 '쌓아온' 무거운 것들을 조금씩 '버리고' 싶어 합니다. 그럴 때 '버릴 수 있도록' 도와주는 분이 바로 스님이요, 목사님이요, 신부님인 것입니다. 우리는 이분들 덕분에 조금은 '가벼워진 듯한' 느낌을 안고 발걸음도 가볍게 집으로 돌아옵니다(내일 또 쌓을지언정…).

결국 여덟 가지 괴로움 중에서 오온성고만이 우리 힘으로 어찌해볼 수 있는, 이 험난한 세계에서 조금이나마 괴로움을 덜 수 있는 유일한 '비상구'인 것입니다. 그래서 오온성고의 올바른 번역은, '버리려 해도 버리지 못하는 괴로움'입니다. 이렇게 해서 저는 마스타니 씨에게 진 마음의 빚을 조금이라도 갚았습니다.

* * *

반세기 넘는 세월을 살아오며 저 자신 몸과 입과 생각으로 지은 죄가 한없이 크고 많음을 너무도 잘 알고 있습니다. 그토록 못난 저이기에 시도 때도 없이 갈팡질팡 비틀거릴 때가 수없이 많았음에도, 언제나 애정 어린[慈] 눈으로 불쌍히[悲] 지켜보아 주신 많은 분께 혹시 이 책이 작은 보답이라도 될 수 있다면 제겐 더없이 큰 기쁨이겠습니다.

1993년, 불교에 관해 정말 아무것도 모르는 제게 나카무라 하지메의 《불타의 세계The world of Buddha》를 전해주셔서 어두운 눈을 조금씩 뜨게 해주신 석장石丈 스님, 그리고 세상 사람들에게《금강경》을 바르게 알리기 위해 눈과 귀를 모두 열어두고 밤낮없이 애쓰시는 현종玄宗 스님께서 보여주신 관심에 깊이 감사드립니다.

이 책은 2007년 처음 출간되었습니다. 그 후 10여 년이 지나는 동안 다양한《금강경》해설서들이 출간되었지만, 이 책에서 당시에 지적했던 문제들이 여전히 해소되지 않은 채 계속되고 있어 안타까워하던 중, 이번에 김영사 편집부에서 본서의 개정판 출간을 제안해주셔서 매우 다행스럽게 생각하며 깊이 감사드립니다. 더불어 산스크리트어 표기에 도움을 주신 김영혜 님께도 감사를 표하고 싶습니다.

부록

고려국대장도감 판 《금강반야바라밀경》

(구마라집 한역, 영인본)

金剛般若波羅蜜經

姚秦天竺三藏鳩摩羅什譯　羽

如是我聞一時佛在舍衛國祇樹給
孤獨園與大比丘衆千二百五十人
俱尒時世尊食時著衣持鉢入舍衛
大城乞食於其城中次第乞已還至
本處飯食訖收衣鉢洗足已敷座而坐
時長老須菩提在大衆中即從座起
偏袒右肩右膝著地合掌恭敬而白
佛言希有世尊如来善護念諸菩薩
善付囑諸菩薩世尊善男子善女人
發阿耨多羅三藐三菩提心應云何
住云何降伏其心佛言善哉善哉須
菩提如汝所說如来善護念諸菩薩
善付囑諸菩薩汝今諦聽當為汝說
善男子善女人發阿耨多羅三藐三
菩提心應如是住如是降伏其心唯
然世尊願樂欲聞
佛告須菩提諸菩薩摩訶薩應如是
降伏其心所有一切衆生之類若卵
生若胎生若濕生若化生若有色若
无色若有想若無想若非有想非无
想我皆令入無餘涅槃而滅度之如
是滅度無量无數無邊衆生實无衆
生得滅度者何以故須菩提若菩薩
有我相人相衆生相壽者相即非菩薩
復次須菩提菩薩於法應無所住行
於布施所謂不住色布施不住聲香
味觸法布施須菩提菩薩應如是布
施不住於相何以故若菩薩不住相
布施其福德不可思量須菩提於意
云何東方虛空可思量不不也世尊
須菩提南西北方四維上下虛空可
思量不不也世尊須菩提菩薩無住
相布施福德亦復如是不可思量須
菩提菩薩但應如所教住
須菩提於意云何可以身相見如来
不不也世尊不可以身相得見如来
何以故如来所說身相即非身相佛
告須菩提凡所有相皆是虛妄若見
諸相非相則見如来
須菩提白佛言世尊頗有衆生得聞
如是言說章句生實信不佛告須菩
提莫作是說如来滅後後五百歲有
持戒修福者於此章句能生信心以
此為實當知是人不於一佛二佛三
四五佛而種善根已於無量千万佛
所種諸善根聞是章句乃至一念生
淨信者須菩提如来悉知悉見是諸
衆生得如是無量福德何以故是諸
衆生無復我相人相衆生相壽者相
無法相亦无非法相何以故是諸衆
生若心取相則為著我人衆生壽者
若取法相即著我人衆生壽者何以
故若取非法相即著我人衆生壽者
是故不應取法不應取非法以是義
故如来常說汝等比丘知我說法如
筏喻者法尚應捨何况非法
須菩提於意云何如来得阿耨多羅
三藐三菩提耶如来有所說法耶須
菩提言如我解佛所說義無有定法
名阿耨多羅三藐三菩提亦无有定
法如来可說何以故如来所說法皆
不可取不可說非法非非法所以者
何一切賢聖皆以無為法而有差別
須菩提於意云何若人滿三千大千
世界七寶以用布施是人所得福德
寧為多不須菩提言甚多世尊何以

故是福德即非福德性是故如来說福德多若復有人於此經中受持乃至四句偈等為他人說其福勝彼何以故須菩提一切諸佛及諸佛阿耨多羅三藐三菩提法皆從此經出須菩提所謂佛法者即非佛法

須菩提於意云何須陀洹能作是念我得須陀洹果不須菩提言不也世尊何以故須陀洹名為入流而無所入不入色聲香味觸法是名須陀洹須菩提於意云何斯陀含能作是念我得斯陀含果不須菩提言不也世尊何以故斯陀含名一往来而實無往来是名斯陀含須菩提於意云何阿那含能作是念我得阿那含果不須菩提言不也世尊何以故阿那含名為不来而實无来是故名阿那含須菩提於意云何阿羅漢能作是念我得阿羅漢道不須菩提言不也世尊何以故實無有法名阿羅漢世尊若阿羅漢作是念我得阿羅漢道即為著我人衆生壽者世尊佛說我得無諍三昧人中最為第一是第一離欲阿羅漢我不作是念我是離欲阿羅漢世尊我若作是念我得阿羅漢道世尊則不說須菩提是樂阿蘭那行者以須菩提實無所行而名須菩提是樂阿蘭那行

佛告須菩提於意云何如来昔在然燈佛所於法有所得不世尊如来在然燈佛所於法實无所得須菩提於意云何菩薩莊嚴佛土不不也世尊何以故莊嚴佛土者則非莊嚴是名莊嚴是故須菩提諸菩薩摩訶薩應如是生清淨心不應住色生心不應住聲香味觸法生心應无所住而生其心須菩提譬如有人身如須弥山王於意云何是身為大不須菩提言甚大世尊何以故佛說非身是名大身須菩提如恒河中所有沙數如是沙等恒河於意云何是諸恒河沙寧為多不須菩提言甚多世尊但諸恒河尚多無數何況其沙須菩提我今實言告汝若有善男子善女人以七寶滿尒所恒河沙數三千大千世界以用布施得福多不須菩提言甚多世尊佛告須菩提若善男子善女人於此經中乃至受持四句偈等為他人說而此福德勝前福德

復次須菩提隨說是經乃至四句偈等當知此處一切世間天人阿修羅皆應供養如佛塔廟何況有人盡能受持讀誦須菩提當知是人成就最上第一希有之法若是經典所在之處則為有佛若尊重弟子

尒時須菩提白佛言世尊當何名此經我等云何奉持佛告須菩提是經名為金剛般若波羅蜜以是名字汝當奉持所以者何須菩提佛說般若波羅蜜則非般若波羅蜜須菩提於意云何如来有所說法不須菩提白佛言世尊如来無所說須菩提於意云何三千大千世界所有微塵是為多不須菩提言甚多世尊須菩提諸微塵如来說非微塵是名微塵如来說世界非世界是名世界須菩提於意云何可以三十二相見如来不不也世尊不可以三十二相得見如来何以故如来說三十二相即是非相

是名三十二相須菩提若有善男子善女人以恒河沙等身命布施若復有人於此經中乃至受持四句偈等為他人說其福甚多

尒時須菩提聞說是經深解義趣涕淚悲泣而白佛言希有世尊佛說如是甚深經典我從昔來所得慧眼未曾得聞如是之經世尊若復有人得聞是經信心清淨則生實相當知是人成就第一希有功德世尊是實相者則是非相是故如來說名實相世尊我今得聞如是經典信解受持不足為難若當來世後五百歲其有衆生得聞是經信解受持是人則為第一希有何以故此人無我相人相衆生相壽者相所以者何我相即是非相人相衆生相壽者相即是非相何以故離一切諸相則名諸佛佛告須菩提如是如是若復有人得聞是經不驚不怖不畏當知是人甚為希有何以故須菩提如來說第一波羅蜜非第一波羅蜜是名第一波羅蜜須菩提忍辱波羅蜜如來說非忍辱波羅蜜何以故須菩提如我昔為歌利王割截身體我於尒時無我相无人相无衆生相無壽者相何以故我於往昔節節支解時若有我相人相衆生相壽者相應生瞋恨須菩提又念過去於五百世作忍辱仙人於尒所世無我相无人相無衆生相无壽者相是故須菩提菩薩應離一切相發阿耨多羅三藐三菩提心不應住色生心不應住聲香味觸法生心應生無所住心若心有住則為非住是故佛說菩薩心不應住色布施須菩提菩薩為利益一切衆生應如是布施如來說一切諸相即是非相又說一切衆生則非衆生須菩提如來是真語者實語者如語者不誑語者不異語者須菩提如來所得法此法無實无虛須菩提若菩薩心住於法而行布施如人入闇則无所見若菩薩心不住法而行布施如人有目日光明照見種種色須菩提當來之世若有善男子善女人能於此經受持讀誦則為如來以佛智慧悉知是人悉見是人皆得成就無量无邊功德須菩提若有善男子善女人初日分以恒河沙等身布施中日分復以恒河沙等身布施後日分亦以恒河沙等身布施如是無量百千万億劫以身布施若復有人聞此經典信心不逆其福勝彼何況書寫受持讀誦為人解說須菩提以要言之是經有不可思議不可稱量無邊功德如來為發大乘者說為發最上乘者說若有人能受持讀誦廣為人說如來悉知是人悉見是人皆得成就不可量不可稱無有邊不可思議功德如是人等則為荷擔如來阿耨多羅三藐三菩提何以故須菩提若樂小法者著我見人見衆生見壽者見則於此經不能聽受讀誦為人解說須菩提在在處處若有此經一切世間天人阿修羅所應供養當知此處則為是塔皆應恭敬作礼圍遶以諸華香而散其處

復次須菩提善男子善女人受持讀誦此經若為人輕賤是人先世罪業應墮惡道以今世人輕賤故先世罪

業則為消滅當得阿耨多羅三藐三
菩提須菩提我念過去無量阿僧祇
劫於然燈佛前得值八百四千万億
那由他諸佛悉皆供養承事無空過
者若復有人於後末世能受持讀誦
此經所得功德於我所供養諸佛功
德百分不及一千万億分乃至算數
譬喻所不能及須菩提若善男子善
女人於後末世有受持讀誦此經所
得功德我若具說者或有人聞心則
狂亂狐疑不信須菩提當知是經義
不可思議果報亦不可思議
尒時須菩提白佛言世尊善男子善
女人發阿耨多羅三藐三菩提心云
何應住云何降伏其心佛告須菩提
善男子善女人發阿耨多羅三藐三
菩提者當生如是心我應滅度一切
衆生滅度一切衆生已而无有一衆生實
滅度者何以故須菩提若菩薩有我相
人相衆生相壽者相則非菩薩所以
者何須菩提實無有法發阿耨多羅
三藐三菩提者須菩提於意云何如
來於然燈佛所有法得阿耨多羅三
藐三菩提不不也世尊如我解佛所

說義佛於然燈佛所無有法得阿耨
多羅三藐三菩提佛言如是如是須
菩提實無有法如來得阿耨多羅三
藐三菩提須菩提若有法如來得阿
耨多羅三藐三菩提者然燈佛則不
與我受記汝於來世當得作佛号釋
迦牟尼以實无有法得阿耨多羅三
藐三菩提是故然燈佛與我受記作
是言汝於來世當得作佛号釋迦牟
尼何以故如來者即諸法如義若有
人言如來得阿耨多羅三藐三菩提
須菩提實無有法佛得阿耨多羅三
藐三菩提須菩提如來所得阿耨多
羅三藐三菩提於是中無實无虛是
故如來說一切法皆是佛法須菩提
所言一切法者即非一切法是故名
一切法須菩提譬如人身長大須菩
提言世尊如來說人身長大則為非
大身是名大身須菩提菩薩亦如是
若作是言我當滅度無量衆生則不
名菩薩何以故須菩提實无有法名為
菩薩是故佛說一切法無我无人無
衆生無壽者須菩提若菩薩作是言
我當莊嚴佛土是不名菩薩何以故

如來說莊嚴佛土者即非莊嚴是名
莊嚴須菩提若菩薩通達無我法者
如來說名真是菩薩
須菩提於意云何如來有肉眼不如
是世尊如來有肉眼須菩提於意云
何如來有天眼不如是世尊如來有
天眼須菩提於意云何如來有慧眼
不如是世尊如來有慧眼須菩提於
意云何如來有法眼不如是世尊如
來有法眼須菩提於意云何如來有
佛眼不如是世尊如來有佛眼須菩
提於意云何恒河中所有沙佛說是
沙不如是世尊如來說是沙須菩提
於意云何如一恒河中所有沙有如
是等恒河是諸恒河所有沙數佛世
界如是寧為多不甚多世尊佛告須
菩提尒所國土中所有衆生若干種
心如來悉知何以故如來說諸心皆
為非心是名為心所以者何須菩提
過去心不可得現在心不可得未來
心不可得
須菩提於意云何若有人滿三千大
千世界七寶以用布施是人以是因
緣得福多不如是世尊此人以是因

緣得福甚多須菩提若福德有實如
来不說得福德多以福德無故如来
說得福德多
須菩提於意云何佛可以具足色身
見不不也世尊如来不應以具足色
身見何以故如来說具足色身即非
具足色身是名具足色身須菩提於
意云何如来可以具足諸相見不不
也世尊如来不應以具足諸相見何
以故如来說諸相具足即非具足是
名諸相具足須菩提汝勿謂如来作
是念我當有所說法莫作是念何以
故若人言如来有所說法即爲謗佛
不能解我所說故須菩提說法者無
法可說是名說法
尒時慧命須菩提白佛言世尊頗
有衆生於未来世聞說是法生信心
不佛言須菩提彼非衆生非不衆生
何以故須菩提衆生衆生者如来說
非衆生是名衆生
須菩提白佛言世尊佛得阿耨多羅
三藐三菩提爲無所得耶如是如是
須菩提我於阿耨多羅三藐三菩提
乃至無有少法可得是名阿耨多羅

三藐三菩提
復次須菩提是法平等無有高下是
名阿耨多羅三藐三菩提以无我無
人無衆生无壽者脩一切善法則得
阿耨多羅三藐三菩提須菩提所言
善法者如来說非善法是名善法
須菩提若三千大千世界中所有諸
須弥山王如是等七寶聚有人持用
布施若人以此般若波羅蜜經乃至
四句偈等受持讀誦爲他人說於前
福德百分不及一百千万億分乃至
筭數譬喻所不能及
須菩提於意云何汝等勿謂如来作
是念我當度衆生須菩提莫作是念
何以故實無有衆生如来度者若有
衆生如来度者如来則有我人衆生
壽者須菩提如来說有我者則非有
我而凡夫之人以爲有我須菩提凡
夫者如来說則非凡夫
須菩提於意云何可以三十二相觀
如来不須菩提言如是如是以三十
二相觀如来佛言須菩提若以三十
二相觀如来者轉輪聖王則是如来

須菩提白佛言世尊如我解佛所說
義不應以三十二相觀如来尒時世
尊而說偈言
若以色見我 以音聲求我 是人行邪道
不能見如来
須菩提汝若作是念如来不以具足相
故得阿耨多羅三藐三菩提須菩提
莫作是念如来不以具足相故得阿
耨多羅三藐三菩提須菩提汝若作
是念發阿耨多羅三藐三菩提者說
諸法斷滅相莫作是念何以故發阿耨
多羅三藐三菩提心者於法不說斷
滅相須菩提若菩薩以滿恒河沙等
世界七寶布施若復有人知一切法
無我得成於忍此菩薩勝前菩薩所
得功德須菩提以諸菩薩不受福德
故須菩提白佛言世尊云何菩薩不
受福德須菩提菩薩所作福德不應
貪着是故說不受福德
須菩提若有人言如来若来若去若
坐若卧是人不解我所說義何以故
如来者無所從来亦无所去故名如来
須菩提若善男子善女人以三千大

千世界碎為微塵於意云何是微塵衆寧為多不甚多世尊何以故若是微塵衆實有者佛則不說是微塵衆所以者何佛說微塵衆則非微塵衆是名微塵衆世尊如來所說三千大千世界則非世界是名世界何以故若世界實有者則是一合相如來說一合相則非一合相是名一合相須菩提一合相者則是不可說但凡夫之人貪著其事

須菩提若人言佛說我見人見衆生見壽者見須菩提於意云何是人解我所說義不世尊是人不解如來所說義何以故世尊說我見人見衆生見壽者見即非我見人見衆生見壽者見是名我見人見衆生見壽者見

須菩提發阿耨多羅三藐三菩提心者於一切法應如是知如是見如是信解不生法相須菩提所言法相者如來說即非法相是名法相

須菩提若有人以滿無量阿僧祇世界七寶持用布施若有善男子善女人發菩薩心者持於此經乃至四句偈等受持讀誦為人演說其福勝彼云何為人演說不取於相如如不動

何以故

一切有為法 如夢幻泡影 如露亦如電

應作如是觀

佛說是經已長老須菩提及諸比丘比丘尼優婆塞優婆夷一切世間天人阿修羅聞佛所說皆大歡喜信受奉行

金剛般若波羅蜜經

真言

那謨婆伽跋帝 鉢喇壤 波羅弭多

曳唵 伊利底 伊室利 輸盧馱

毗舍耶 毗舍耶 莎婆訶

戊戌歲高麗國大藏都監奉

勅彫造

金剛經